KB265079

임금피크제 매뉴얼

고진수

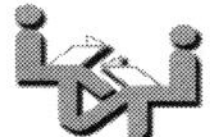

한국재정경제연구소

머리말

최근 우리나라 노동시장의 화두는 단연 '저출산·고령화 문제'이다. 급격한 저출산·고령화로 인하여 노동력의 양적·질적 부족과 함께 사회보장비 부담증가로 인한 부작용도 우려되고 있다.

특히, 우리나라 기업들의 임금체계는 아직 연령이나 근속이 증가함에 따라 보상이 증가하는 연공급체계가 주류를 이루고 있다. 그리고 평균정년연령은 노령연금수급개시 연령에 못 미쳐 57세 미만에 머물고 있다. IMF 이후에는 소위 '사오정, 오륙도'라는 말이 나올 정도로, 그나마 정년을 채우는 것도 쉽지 않게 되었다.

이제 정년을 늘리면서 기업의 인건비 부담을 증가시키지 않는 묘안이 마련되지 않으면 안되는 시점에 이르렀다.

그러한 대안중에 하나로 유력하게 검토되어야 하는 것이 바로 '임금피크제'라 할 수 있다.

다행히, 정부는 2006년부터 임금피크제를 도입하는 경우 삭감된 임금의 일부를 보조하는 제도를 도입하였다. 이를 계기로 임금피크제 도입이 빠른 속도로 도입될 것으로 전망된다.

　본서는 다년간에 걸쳐 정리하고 수집한 이론과 사례를 현실에 맞게 재구성 한 것이다. 특히, 임금피크제를 도입하기 위한 실무진들에게 도움이 되도록 하였다.

　모쪼록 임금피크제를 도입·운용하려는 기업들에게 실무적으로 도움이 되기를 바란다.

　끝으로 저자의 뜻을 이해하고 선뜻 받아들여 출간에 응해 주신 한국재정경제연구소 강석원 소장님과 편집에 심혈을 기울여 주신 편집팀 여러분께 깊은 감사를 드린다.

2006.3.

저자 고진수

차 례

제2장 임금피크제의 이론

제3장 임금피크제의 설계

제4장 임금피크제의 도입절차

제5장 법률문제와 규정개정

제6장 임금피크제의 도입효과분석

제7장 정부의 지원제도

제2편 임금피크제의 사례

제8장　임금피크제 도입사례

제9장　미시적 협약임금 결정방법

제10장 일본기업의 퇴직금제도 개편

제11장   일본기업의 임금피크 설계사례

제1편

임금피크제의 설계와 운용

제1장

임금피크제의
의의

제1절 의의

임금피크제는 우리나라에서 처음에 일자리나누기(work-sharing) 차원에서 제기되다가 저출산·고령화 대책 차원에서 본격적으로 논의되기 시작한 개념으로서, 아직 학문적으로 용어 정의가 뚜렷하게 내려져 있지 않다.[1]

그러나, 일반적으로 임금피크제란 근로자의 계속고용을 위해 노사간 합의를 통해 일정연령을 기준으로 임금을 하락하도록 조정하고 소정의 기간동안 고용을 보장하는 제도라 정의할 수 있다.[2]

연공주의 인사제도하에서는 연령이나 근속이 증가할수록 보상도 같이 상승하게 된다. 그렇게 될 경우 기업들은 경기가 침체되면 문제가 발생한다. 경기침체로 지불능력이 떨어지면 인력을 줄이거나 임금삭감으로 대응해 나가지 않으면 안된다. 그 경우 경기가 회복되어 지불능력이 좋아지면 그 반대로 대응해 나가야 한다. 그런데, 인력을 줄이는 것은 엄격히 제한되어 있고, 임금삭감도 동의절차 등을

---

1) 송창규 외, 『임금피크제의 도입방안과 정책과제에 관한 연구』, 한국근로기준협회, 2003.9, 18쪽.
2) 노동부, 『사례로 알아 보는 임금피크제 매뉴얼』, 2003, 2쪽.

고려하면 쉽지 않다. 따라서, 임금지급을 성과에 연동되도록 하는 유연한 임금제도의 개편이 요구된다. 그것이 바로 능력주의나 성과주의를 채택해 성과에 따라 보상하는 임금체계로 전환해 나가는 것이다.

기존의 연공서열형 임금체계에서는 임금수준이 성과와 연계되는 것이 불가능하다. 그래서 대안으로 제기되는 것이 바로 임금피크제라 할 수 있다.

일본에서는 1985년 중고령자를 위한 고용안정법이 통과되면서 촉매재 역할을 하였다. 기업으로서는 인건비 부담을 완화하고 근로자 입장에서는 정년 이후까지도 직장생활을 할 수 있어 상호 이해가 맞아 떨어졌기 때문이다.[3]

사실 노사는 중장년 인력을 오랫동안 활용하려는 임금피크제에 의해 장단점을 모두 갖게 된다. 사용자는 중장년 인력을 활용함으로써 많은 장점을 갖게 된다. 중장년 인력은 업무상 풍부한 경험이 있고 대인 절충력이 뛰어나며 책임감이 강해 생산이나 업무 추진에 있어 큰 오차가 없는 것이 장점이다. 또, 지도력과 인재육성에 유리하며 결근이나 지각 등 근로손실이 적다. 그러나 단점도 많다. 체력이나 근력이 약하고 새로운 기술 등 환경변화에 대한 적응력이 떨어지고 자신의 직책이나 지위 등에 얽매여 행동함으로써 조직 구성원간의 일체화를 저해하는 요인이 되기도 한다.

근로 입장에서는 정년이후에도 자신이 해 오던 일을 할 수 있고 노후소득을 안정적으로 확보할 수 있게 한다.

---

[3] 송창규 외, 전게서, 19쪽.

제2절　도입배경

1. 경영환경 및 인력구조의 변화

(1) 불안정한 성장시대의 도래와 경영환경

우리 경제는 급격한 글로벌화의 세계경제 흐름 속에서 불안정 성장시대를 맞이하고 있다. 불안정 성장시대란 향후 기업간·산업간 격차가 더욱 확대되고, 기업의 수익은 이전 보다 더욱 예측이 어려운 불투명한 상태에 놓이게 됨을 의미한다.

최근 우리 경제의 경제성장 추이를 보면 1999년도의 10.9% 성장률을 정점으로 2000년 9.3%, 2001년 3.0%로 하향 추세를 보이다가 2002년에는 구조조정과 수익중심의 경영에 힘입어 6.2%성장을 실현했으나, 이제 5% 이상의 고도성장 실현이 점차 어려워지고 있다.

거시적 경제성장률의 비관적인 예상과 아울러 기업의 경영실적도 전반적으로 악화되고 있다. 이에 따라 우리나라 기업들의 경쟁력이 경쟁국에 비해 열악한 것으로 평가하고 있다[표 1-1].

[표 1-1] 주요경쟁국의 국가경쟁력 및 성장잠재력 순위

구 분	IMD		WEF	
	2001년	2002년	2001년	2002년
한 국	28	27	23	21
싱 가 포 르	2	5	4	4
홍 콩	6	9	13	17
말 레 이 지 아	29	26	30	27
대 만	18	24	7	3
중 국	33	31	39	33

자료 : IMD, 「World Competitiveness Yearbook」, 2003. ed. WEF 「THe Global Competitiveness Report」, 2002~2003.

주요 경쟁국 중 싱가포르는 거의 선진국에서도 상위권에 포진하고 있으며, 그 뒤를 이어 홍콩과 대만이 선진국과 별 차이가 없을 정도로 경쟁력과 잠재력을 갖고 있다. 반면에 우리나라는 말레이시아와 비슷한 수준인 20위대 후반과 30위대를 유지하고 있고, 중국도 빠른 속도로 추격하고 있다.

특히, 인적자원과 관련한 49개국 평가결과를 보면, 노동시장의 종합평가에서 27위를 차지하고 있으며 노사관계 안정이 중요한 해결과제로 지적되고 있다. 그리고 국내 고급관리자 풀 면에서는 38위에 그치고 있어서 인적자원 질적 수준에서도 문제가 있음을 나타내고 있다[표 1-2].

[표 1-2] 인적자원관련 경쟁력 순위(IMD, 2002)

구　　　　분	미국	일본	영국	독일	네덜란드	핀란드	스위스	한국
노동시장(종합평가)	15	41	30	31	4	5	14	27
제조업생산성	1	21	22	24	3	19	15	14
서비스업생산성	4	21	25	9	16	11	20	31
노사관계우호성	15	10	21	25	9	6	2	47
국내재무전문가 풀	1	40	25	28	3	7	10	30
국내고급관리자 풀	1	46	30	24	6	9	23	38
두뇌유출	1	21	18	16	4	5	6	39

자료 : IMD, 「World Competitiveness Yearbook」, 2002.

　다음으로 요소비용 측면에서의 비교는 한국경제의 심각성을 더욱 잘 나타내어 주고 있다. 먼저 각국의 제조업 임금지수를 1995년을 100으로 해 비교해 보면 우리나라는 2001년 151.5인데 일본은 105.2, 대만 117.7, 미국 117.4, 그리고 독일이 118.0으로 여타 경쟁국에 비해 급격한 임금인상이 이루어 졌음을 보여주고 있다[표 1-3].

[표 1-3] 각국의 제조업 임금지수 추이 비교

구분	1995년	1996년	1997년	1998년	1999년	2000년	2001년
한국	100.0	112.2	118.0	114.3	131.3	142.5	151.5
일본	100.0	102.4	105.4	104.2	103.2	105.2	105.2
대만	100.0	104.2	109.0	112.0	115.8	119.1	117.7
미국	100.0	103.2	107.5	109.3	112.6	116.2	117.4
독일	100.0	105.6	107.3	109.6	112.5	115.2	118.0

자료 : 한국생산성본부 「생산성리뷰」, 2002.9, 경총 「임금협약관련자료」, 2003.3 재인용.

이와 같이 단기간 내의 높은 임금인상에 대해서 기업의 지불여력을 나타내는 부가가치 노동생산성은 어떠한 위치에 있는가를 보자. OECD 2001년 자료에 다르면, 환율을 감안하여 한국을 100으로 한 1995년부터 1999년까지 평균 지수를 보면 대만이 125.9, 싱가포르가 201.5, 미국이 220.4, 일본이 317.5를 나타내고 있어 우리나라의 부가가치 노동생산성이 일본의 32% 수준에 있음을 보여주고 있다. 결국 우리나라는 부가가치 생산성이 낮아 임금인상의 여력이 모자람에도 불구하고 경쟁국에 비해 임금수준이 훨씬 높게 인상되었음을 보여주고 있다.

(2) 인력구조의 특징과 고령화 진전

지난 1990년대 이후 한국경제의 여건이 크게 달라지고 그에 따라 인력구조 측면에서 새로운 전환이 일어나고 있다. 노동력의 공급측면에서 전반적인 인구증가는 정체되고 있는 반면 여성의 경제활동 참가는 증대되고, 고령화와 고학력화가 급속히 진행되고 있다. 또한 수요측면에서는 경제성장에 의한 고용흡수력이 떨어지고, 수요구조에 있어서도 전통적인 산업이 정체되는 가운데 첨단정보산업이 두드러져 일반생산직에 비해 지식근로자의 수요가 비대칭적으로 확대되는 경향이 상당기간 지속될 것으로 보인다. 좀 더 구체적으로 인력구조의 특징을 살펴보면 다음과 같은 변화가 있다.

첫째, 고용형태의 비정형화를 들 수 있다. 통상적인 상시 또는 정형고용과 구분되는 새로운 고용형태가 다양하게 대두되고 있다. 기업들이 정규직 채용을 축소하고 비정규직의 채용을 늘리고 있다. 노동시장 전체에서 비정규직이 차지하는 비율이 1995년 41.9%에서

2002년 6월 52.4%로 급속히 증가하였다.

이와 같이 급속하게 비정규직이 증가한데는 노동시장의 유연화가 커다란 원인으로 작용하였다고 볼 수 있다. 대량생산체제의 붕괴와 함께 일어난 정보화와 이로 인한 제품수명주기의 단축으로 시장 상황변화에 대해 신속하게 대응하기 위해서 기업들이 인건비를 가능한 효율적으로 운영하는 것이 그 배경에 깔려있다.

둘째, 핵심인력(core employees)과 주변인력(peripheral employees)의 분화를 들 수 있다. 정보화와 세계화는 기업 환경의 불확실성을 증대시킨다. 이 경우 기업은 미래에 닥쳐 올 불확실성에 보다 신축적으로 대응하고 비용의 최소화를 위해 기업의 노동력을 핵심인력과 주변 인력으로 구분하여 관리할 필요성이 증대하게 된다.

핵심인력은 기업특유의 인적자원으로 장기고용을 통해 경제적인 효율성을 증대시키는 인력인 반면에, 주변 인력은 일상적이고 단순반복적인 업무를 담당하는 임시·일용직 인력으로 외부노동시장에서 쉽게 조달이 가능한 인력이다. 이렇게 노동력을 이중화시킴으로써 기업은 생산수요에 맞춰 신속하게 대응할 수 있게 되고, 고용형태의 다양화를 통해 노동비용을 줄일 수 있게 된다.

우리나라의 경우는 외환위기 이후 많이 실시되었던 수량적 고용조정이 이 같은 현상을 가속시키는 원인이 되었다.

셋째, 노동시장의 유연화에 따라 정규직에 대한 지나친 보호를 완화할 필요성이 제기되었다. 환경변화와 소비자의 의식변화에 민감하게 반응하지 않을 수 없는 최근의 추세에 따라 노동시장의 유연화는 불가피하게 되었다. 그러나 우리나라 노동시장에서 정규직에 대한 고용보호는 아직도 강해서 수량적 고용조정은 한계가 있다.

이를 극복하기 위해서는 기능적 유연화, 특히 임금의 유연화가 동시에 병행되는 균형있는 유연화가 필요하다.

넷째, 고령화 사회의 진전을 들 수 있다. 우리나라는 향후 20년 이내에 인구 중 65세 이상이 14% 이상을 점하는 고령사회의 도래가 예견되고 있다. 이러한 추세에 따라 기업 내 인적자원의 구성도 상당한 변화를 예고하고 있다.

통계청 자료에 따르면, 우리나라의 총인구는 2010년까지 지속적으로 증가하되, 그 증가율에 있어서는 급격하게 둔화될 것으로 예측하고 있다[표 1-4].

[표 1-4] 우리나라 인구의 변화 전망

(단위 : 천명)

구분	1996년	2000년	2005년	2010년
인원수	45,093	47,275	49,123	50,618

자료 : 통계청, 『장래인구 추계』, 1996.

2. 고령화와 인사관리의 과제

(1) 우리나라 인사제도의 특징

우리나라 기업의 임금제도는 연공급 체계가 주류를 이루고 있다. 한국노동교육원이 2001년도에 조사한 자료에 의하면, 연공급 78.6%, 직무/직능급의 종합급 7.0%, 직무급 5.7%, 그리고 직능급 8.7%로 나타났다. 임금뿐만 아니라 인사제도에 있어서도 연공주의 인사제도가 주류를 이루고 있다.

연공주의 인사제도는 노동력이 부족한 시대에서는 인력을 장기적이고 안정적으로 확보하는데 매우 유용한 제도였다. 현재의 수익보다는 장기적인 안정을 회구하는 사람에게 있어서는 현재는 낮은 대우를 받지만 나이가 들어 능력이 조금 떨어지더라도 고용과 생활수준을 보장받기 때문에 장기적인 관점에서 많은 사람들로부터 호응을 받아왔다.

그러나, 고령자가 증가하면서 장기근속자가 많아지면 생산성과 임금의 괴리가 커지고, 포스트 부족과 승진적체에 따른 사기저하와 조직활력의 위축 등의 문제가 제기된다.

(2) 고령화에 따른 인사관리 개편과제

최근에 연공임금제를 폐지하고 능력과 업적에 따른 인사제도를 도입하자는 주장이 제기되고 있다. 이와 같은 주장은 논의단계를 넘어 매년 정기승급이 없는 임금제도(연봉제가 대표적)를 도입하고 있는 기업들이 많아지고 있다.

고도 성장기에는 젊은 노동력에 대한 수요가 많아짐에 따라 이들을 많이 채용하고 조직에 정착시키기 위해 연령이 아닌 능력에 의한 임금개혁을 내세웠으나, 성장이 정체되고 인건비 부담이 가중되는 불황기에서는 중장년 연령층의 임금이 너무 높아진다는 이유로 역시 연공주의를 폐지하자는 주장이 제기된다.

그렇다고 하루 아침에 연공주의 인사제도를 폐지하는 것은 많은 문제를 야기할 수도 있다. 연공주의 인사제도를 하루 아침에 폐지하게 되면, 기업의 인력구조에서 중장년층이 비대해지고 있는 현실을 감안할 때 상당한 무리가 따르게 된다. 그렇다고 인력구조 측면에서 고령화 현상이 뚜렷하게 나타나고 있는 현시점에서 연공주의 하에서 진행되었던 모든 인사 관행에 대한 기득권을 인정하는 것도 어렵다.

이와 같은 현실을 감안해서 기업들이 점진적으로 연공주의 제도에서 직능중심의 인사제도로 전환하고, 최근에는 직무중심의 인사제도로 개편되는 추세이다. 그러나, 직능급 인사제도 역시 나이가 들고 근속연수가 늘어나게 되면 직무수행 능력도 향상된다는 관점에서 설계했기 때문에 연공주의 인사제도와 같은 한계에 도달하게 되었다. 결국 연공주의 개선책으로 직능주의 인사제도가 도입되었으나, 전반적인 개선이 아닌 보완 수준에 그치고 만 것이다.

현재의 인력구조의 특징인 고령화 추세를 현명하게 극복하기 위해서는 업적과 보상 측면에서 기존의 기득권에서 벗어나 어느 정도 성과위주의 결과에 순응하는 전향적인 자세가 필요하다. 즉, 투입에 비해 성과가 나쁘면 보상도 이에 상응해 떨어지는 것을 당연한 결과로 받아들이는 자세가 필요하다. 그래야만 필요성이 점증하고 있는 기업의 중장년 연령층에 대한 합리적인 인사제도의 개선책을 마련할 수 있다. 이 방안의 일환으로 제시되고 있는 것이 임금피크제이다.

제3절 도입유형

임금피크제의 유형은 도입목적, 정년연장 여부, 정년전의 직위 재설계, 정년이후의 고용형태 등에 따라 여러 가지로 나누어 볼 수 있다.

1. 도입목적과 정년연장에 따른 분류

이 분류에 따르면, 기존의 정년을 연장하는 유형과 기존의 정년을 그대로 두는 유형으로 나누어 볼 수 있다. 고용기간을 연장한다는 취지는 동일하나, 전자는 정년연령을 연장하여 고용기간을 늘리자는 것이나, 후자는 경영상 위기를 극복하기 위해 경영상 해고가 불가피한 경우에 해고를 하지 않고 고용을 유지하는 것이다.

2. 정년이후의 고용형태에 따른 분류

이 분류에 따르면, 정년 이후의 고용형태에 따라 정년연장제도와 재고용제도로 나눌 수 있다. 정년을 연장하는 경우에는 대체로 기존의 직위와 직급이 그대로 부여되고 처우만 변경된다. 그러나, 재고용되는 경우는 새로이 근로계약을 체결하기 때문에, 모든 근로조건이 새로이 부여된다.

일본에서는 아예 고령자에게 적합한 생산라인을 만들어(생산라인, 생산속도 등을 적합하게 설계), 고령자를 주로 채용하는 자회사(공장)를 설립하는 경우도 있다. 기존 직장에서 정년이후 근무할 경우 후배들에게 지휘를 받는 것에 거부감을 갖는 등의 단점을 해소시키고, 자신의 신체적 능력에 맞게 작업을 할 수 있으며 기존 생산라인에서 일할 경우와는 달리 산업재해율도 크게 낮출 수 있는 장점이 있다.

3. 임금조정방법에 따른 분류

이 분류에 따르면, 기본급(정기승급 등) 조정, 상여금 등 변동급 조정, base-up 조정, 퇴직금 조정 등이 있다. 대체로 연령이나 근속 등 속인적 요소에 의한 임금의 자동인상을 억제한다는 근본취지에서 볼 때, 연공급이나 직능급의 임금체계에서 연령급이나 근속급 등 기본급을 조정하는 것이 가장 보편적인 유형이라고 할 수 있다.

기본급을 조정하는 유형의 경우에도 임금커브의 조정방법에 따라 [그림 1-1]과 같이 다양한 유형이 존재할 수 있다.

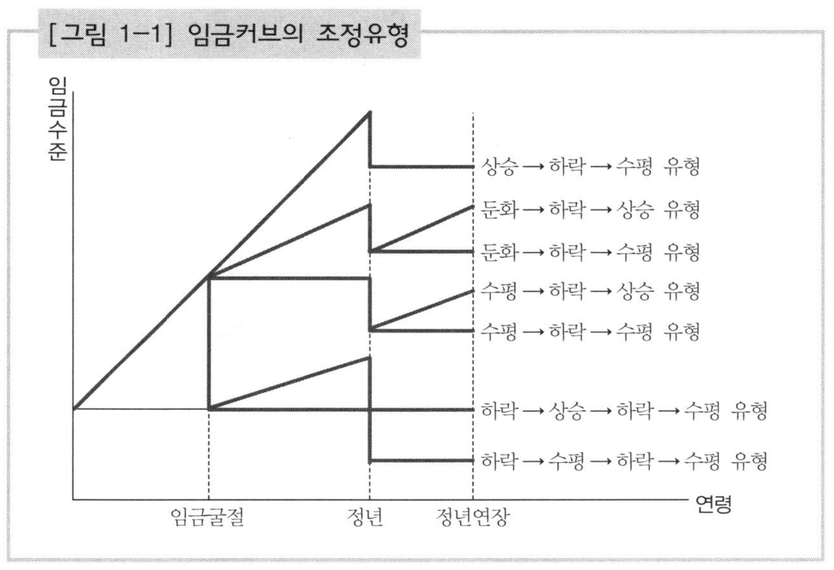

4. 승급조정방법에 따른 분류

이 분류에 따르면, 승급을 조정하는 방법에는 정기승급 폐지와 축소, 정기승급 연기와 동결이 있다.[4] 정기승급에는 자동승급과 사정승급이 있다. 여기서, 정기승급의 조정은 바로 자동승급의 조정을 말하며, 자동승급을 폐지할 때에도 직능급, 직무급, 직위수당을 폐지하지 않는 한 승격·승진승급을 실시하게 된다.

능력급 지표 중에도 정기승급 사정급 비율과 승격사정점수가 높은 기업에서는 임금이 연령에 의해 상승하는 비율이 작고, 근로자의 능력을 반영하는 임금구조가 된다. [표 1-5]에서 보는 바와 같이,

---

4) 김환일·조희원, 『연공서열형 임금체계의 재검토』, 한국경총 노동경제연구원, 2005, 35~48쪽.

승격사정점수가 최고 높은 기업과 0인 기업에서 승격기준선의 변화 패턴이 어떻게 다른가를 보자. 승격사정점수가 높은 기업은 승격사정점수가 낮은 기업보다 승급기준선이 변화하는 비율이 높다[그림 1-2].

[표 1-5] 승급기준선 변화패턴별 기업분포

구　　　분	변화없음	변화 패턴					
		A	B	C	D	E	기타
승격사정점수 1.75+	36.3	33.3	17.9	6.5	3.3	1.3	1.5
승격사정점수 0	59.5	22.2	7.8	3.5	2.7	2.7	1.7

자료 : 三谷直紀, 『企業内賃金構造と勞動市場』, 勁草書房, 1997, p.97.

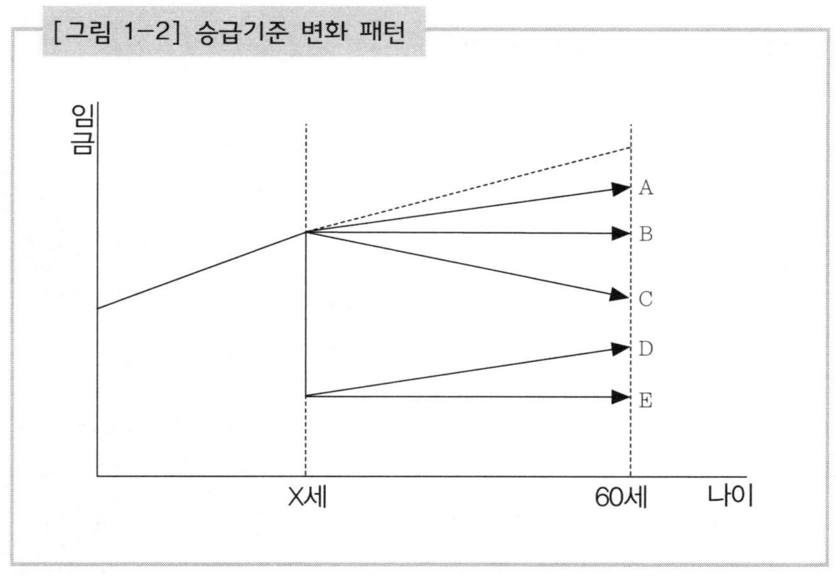

[그림 1-2] 승급기준 변화 패턴

자료 : 三谷直紀, 『企業内賃金構造と勞動市場』, 勁草書房, 1997, p.97.

5. 임금피크연령 설정시기에 따른 분류

이 분류에 따르면, 기존정년 이전 설정유형과 기존정년 이후 설정유형으로 나눌 수 있다. 기존의 정년을 연장하기 위하여 임금을 그 전부터 낮추자는 취지에서 보면 임금피크연령을 정년 이전으로 설정하는 것이 타당하다. 그러나, 기존의 정년연령을 연장하면서 그 때부터 임금을 낮추는 방안도 가능할 것이다.

6. 퇴직금 조정여부에 따른 분류

이 분류에 따르면, 기존 퇴직금 유지유형과 기존 퇴직금 감소유형으로 나눌 수 있다. 기본급 등 임금을 삭감하면 당연히 그에 따라 지급되는 퇴직금은 감소하게 된다. 그렇게 하면, 평생임금으로 볼 때 임금감소액이 너무 커지게 된다. 이를 막기 위해 기존 퇴직금은 그대로 유지해 줄 수도 있다. 이 경우에 별도 임금테이블을 유지해 주어 개인별로 퇴직시 평균임금을 계산해야 하기 때문에, 실무적으로는 임금관리가 매우 복잡하게 된다.

제4절   도입효과

임금피크제를 도입하면 이미 도입의의에서 살펴 본 바와 같이, 노사 모두에게 긍정적 효과를 줄 수 있다.

근로자는 경영상 위기 때에 해고를 회피할 수 있고(사실상 또는 사규상) 정년 이후에도 계속 일할 수 있다. 사용자는 해고를 둘러싼 노사갈등을 피할 수 있고, 보다 저렴한 비용으로 훈련된 인력을 유지·확보하는 한편, 경감된 비용을 재원으로 신규인력을 채용할 수도 있다. 정부는 인구고령화에 따른 생산인력 부족문제를 해결하고, 비경제활동 노령인구에 대한 사회보장비용 부담을 완화할 수 있다.

임금피크제의 이론

　　정년연장과 임금에 관한 이론은 연공임금 프로파일(Profile) 이론에서 찾을 수 있다. 임금체계로 볼 때 연공급 뿐만 아니라 직무급과 직능급에서도 연공임금제도의 특성은 모두 나타난다. 연공급은 연령과 근속연수가 증가하면 자동적으로 승급하여 기본급이 올라가는 임금체계이다. 직무급과 직능급에서도 정기적으로 승급하는 급여항목은 적으나 인사평가 결과에 따라 연령이나 근속과 연관되어 올라가는 항목과 금액이 많아진다. 그리고, 승진·승격에 의해서도 임금은 상승한다. 임금체계가 어떻든 연령과 근속연수가 증가함에 따라 임금이 상승하는 의미로 연공임금이라고 할 때 그 이론은 다음과 같이 정리할 수 있다.5)

---

5) Hutchens, R. M, Seniority, Wages and Productivity : A Turbulent Decade, Journal of Economic Perspectives, Vol. 3, No. 4, Fall, 1989, pp.49~64, 大橋勇雄, 『勞働市場の理論』, 東洋經濟新報社, 1990, 第1章.

제1절 생활비보장가설

기업이 근로자의 라이프사이클 상 생활비 수준에 균형을 이루는 임금을 지불하기 위해 연공임금이 이루어진다는 가설이다. 우리나라와 일본 임금체계에서 속인급적 부분과 정기승급이 바로 이 가설에 해당하는 것이다.

일본의 오노(小野,1989)는 일본 노동성의 임금구조 기본통계조사를 이용해 직종경력연수, 연령, 근속연수를 설명변수로 하여 임금계수를 추계하였다. 직종경력연수를 조정해 근속연수보다는 연령이 임금상승에 대한 설명력이 높다는 결론을 내렸다. 연령을 생활비의 대리변수로 해석해 생활비보장가설이 지지되고 있다고 설명할 수 있다.

그런데, 경쟁적인 시장에서 생산활동을 하는 기업들이 생활비가 높은 고령자들에게 높은 임금을 지불할 것인가?

또, 임금수준이 낮아 생활의 곤궁도가 높다고 생각되는 중소기업 근로자들에게 연공임금이 과연 설득력이 있는가?

이에 대해 Frank와 Hutchens(1993)은 임금 절대액의 상승률이 근로자의 효용을 높이는 모델로 작동하는 것으로 연공임금을 설명하고 있다.[6]

---

6) Frank, R. H and R. M. Hutchens, Wages Seniority, and the Demand
   for Rising Consumption Profiles, Journal of Economic

제2절 인적자본이론

기업내 훈련이라는 인적자본에 대한 투자로 연령과 근속연수에 따라 기능수준과 능력이 향상된다. 이 때 기업이 근로자의 생산성 향상에 따라 임금을 지불하면 연공임금이 된다. 이 이론에서 기업내 훈련비용을 기업과 근로자가 어떻게 배분하는가 하는 것이 중요한 초점이 된다.[7]

기업내 훈련에는 해당기업에서만 활용될 수 있는 기술이나 기능을 훈련시키는 기업특수적 훈련(firm-specific training)과 해당 기업뿐만 아니라 다른 기업에서도 활용될 수 있는 기술이나 기능을 훈련시키는 일반훈련(general training)이 있다.

일반훈련에서는 근로자가 비용의 대부분을 부담하고 그 수익도 근로자가 받는다. 그러나, 기업특수적 훈련에서는 기업과 근로자가 비용을 분담하고 그 수익도 배분하는 것이 합리적이다. 후자의 경우

---

7) Hashimoto, M. and J. Raisian, Employment, Tenure, and Earnings Profiles in Japan, American Economic Review, Vol. 75, No. 4, 1985, pp.721~735.;Mincer, J. and Y. Higuchi, Wage Structure and Labor Turnover in the United States and Japan, Journal of the Japanese and International Economies, Vol. 2, No. 2, 1988, pp.97 ~133.

에 기업과 근로자간에 장기적인 고용관계가 성립된다.

실제로 미국과 일본을 비교 연구한 결과를 보면, 일본기업들이 전직률이 낮은 것은 임금프리미엄이 상대적으로 높은 것으로 나타난다. 이와 같은 결과는 기업특수훈련이 일본이 보다 많았던 것에서 그 근거를 찾고 있다.

인적자본이론에서는 훈련기간 중에는 한계생산물가치보다 낮은 임금을 받아들이고, 그 후에는 한계생산물가치와 일치하는 임금을 받게 된다. 따라서 기업이 인적자본에 맞는 임금을 지불한다면, 정년제와 같은 고용계약을 일정연령에서 종료하는 제도는 필요가 없다. 이 경우, 중고령자들이 한계생산물가치보다 높은 임금을 받는 것을 설명할 수 있는 모델이 필요하게 된다.

제3절 인센티브가설

　　Lazear은 근로자의 한계생산물가치가 일정하게 있어도 연령과 근속연수에 따라 임금이 상승하는 연공임금이 효율적이라는 것을 보여 주었다.[8] 이 인센티브 모델에서는 중고령기에 한계생산물가치보다 높은 임금을 받게 되어 정년제가 존재하게 된다는 것을 보여준다.[9] 특히, 퇴직금과 기업연금의 존재도 이론적으로 설명할 수 있다. [그림 2-1]과 같이 근로자는 젊을 때 한계생산물가치보다 낮은 임금을 받다가 중고령자가 되어서는 오히려 한계생산물가치보다 높은 임금을 받는다(Upward Sloping Age-Earning Profile). 젊을 때 한계생산물가치보다 적게 받은 임금을 기업에 보증금으로 예치하였지만, 그 후 근로자가 태만한 것이 발견되면 해고될 수 있다. 따라서, 근로자는 태만하지 않고 열심히 일을 하게 되며 생산성이 향상되면 높은 임금을 받게 된다.

---

8) Lazear, E. P. Why Is There Mandatory Retirement?, Journal of Political Economy, Vol. 87, No. 6, 1979, pp.1261~1284 ; Lazear, E. P.Agency, Earnings Profiles, Productivity and Hours Restrictions, American Economic Review, Vol. 71, No. 4, 1981, pp.606~620.

9) Carmichael, L., Firm Specific Human Capital and Promotion Ladders, Bell Journal, 1983, Spring, pp.251~258.

[그림 2-1] 임금 프로파일

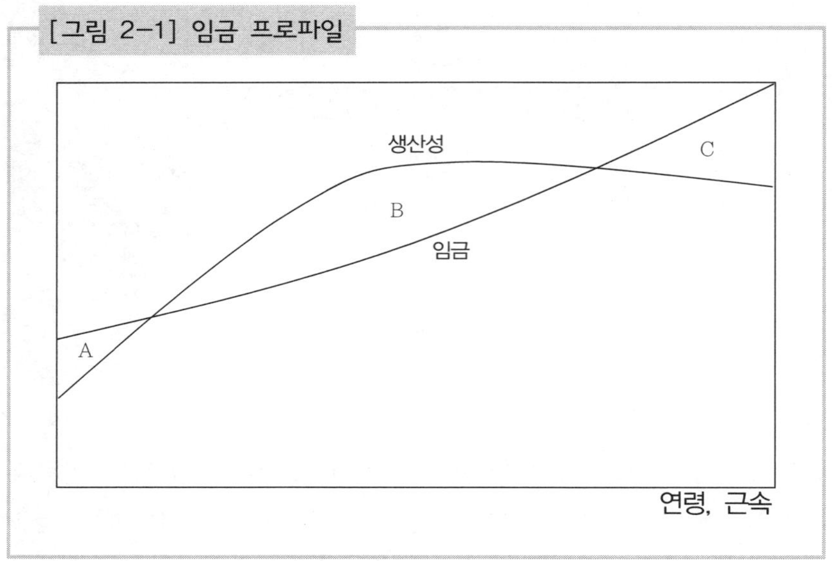

자료 : 錢田周一, 『早期退職制の損得を考える本』, 1997, p.215.

이 모델에서는 근로자의 노력수준을 어떻게 정확히 측정하는가 하는 문제와 기업 측의 도덕적 해이(moral hazard)가 문제가 된다.

제4절   정보학적 학습모델

기업은 장기적으로 근로자를 고용해 그 동안 근로자의 능력에 관한 정보를 축적하고 근로자가 올린 생산성에 따라 임금도 올라간다. 그런데, 기업 측이 갖고 있는 근로자의 능력에 관한 정보가 반드시 완전하다고 할 수 없다.

Harris와 Holmstron은 근속연수가 길어짐에 따라 근로자의 능력에 관한 정보가 축적되어 그 신뢰도가 상승해 임금이 상승한다고 하였다. 이 정보적 학습모델에서는 근로자의 능력에 관한 정보는 불완전하여 기업들은 생산성으로부터 판단을 하고, 근로자의 능력에 관한 정보는 다른 기업들도 공유한다.

근로자는 위험 회피적이 되고, 기업은 중립적이 된다. 그래서, 근로자는 기대생산성에서 보험프리미엄을 뺀 임금을 받는다. 보험 프리미엄은 기업이 생산변동 위험을 받아들이는데 대해 지불하는 프리미엄이다. 근로자의 능력에 관한 정보가 축적되어 불확실성이 감소하게 되면 보험프리미엄은 감소한다. 이 경우 다른 기업들도 같은 정보를 갖고 있기 때문에 다른 기업과 경쟁하면서 임금이 상승한다.[10]

---

10) 大橋勇雄, 『勞働市場の理論』, 東洋經濟新報社, 1990.

제3장

임금피크제의
설계

제1절   적용대상자 설정

임금피크제 적용대상을 전체 근로자로 할 것인지, 일정직렬 근로자 또는 일정조건을 충족하는 일부 근로자로 할 것인지를 정한다. 이때 기업 내 인력구조와 인건비 부담, 생산직·사무직 등 근로자 직무특성별 요구사항 등을 고려해야 할 것이다.

제2절 임금조정

임금을 조정하기 위해서는 모델임금을 설정해야 한다. 모델임금은 표준근로자에게 지급되는 임금이다. 여기서, 표준근로자란 정상적으로 학교를 졸업(그리고 군복무를 마친)을 한 후에 입사해서 표준적으로 승진한 근로자를 말한다.

모델임금에는 표준자 모델과 실재자 모델이 있다. 표준자 모델은 임금규정과 퇴직금 규정에 근거해 제도상 표준근로자의 임금을 계산한 것이고, 실재자 모델은 실제로 현재 근무하고 있는 근로자의 임금을 계산한 것이다.

표준자 모델로 산출하는 것이 원칙일 것이다. 그러나, 승진·승격 또는 승급은 어느 시기인가에 따라 평균적인 연한이 달라진다. 입사연도별 신입사원수, 직급별 중도채용이나 이직자수, 포스트의 수 등에 따라 영향을 받는다. 그래서 일본 중앙노동위원회에서는 모델퇴직금을 산출할 때 설정된 모델조건(학력, 성, 직종에 대한 연령, 근속연수, 부양가족수의 3가지 모델로 설정)을 만족시키는 실재자 중에 표준적으로 승진한 근로자를 선택해 그 중앙값으로 하고 있다[표 3-1].[11]

---

11) 鍋田周一, 『早期退職制の損得を考える本』, 中經出版, 1997.6, pp.135~138.

한편, 고용연장(또는 정년연장)과 관련해 인건비 증가를 어떻게 할 것인가 하는 조정원칙을 미리 정해야 한다. 임금피크제의 도입목적과 관련해 보면, 고용연장(또는 정년보장)을 위해 임금을 조정한다면 총인건비를 증가시키지 않게 하는 원칙을 정하는 것이 바람직할 것이다.

[표 3-1] 모델 퇴직금

설정조건			회사사유		자기사유	
근속연수	연령	부양가족수	퇴직금액 (천엔)	월수환산 (월)	퇴직금액 (천엔)	월수환산 (월)
대졸, 남자, 사무직 및 기술직						
3	25	0	489	2.1	214	0.9
5	27	1	885	3.3	455	1.7
10	32	2	2,456	7.1	1,520	4.4
15	37	3	5,236	12.3	3,788	8.9
20	42	3	9,740	18.8	7,771	14.9
25	47	3	15,550	26.1	13,244	22.2
30	52	2	23,682	35.1	21,850	32.1
33	55	1	26,171	38.6	24,884	36.4
38	60	1	28,797	45.3	27,958	44.4
정년	−	−	28,870	45.0	−	−
고졸, 남자, 사무직 및 기술직						
3	21	0	373	2.1	153	0.9
5	23	0	662	3.5	331	1.7
10	28	1	1,821	7.2	1,086	4.3
15	33	2	3,785	12.2	2,627	8.4
20	38	3	6,956	19.3	5,421	14.9
25	43	3	11,386	26.9	9,558	22.5
30	48	3	16,868	34.6	14,803	30.3
35	53	2	21,736	40.3	20,158	37.2
37	55	1	23,632	42.9	22,648	40.6
42	60	1	24,708	46.9	24,129	45.8
정년	−	−	24,943	47.0	−	−

고졸, 남자, 생산직						
3	21	0	340	2.0	130	0.8
5	23	0	606	3.3	283	1.5
10	28	1	1,643	6.9	918	3.8
15	33	2	3,339	11.8	2,166	7.7
20	38	3	6,008	18.5	4,491	13.8
25	43	3	9,641	26.5	7,710	21.2
30	48	3	14,310	34.6	12,125	29.5
35	53	2	17,692	40.2	16,156	36.7
37	55	1	18,976	43.1	18,203	41.2
42	60	1	20,010	48.0	19,375	46.5
정년	−	−	20,077	48.0	−	−

자료 : 일본 중앙노동위원회, 「モデル퇴직금」, 1995.

1. 기본급 조정

(1) 임금피크 설정방식의 결정

임금피크제 설계를 하는 접근방식에는 2가지가 있다. 그 하나는 개인별 생산성(공헌도)에 맞게 임금커브를 조정하는 방식이고, 다른 하나는 고용연장으로 증가하는 평생임금 만큼 정년 이전에 임금피크를 설정해 감소하는 평생임금을 일치시키게 조정하는 방식이다.

어느 방식을 채택하는가에 따라, 도입절차와 근로자 동의방식이 다를 수 있고, 임금조정률이나 임금피크 연령도 다르게 설계될 수 있다.

① 연령·임금곡선(Upward Sloping Age-Earning Profile) 조정 방식

임금과 생산성의 차이를 해소시키는 방식에는 장기결제형 방식과 단기결제형 방식이 있다.[12] 장기결제형 방식은 신입사원으로 입사해 정년퇴직할 때까지 생산성(공헌도)과 임금의 차이를 퇴직 직전에 일시에 조정하는 방식이다[그림 2-1].

그런데, 경력직 중도채용이 많아짐에 따라 신입사원으로 입사해 일정기간 동안 사내에서 교육훈련을 받는 기간을 거쳐 매년 공헌도에 따라 임금을 지불하는 신입사원 공채채용 인원이 적어지고 있다. 또, 근속기간 중 배치전환을 하면 새로운 직무에서 능력을 발휘할 때까지 일정한 관찰기간과 육성기간이 필요하다. 이와 같이 경력자나 배치전환자의 임금과 공헌도를 장기결제형 임금커브로 일치시키기는 불가능하다.

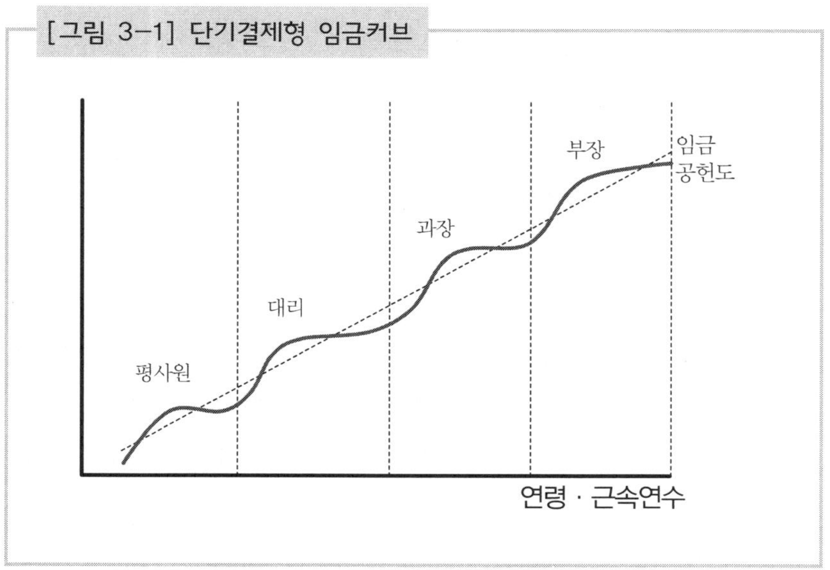

[그림 3-1] 단기결제형 임금커브

자료 : 錢田周一, 『早期退職制の損得を考える本』, 中經出版, 1997. p.223.

---

12) 錢田周一, 『早期退職制の損得を考える本』, 中經出版, 1997, pp.221~224.

그래서 어느 정도 기간동안의 공헌과 임금을 일치시키는 단기 결제형 임금커브가 필요한 경우도 많다. 예를 들어, 입사한 근로자가 어느 단계로 입사하던 직급별로 여러 번에 걸쳐 생산성(공헌도)와 임금의 차이를 조정해 주는 방식이다[그림 3-1].

보다 근원적인 해결방법은 아예 임금커브를 생산성(공헌도) 커브에 일치시키는 것이다. 이 방식을 채택할 때에 유의할 점은 임금커브를 생산성(공헌도)에 맞추어 주면 조정이 끝나지만 과거의 불일치된 부분을 어떻게 처리할 것인가 하는 것이 문제가 된다. 또, 임금커브 조정에 따른 퇴직금 감소액을 어떻게 처리할 것인가를 확정해야 한다. 이 문제는 뒤에서 자세히 검토하기로 한다.

어떻든, 이 방식은 개인별 생산성(공헌도)을 측정하기가 어렵고 측정한다고 해도 측정하는데 많은 비용이 든다. 그리고, 결과적으로 불이익 변경이라면 근로자 대표의 집단동의를 받아야 하는데 이것이 사실상 쉽지 않다. 그런 측면에서 볼 때, 이 방식은 현실적으로 실행하기 어려운 방식이라고 볼 수 있다.

② 임금감소 · 고용연장 교환 방식

고용연장으로 증가하는 평생임금 만큼 정년 이전에 임금피크를 설정해 감소하는 평생임금을 일치시키게 조정하는 방식이다. [그림 3-2]에서 삼각형 A와 사각형 B가 같도록 하는 임금피크 연령과 고용연장 기간을 정하는 것이다.

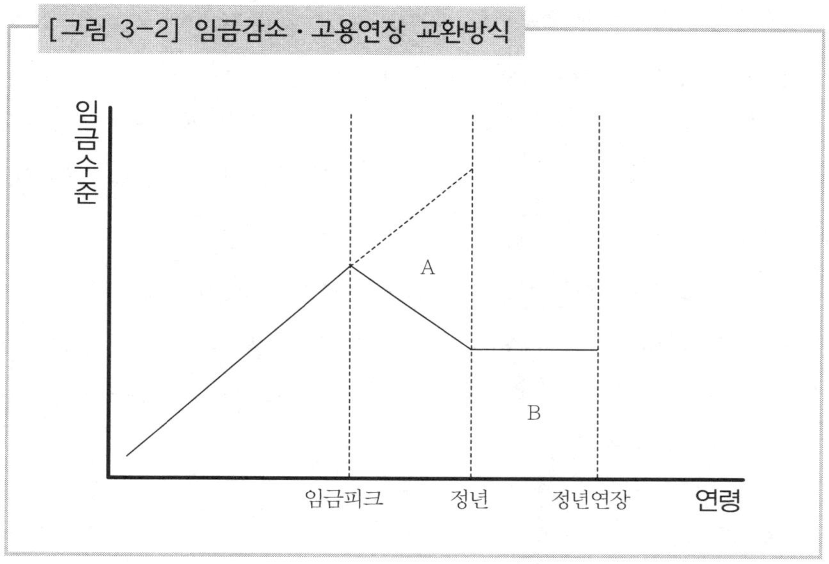

이 때, 임금피크 설정으로 감소한 임금총액에는 법정기준임금(통상임금, 평균임금 등) 감소에 따른 각종수당 감소분(특히 퇴직금)과 사내 지급기준 임금(상여금, base-up 등) 감소분이 반영되어야 한다. 그리고, 고용연장에 따라 증가한 임금총액에는 복리후생비와 국민연금 등 변동분, 그리고 임금피크제 보전수당이 함께 고려되어야 한다.

어떻든 이 방식은 간결하고 절차상으로도 손쉬운 장점이 있어서 가장 잘 활용될 방식으로 판단된다.

(2) 임금피크연령 결정

① 임금피크 연령 설정 방식

임금피크 연령을 설정하는 것은 임금피크제 설정방식에 따라 다르다.

■■■ 연령 · 임금곡선(Upward Sloping Age-Earning Profile) 조정 방식

연령 · 임금곡선 조정 방식은 개인의 임금을 그의 한계생산성에 맞추어 지급하기 위해 우상향하는 연령 · 임금곡선(Upward Sloping Age-Earning Profile)에서 피크임금을 개인별 생산성(공헌도)의 피크수준에 해당하는 연령으로 정하면 된다.

그런데 문제는 개별 사업장에서는 개개인의 생산성에 대한 데이터가 거의 없다. 따라서, 표본조사를 통해 생산성의 대리변수를 찾는 경우가 많다.[13] 또, 상시적인 데이터를 확보하려면 관측이 어렵고 비용도 많이 든다.

■■■ 임금감소 · 고용연장 교환 방식

고용연장에 따라 증가하는 평생임금 만큼 정년 이전에 임금피크를 설정해 감소하는 평생임금을 일치시키게 하는 임금피크 연령과 고용연장 기간을 정하는 것이다. 물론, 어느 한 쪽이 크도록 설계할 수도 있다.

한편, 고용유지형의 경우에는 고용조정이 불가피한 연령부터 정년연령까지의 임금피크제 도입 이후의 임금과 고용조정으로 퇴직하여 일정기간 실업급여를 받다가 새로 취업한 직장에서 받는 임금을 합하여 양자를 비교해야 할 것이다.

---

13) Abraham과 Medoff는 업적평가점수로 하였다. 이에 대하여는 Alraham, K. G., and J. L. Medoff, Experience, Performance and Earnings, Quarterly Journal of Economics, 95, 1980, December, pp.703~736을 참조.

② 도입실태

우리나라 기업들의 경우에는 도입사례가 많지 않아 일률적으로 설명하기가 어렵다. 일본기업의 경우를 1999년 노무행정연구소 조사(117개사)를 통해 살펴보면, 정년(당시 평균 60세) 5년 전인 55세가 가장 많고 다음으로 56~57세가 많았다. 정년 도달 2~5년 전을 임금피크 연령으로 설정하고 있는 것이다.

[표 3-2] 일본기업의 임금피크 연령(1999)

구 분	50세미만	50세	51세	52세	53세	54세	55세	56세	57세	58세	59세
%	3.4	10.2	2.3	0.6	1.7	-	44.1	12.4	17.5	6.8	1.1

자료 : 勞務行政硏究所, 『企業內高齡層の處遇實態』, 1999.

(3) 임금조정 방법과 조정률 결정

임금피크연령이 결정되면, 그 연령부터 정상적인 임금커브 대신 조정된 임금커브를 임금피크제 적용대상 근로자의 임금커브로 결정한다.

① 임금조정방법

임금조정 방법에는 협약임금인상률(base-up) 둔화, 상여금 등 변동급 삭감, 자동승급 중단, 수당 폐지 또는 감액, 기본급 변경 등 다양한 방법을 활용할 수 있다.

협약임금인상이나 수당감액, 상여금 동결 등으로 임금총액을 감액시키기는 어렵다. 왜냐하면, 기본급을 조정하지 않으면 매년 승진 승급 등의 인상효과가 있는데다, 이에 따른 법정기준임금 인상으로 각종 수당이 올라가기 때문이다. 또, 수당을 변동시키면 대상자별로 지급기준이 달라 그의 조정이 불가능한 경우도 있다.

따라서, 기본급을 조정하는 것이 여러 가지 측면에서 현실적인 조정방법이라고 판단된다.

기본급 임금체계의 유형에는 연령과 근속연수를 지급기준으로 하는「연공급」, 직무수행 능력을 기준으로 하는「직능급」, 직무의 종류와 내용을 기준으로 하는「직무급」이 있다. 연공급에는 연령급의 단일급, 연령급 및 근속급 병존급, 연령·부양가족 병존급 등이 있고, 직능급에는 직능급 단일급과 고정급·직능급 병존급이 있다. 이 외에도 연령, 근속, 직무능력, 직무태도와 업무성과 등을 종합적으로 고려하는 종합급도 있다.

연공적인 요소가 있어서 임금피크제의 대상이 되는 임금체계에는 연령급, 연령급＋근속급, 연령＋부양가족 병존급, 고정급(연공급)·직능급 병존급 등이 있다.

연령급은 연령만을 기준으로 기본급을 구성하는 임금체계로서 [표 3-3], [표 3-4]와 같이 2가지 방식이 대표적인 예이다.

[표 3-3] 연령급 임금표(1)

연 령	금액(엔)	연 령	금액(엔)
22세	100,000	32세	130,000
23세	103,000	33세	133,000
24세	106,000	34세	136,000
25세	109,000	35세	139,000
26세	112,000	36세	142,000
27세	115,000	37세	145,000
28세	118,000	38세	148,000
29세	121,000	39세	151,000
30세	124,000	40세	154,000
31세	127,000		

자료 : 오기하라 마사루, 『업적급 · 장려급제 매뉴얼』, 21세기북스, 1996, 120쪽.

[표 3-4] 연령급 임금표(2)

연 령	금액(엔)
20~24세	110,000
25~29세	120,000
30~34세	130,000
35~39세	140,000
40~44세	145,000
45세~	150,000

자료 : 오기하라 마사루, 『업적급 · 장려급제매뉴얼』, 21세기북스, 1996, 120쪽.

다음으로 연령과 근속을 동시에 고려해 기본급을 정하는 방식이
있다[표 3-5]. 근속연수를 결정요소로 넣은 것은 장기근속을 장려
하기 위해서 라고 할 수 있다. 그리고, 생활보장 측면에서 보다 확실

한 지표인 부양가족수를 고려하는 방식이 있다. 연령별로 부양가족
수를 고려해 임금을 정하는 방식이다[표 3-6].

[표 3-5] 연령·근속 병존형 임금표

(단위 : 엔)

구분	1년	2년	3년	4년	5년	6년	7년	8년	9년	10년이상
20세	110,000									
21세	112,000	113,00								
22세	114,000	115,000	116,000							
23세	116,000	117,000	118,000	119,000						
24세	118,000	119,000	120,000	121,000	122,000					
25세	120,000	121,000	122,000	123,000	124,000	125,000				
26세	122,000	123,000	124,000	125,000	126,000	127,000	128,000			
27세	125,000	126,000	127,000	128,000	129,000	130,000	131,000	132,000		
28세	128,000	129,000	130,000	131,000	132,000	133,000	134,000	135,000	136,000	
29세	131,000	132,000	133,000	134,000	135,000	136,000	137,000	138,000	139,000	140,000
30세	134,000	135,000	136,000	137,000	138,000	139,000	140,000	141,000	142,000	143,000
31세	137,000	138,000	139,000	140,000	141,000	142,000	143,000	144,000	145,000	146,000
32세	140,000	141,000	142,000	143,000	144,000	145,000	146,000	147,000	148,000	149,000
33세	143,000	144,000	145,000	146,000	147,000	148,000	149,000	150,000	151,000	152,000
34세	146,000	147,000	148,000	149,000	150,000	151,000	152,000	153,000	154,000	155,000
35세	149,000	150,000	151,000	152,000	153,000	154,000	155,000	156,000	157,000	158,000
36세	151,000	152,000	153,000	154,000	155,000	156,000	157,000	158,000	159,000	160,000
37세	153,000	154,000	155,000	156,000	157,000	158,000	159,000	160,000	161,000	162,000
38세	155,000	156,000	157,000	158,000	159,000	160,000	161,000	162,000	163,000	164,000
39세	157,000	158,000	159,000	160,000	161,000	162,000	163,000	164,000	165,000	166,000
40세~	159,000	160,000	162,000	162,000	163,000	164,000	165,000	166,000	167,000	168,000

자료 : 오기하라 마사루, 『업적급·장려급제매뉴얼』, 21세기북스, 1996, 121쪽.

[표 3-6] 연령·부양가족수 병존형 임금표

(단위 : 엔)

구분	독신	부양가족이 있는 사람			
		배우자	배우자 +1	배우자 +2	배우자 +3
20세	120,000	135,000	139,000	142,500	145,500
21세	123,000	138,000	142,000	145,500	148,500
22세	126,000	141,000	145,000	148,500	151,500
23세	129,000	144,000	148,000	151,500	154,500
24세	132,000	147,000	151,000	154,500	157,500
25세	135,000	150,000	154,000	157,500	160,500
26세	138,000	153,000	157,000	160,500	163,500
27세	141,000	156,000	160,000	163,500	166,500
28세	144,000	159,000	163,000	166,500	169,500
29세	147,000	162,000	166,000	169,500	172,500
30세	150,000	165,000	169,000	172,500	175,500
31세	153,000	168,000	172,000	175,500	178,500
32세	156,000	171,000	175,000	178,500	181,500
33세	159,000	174,000	178,000	181,500	184,500
34세	162,000	177,000	181,000	184,500	187,500
35세	164,000	179,000	183,000	186,000	189,500
36세	166,000	181,000	185,000	188,500	191,500
37세	168,000	183,000	187,000	190,500	193,500
38세	170,000	185,000	189,000	192,500	195,500
39세	172,000	187,000	191,000	194,500	197,500
40세	174,000	189,000	193,000	196,500	199,500

자료 : 오기하라 마사루, 『업적급·장려급제매뉴얼』, 21세기북스, 1996, 122쪽.

한편, 직능급은 대체로 연령별로 생계비 보전 차원의 연령급과 근로의 대가 차원의 직능급 구성비율을 다르게 가져간다.

[그림 3-3] 연령급과 직능급의 비율

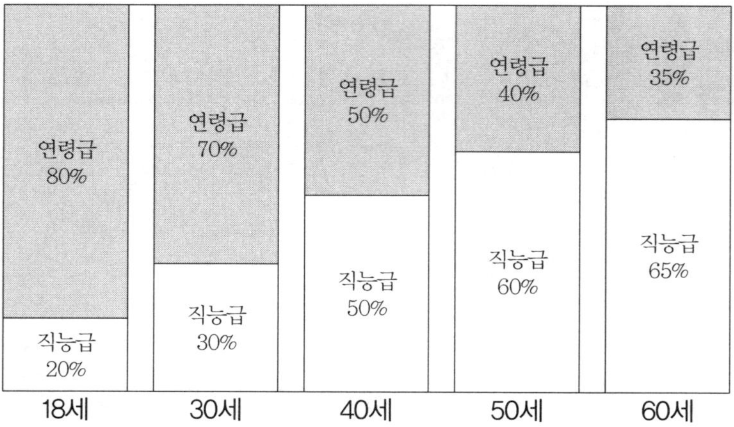

자료 : 오기하라 마사루, 『직능급제 매뉴얼』, 21세기북스, 1996, 138쪽.

직능급은 자격등급에 따라 임금이 책정되는데, 자격등급마다 단일한 직능급을 정하는 단일형[표 3-7]과 일정한 범위로 직능급을 정하는 범위형이 있다. 범위급에는 「개차형」, 「접속형」, 「중복형」이 있다. 개차형은 자격등급마다 일정한 격차를 두는 유형이고, 접속형은 하위등급 상한과 상위등급 하한을 동일하게 정하는 유형이며, 중복형은 하위 등급 범위와 상위등급 범위가 겹치는 유형이다.

승급에는 자격등급이 올라가는 승격승급과 동일한 자격 등급 내에서 호봉이 올라가는 숙련승급이 있다. 후자는 보통 5단계 고과평가 결과를 반영하게 된다.

[표 3-7] 직능급표

(단위 : 엔)

자격 등급	사원1급	사원2급	사원3급	사원4급	사원5급	사원6급	사원7급	사원8급	사원9급
호봉	500엔	600엔	700엔	900엔	1,200엔	1,600엔	2,000엔	2,500엔	3,000엔
1	18,000	25,000	30,000	35,000	45,000	65,000	90,000	150,000	200,000
2	18,500	25,600	30,700	35,900	46,200	66,600	92,000	152,500	203,000
3	19,000	26,200	31,400	36,800	47,400	68,200	94,000	155,000	206,000
4	19,500	26,800	32,100	37,700	48,600	69,800	96,000	157,500	209,000
5	20,000	27,400	32,800	38,600	49,800	71,400	98,000	160,000	212,000
6	20,500	28,000	33,500	39,500	51,000	73,000	100,000	162,500	215,000
7	21,000	28,600	34,200	40,400	52,200	74,600	102,000	165,000	218,000
8	21,500	29,200	34,900	41,300	53,400	76,200	104,000	167,500	221,000
9	22,000	29,800	35,600	42,200	54,600	77,800	106,000	170,000	224,000
10	22,500	30,400	36,300	43,100	55,800	79,400	108,000	172,500	227,000
11	23,000	31,000	37,000	44,000	57,000	81,000	110,000	175,000	230,000
12	23,500	31,600	37,700	44,900	58,200	82,600	112,000	177,500	233,000
13	24,000	32,200	38,400	45,800	59,400	84,200	114,000	180,000	236,000
14	24,500	33,400	39,100	46,700	60,600	85,800	116,000	182,500	239,000
15	25,000	34,000	39,800	47,600	61,800	87,400	118,000	185,000	242,000
16	25,500	34,600	40,500	48,500	63,000	89,000	120,000	187,500	245,000
17	26,000	34,600	41,200	49,400	64,200	90,600	122,000	190,000	248,000
18	26,500	35,200	41,900	50,300	65,400	92,200	124,000	192,500	251,000
19	27,000	35,800	42,600	51,200	66,600	93,800	126,000	195,000	254,000
20	27,500	36,400	43,300	52,100	67,800	95,400	128,000	197,500	257,000
21	28,000	37,000	44,000	53,000	69,000	97,000	130,000	200,000	260,000
22	28,500	37,600	44,700	53,900	70,200	98,600	132,000	202,500	263,000
23	29,000	38,200	45,400	54,800	71,400	100,200	134,000	205,000	266,000
24	29,500	38,800	46,100	55,700	72,600	101,800	136,000	207,500	269,000
25	30,000	39,400	46,800	56,600	73,800	103,400	138,000	210,000	272,000
26			47,500	57,500	75,000	105,000	140,000	212,500	275,000
27			48,200	58,400	76,200	106,600	142,000	215,000	278,000
28			48,900	59,300	77,400	108,200	144,000	217,500	281,000
29			49,600	60,200	78,600	109,800	146,000	220,000	284,000
30			50,300	61,100	79,800	111,400	148,000	222,500	287,000
31			51,000	62,000	81,000	113,000	150,000	225,000	290,000
32			51,700	62,900	82,200	114,600	152,000	227,500	293,000
33			52,4000	63,800	83,400	116,200	154,000	230,000	296,000
34			53,100	64,700	84,600	117,800	156,000	232,500	299,000

35			53,800	65,600	85,800	119,400	158,000	235,000	302,000
36				66,500	87,000	121,000	160,000	237,500	305,000
37				67,400	88,200	122,600	162,000	240,000	308,000
38				68,300	89,400	124,200	164,000	242,500	311,000
39				69,200	90,600	125,800	166,000	245,000	314,000
40				70,100	91,800	127,400	168,000	247,500	317,000
41				71,000	93,000	129,000	170,000	250,000	320,000
42				71,900	94,200	130,600	172,000	252,500	323,000
43				72,800	95,400	132,200	174,000	255,000	326,000
44				73,700	96,600	133,800	176,000	257,500	329,000
45				74,600	97,800	135,400	178,000	260,000	332,000
46				75,500	99,000	137,000	180,000	262,500	335,000
47				76,400	100,200	138,600	182,000	265,000	338,000
48				77,300	101,400	140,200	184,000	267,500	341,000
49				78,200	102,600	141,800	186,000	270,000	344,000
50				79,100	103,800	143,400	188,000	272,500	347,000
51							190,000	275,000	350,000
52							192,000	277,500	353,000
53							194,000	280,000	356,000
54							196,000	282,500	359,000
55							198,000	285,000	362,000
56							200,000	287,500	365,000
57							202,000	290,000	368,000
58							204,000	292,500	371,000
59							206,000	295,000	374,000
60							208,000	297,500	377,000

자료 : 오기하라 마사루, 『직능급제 매뉴얼』, 21세기북스, 1996, 226쪽.

이와 같이 기본급을 조정하기 위해서는 임금체계에 따라 조정방법이 달라질 수 밖에 없다. 단일급의 경우에는 임금커브를 어떻게 조정할지만 결정하면 된다. 그러나, 연공급의 병존급은 연령급과 근속급을 모두 조정할지 어느 하나만 조정할지, 아니면 둘을 일정한 비율로 조정할지를 결정해야 한다. 직능급의 경우에도 연령급만 조정할지 직능급도 조정할지, 둘을 일정비율로 조정할지를 정해야 한다.

② 임금조정률

임금조정률은 임금조정 방식에 따라 다르게 결정되어야 한다. 그리고, 임금함수를 연속함수(continuous function)를 가정하는 경우와 불연속함수(uncontinuous function)를 가정하는 경우 계산방법은 달라진다.

▓ 이론적 접근(연속함수)

첫째, 연령·임금곡선(Upward Sloping Age-Earning Profile) 조정 방식은 임금커브를 생산성 커브에 맞추어 똑같이 조정하는 방법이다. 그 경우에는 과거 개인 생산성에 미치지 못하는 임금지급액을 어떻게 처리하는가 하는 것이 문제가 되고, 그것이 마이너스(-)인 경우에 정년연장을 할 수 없는 문제가 생긴다.

입사부터 정년까지의 순공헌도(공헌도-지급임금)를 계산하고, [그림 3-4]에서 순 공헌 평생임금 B-(A+C)와 면적이 같게 하는 D를 구하여 고용연장 연령을 정하는 것이다. 즉, 입사연령을 t_0, 정년연령을 t_1, 개인의 생산성 함수를 $f(t)$, 기존의 임금함수를 $g(t)$라고 하면, 고용연장 기간 n은 다음의 함수식에서 결정된다.

$$\int_{t_1}^{t_{1+n}} f(t)\,dt = \int_{t_0}^{t_1} f(t) - g(t)\,dt$$

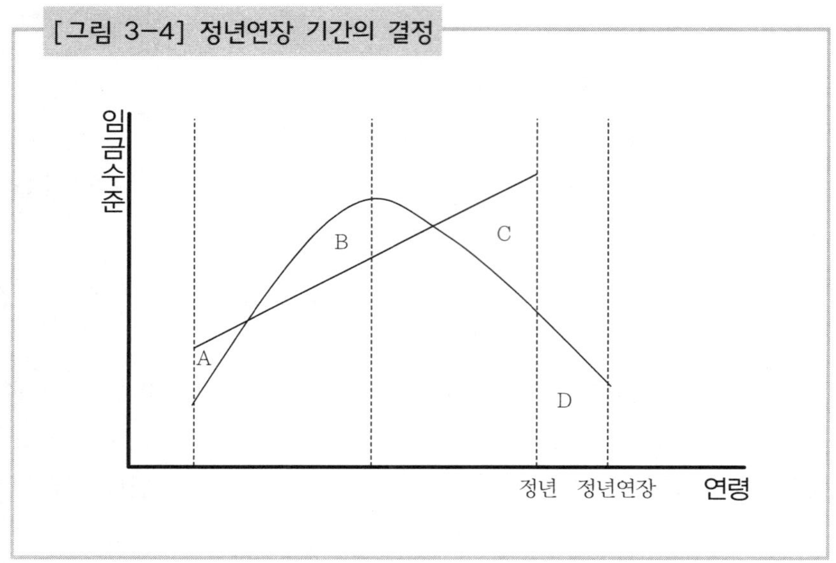

[그림 3-4] 정년연장 기간의 결정

물론, 피크임금 이전은 기존의 임금체계와 수준을 그대로 유지하고 피크임금부터 새로운 임금커브로 조정하는 방법도 가능하다. 그 경우에도 기존의 평생임금 순공헌도(공헌도－지급임금)을 어떻게 처리할 것인가 하는 문제는 여전히 남는다.

둘째, 임금감소·고용연장 교환방식은 근로자 동의와 개인 생산성(공헌도) 측정 어려움 등을 감안해 현재의 임금체계와 수준을 그대로 인정하고 특정한 피크임금 연령부터 감소하는 평생임금과 고용연령 연장에 따라 증가하는 평생임금을 같게 하는 임금커브와 고용연장기간을 정하는 방식이다.

[그림 3-5]에서 임금피크 연령에서 감소하는 평생임금 삼각형 A와 면적이 같게 되는 사각형 B를 구하여 고용연장 연령을 정하는 것이다. 즉, 임금피크 연령을 t_1, 정년연령을 t_n, 기존의 임금곡선을 $f(t)$, 피크임금부터 정년까지의 수정임금 곡선 함수를 $g(t)$, 정년부

터 정년연장 연령까지의 임금곡선 함수를 h(t)라고 하면, 고용연장 기간 k는 다음의 함수식에서 결정된다.

$$\int_{t_1}^{t_n} f(t) - g(t)dt = \int_{t_n}^{t_{n+k}} h(t)dt$$

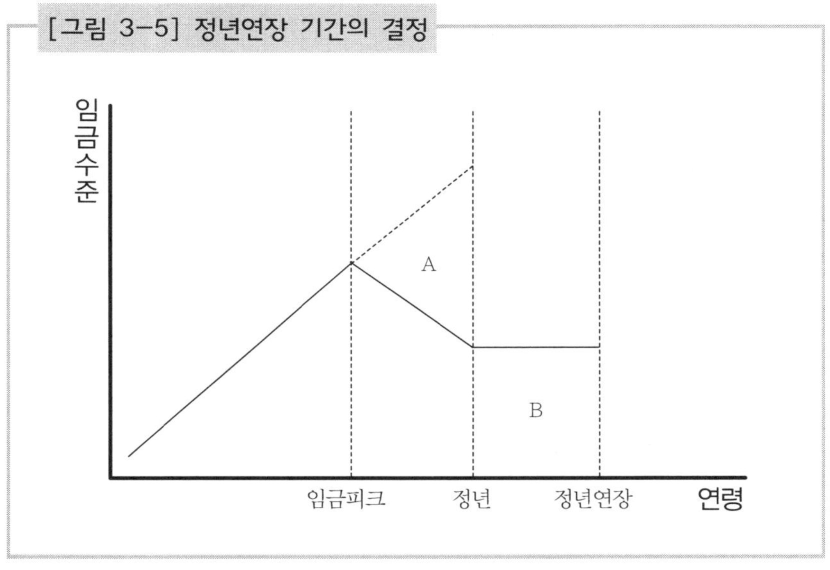

[그림 3-5] 정년연장 기간의 결정

불이익변경을 하지 않으려 한다면, 임금피크 연령부터 정년까지의 임금조정률은 정년연장 기간과 정년 이후의 임금수준에 따라 달라지게 된다. 우리나라의 경우 많은 사례가 없어서 일률적으로 어느 수준이라고 말하기 어렵다.

일본 노무행정연구소의 실태조사(1999년)를 통해 일본기업의 실태를 보면, 정년도달 전의 경우 평균적으로 피크임금의 84.1%로 조정하고, 재고용시에는 피크임금의 71.8% 수준으로 나타나고 있다 [표 3-8].

[표 3-8] 일본기업의 임금조정률 현황(1999년)

구 분	정년도달 전	재고용	고용연장
합 계	100.0(48개사)	100.0(46개사)	100.0(5개사)
60% 미만	–	4.3	–
60%~65% 미만	2.1	21.7	40.0
65%~70% 미만	2.1	2.2	–
70%~75% 미만	8.3	21.7	20.0
75%~80% 미만	4.2	13.0	20.0
80%~85% 미만	31.3	32.6	20.0
85%~90% 미만	10.4	–	–
90%~95% 미만	27.1	4.3	–
95% 이상	14.6	–	–
평균	84.1	71.8	69.0

자료 : 勞務行政硏究所, 『企業內高齡層の處遇實態』, 1999.

■■■ 실무적 접근(불연속함수)

실제로 임금은 일정기간(예를 들어, 1시간, 1일, 1개월 등) 마다 지급되기 때문에 연속함수가 아닌 것으로 보인다. 이 경우에 조정하는 방법에 대해 살펴보자.

첫째, 임금커브를 생산성 커브에 맞추어 조정하는 방법이다. 생계비와 능력 중심의 임금커브를 일과 실력의 성과중심의 임금커브로 전환하는 것이다[그림 3-6].

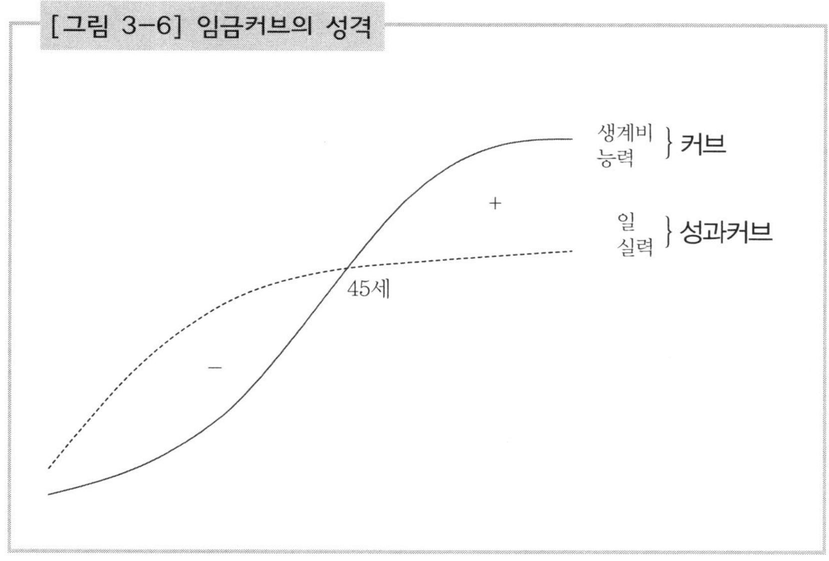

자료 : 楠田　丘, 『成果主義 賃金』, 經營書院, 1997, p.20

즉, 연공주의 성격의 기본급 임금체계를 근원적으로 성과주의 시스템으로 바꾸는 것이다. 연공급 임금체계에서는 일정연령(예를 들어, 만 45세)이 지나도 정기승급이 이루어져 계속 임금이 올라가나, 성과주의에서는 정기승급이 없어져 일정연령이 지나면 수평이 되거나 떨어지게 된다[그림 3-7].

[그림 3-7] 정기승급제도의 수정

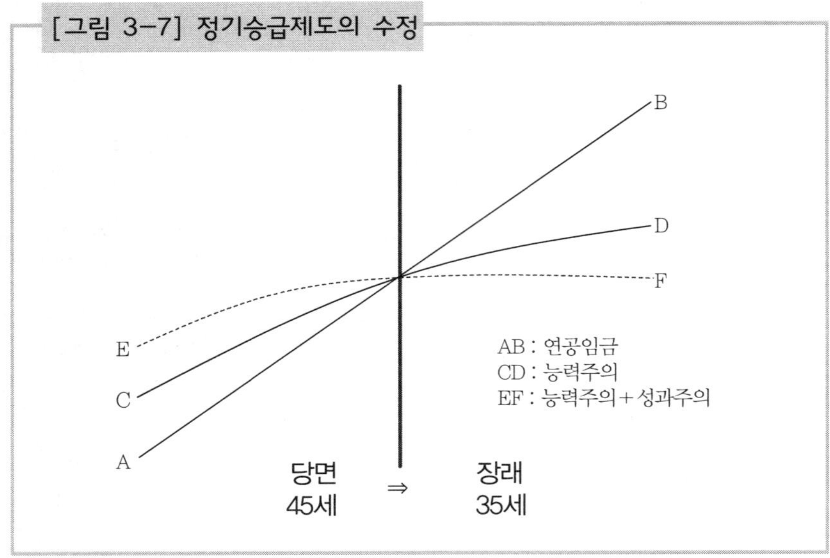

자료 : 楠田 丘, 『成果主義 賃金』, 經營書院, 1997, p.75

　일본에서는 1945년에서 1960년까지 주로 전후 황폐기여서 임금으로 생활이 제대로 이루어지지 않으면 출근율이 떨어졌기 때문에, 생활의 안정이 될 수 있도록 임금을 지급(생활주의)해 출근율을 높이려 하였다. 생활급은 동일연령 동일임금이어서 일과 능력은 완전히 관계가 없었다. 이 경우에 불공평성이 커서 능력을 평가하려는 노력이 이루어지기 시작했다. 능력평가의 대리지표로서 연공(학력, 성별, 근속)을 활용하였다. 이러한 연공주의는 1975년까지 계속되었다. 1970년대 중반에 고도성장의 종식, ME(Micro Electronics) 혁명 등장, 진학률의 제고라는 3가지 충격이 일어났다. 이러한 변화에 적응하기 위해 연공주의가 종식되면서 1990년까지 능력주의가 확산되었다. 그 이후에는 능력주의와 성과주의가 급속히 도입되고 있다.14)

능력주의는 일과 임금을 결합시키지 않기 때문에, 조직의 유연성, 노사관계의 안정성, 사내의 인재육성, 고용 및 생활의 안정성은 매우 크다. 이것은 일본형 고용시스템의 장점이지만, 인건비 측면에서는 매우 우려스럽다. 반면에, 성과주의는 일과 임금이 결합되어, 이동 및 배치전환, 직종전환 등이 어렵고 새로운 기술도입 등과 관련해 노사관계의 불안정성이 크며 사원육성이 적어 생활 및 고용안정성이 열악하다[표 3-9].

[표 3-9] 능력주의와 성과주의의 차이점

구 분	임금변동	정기승급	인건비	조직
능력주의	↗↘	있음	경직적	유연
성과주의	↗→↘	없음	변동적	경직

자료 : 楠田 丘, 『成果主義 賃金』, 經營書院, 1997, p.17.

성과주의 임금은 크게 보면, 3가지 방향으로 이루어진다고 볼 수 있다. ①직무급으로의 전환, ②역할급의 도입(직능급과의 조화), ③관리직, 전문직의 연봉제 도입이 그것이다.[15]

둘째, 임금피크 연령 이후의 임금감소와 고용연장 기간의 지급임금을 연간단위로 같게 만드는 경우이다. 가장 현실적이고 널리 활용될 수 있는 유형이다. 임금피크 연령부터 정년까지를 n년으로 할 때 매년의 임금감소액을 각각 a_1, a_2, a_3, …, a_n이라 하고, 정년 이

---

14) 楠田 丘, 『成果主義 賃金』, 經營書院, 1997, pp.18~26.
15) 楠田 丘, 전게서, 1997, pp.80~91.

후의 고용기간을 k년으로 할 때 매년의 임금은 a_{n+1}, a_{n+2}, a_{n+3}, $\cdots$, a_{n+k}이 된다.

이제 임금피크 연령부터 정년까지의 임금감소액과 정년 이후 고용연장기간의 임금을 같다고 보자. 그러면, 다음과 같은 식이 성립한다.

$$a_1 + a_2 + a_3 + \cdots + a_n = a_{n+1} + a_{n+2} + a_{n+3} + \cdots + a_{n+k}$$

즉, $\displaystyle\sum_{i=1}^{n} a_i = \sum_{i=1}^{k} a_{n+i}$

여기서, 임금 피크 연령부터 정년까지의 임금감소액에 협약임금인상률(base-up)을 명확히 나타나도록 해 보자. 2차 연도의 협약임금인상률을 t_1, 3차 연도의 협약임금인상률을 t_2, n차 연도 협약임금인상률을 t_{n-1}이라 하자. 그러면, $a_2 = (1 + t_1) a_1$, $a_3 = (1 + t_2) a_2$, $\cdots$, $a_n = (1 + t_{n-1}) a_{n-1}$이 된다.

즉, $\displaystyle\sum_{i=1}^{n} a_i = \sum_{i=1}^{n} (1 + t_{i-1}) a_{i-1}$ [16] (단, $a_0 = a_1$)

한편, 기존의 정년 이후 임금은 고정액(승진승급은 없음)이고 협약임금인상도 없다고 가정하자. 물론, 그 고정액은 정년연령시 임금수준의 일정비율 α(예를 들어, 0.7)이라고 한다. 그러면, $a_{n+1} = \alpha a_n$, $a_{n+2} = \alpha a_n$, $\cdots$, $a_{n+k} = \alpha a_n$이다.

---

[16] 엄밀하게 협약임금인상의 기준임금이 기본급이 아닌 경우에는 조정이 되어야 한다. 만약에 기준임금이 통상임금이라면, $t_{i-1} \times$(기본급 / 통상임금)이 된다.

즉, $\sum_{i=1}^{k} a_{n+i} = \alpha a_n \times k$

따라서, 다음과 같은 식이 성립한다.

$$\sum_{i=1}^{n} (1+t_{i-1})a_{i-1} = \alpha a_n \times k$$

여기서, 연령·임금곡선 조정 방식이라면 임금을 생산성(공헌도)에 맞게 조정하기 때문에 임금피크연령과 n, 피크임금이 결정되어 정년후 임금수준(대체로 동 직무의 시장임금으로 책정)이 결정되면 고용연장연령(k)을 구할 수 있게 된다.

그런데, 임금감소·고용연장 교환방식에서는 임금피크 연령과 n, 피크임금을 사전에 알 수 없다. 이 경우에는 오히려 정년 후 고령자의 적합직무와 그 활용기간(k)을 정하고 그 시장임금을 알아낸 후에 역으로 피크임금과 그 연령, 임금감소율을 정하는 것이 현실적이다.

지금까지, 기존의 정년 이후 임금은 고정액(정년시 임금의 일정비율, 승진승급은 없음)이고 협약임금인상도 없다고 가정하였다. 그러나, 사실은 다양한 방법이 나타난다.

정년도달 후의 임금결정은 기존정년시 임금을 기준으로 일정비율(예를 들어, 20~30%)을 감액하는 경우와, 계속 고용된 근로자의 업무내용과 근무시간 등에 따라 시장임금에 맞추어 지급하는 경우가 있다. 후자에도 일률금액으로 정하는 방법과 등급별 차등금액으로 정하는 방법이 있다.[17)]

업무내용과 근로시간에 따른 분류는 [그림 3-8]과 같이 할 수 있다.

---

17) 廣田 薫, 『65歳までの雇用延長制度導入と實務』, 日本法令, 2004. 6, pp.10 7~116.

[그림 3-8] 정년후의 임금결정

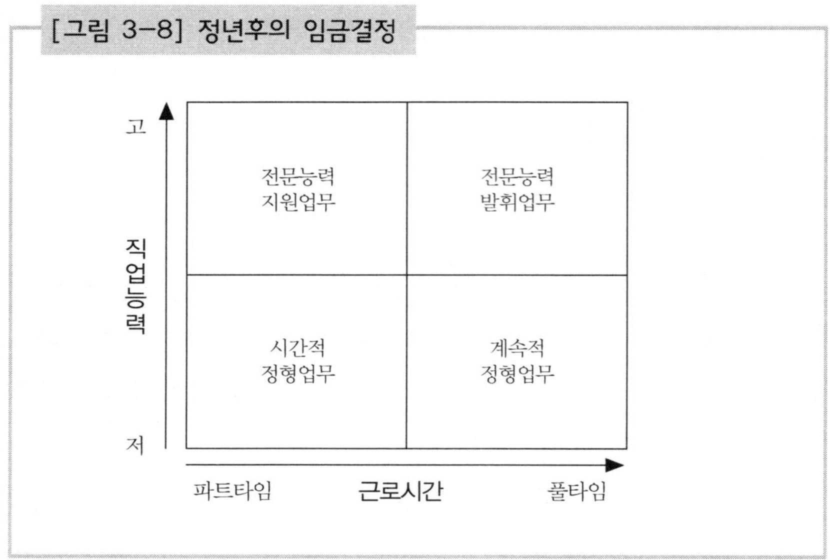

자료 : 廣田 薰, 『65歳までの雇用延長制度導入と實務』, 日本法令, 2004. 6, p.113.

여기서, 제1유형은 전문능력 발휘업무로, 고도의 기술보유자에게 적용하며 업무연동형인 성과급으로 지급하는 것이 바람직하다. 제2유형은 계속적인 정형업무로, 일반적 기술보유자에게 적용하며 직무급으로 지급하는 것이 바람직하다. 제3유형은 전문능력 지원업무로, 전문인력(instructor) 등에게 적용하며 계약금으로 지급한다. 제4유형은 시간적 정형업무로 파트타이머, 아르바이트 등에게 적용하며 시급으로 지급한다.

일본에서 실제 60세 대비 고용연장 후의 임금수준을 보면, 40~80%가 가장 많다[표 3-10].

[표 3-10] 고용연장 후의 임금수준

구 분	회사부담	회사부담＋공적급부
20~40% 미만	12.1	1.3
40~60% 미만	38.8	18.8
60~70% 미만	20.9	31.5
70~80% 미만	18.6	21.5
80~90% 미만	8.7	18.8
90~100% 미만	0.5	4.7
100	1.0	3.4

자료 : 廣田　薫, 『65歲までの雇用延長制度導入と實務』, 日本法令, 2004. 6, p.113.

2. 승급 조정 및 협약임금인상(base-up)

대부분의 기업들은 기본급테이블을 조정하지 않고도 매년 임금인상을 하게 된다. 이와 같은 임금인상은 대체로 정기승급과 협약임금(base-up) 인상에 의하여 이루어진다.

승급(wage raise)은 매년 일정한 시기에 근로자를 대상으로 연령, 근속연수, 인사고과, 업무성과 등 임금결정요소의 변화에 따라 기본급을 인상하는 것을 말한다. 이 승급에는 정기승급과 조정승급이 있다[그림 3-9]. 협약임금 인상은 생계비, 생산성, 비교임금 등을 기준으로 노사가 교섭을 통하여 결정한다.

[그림 3-9] 정기승급과 협약임금인상

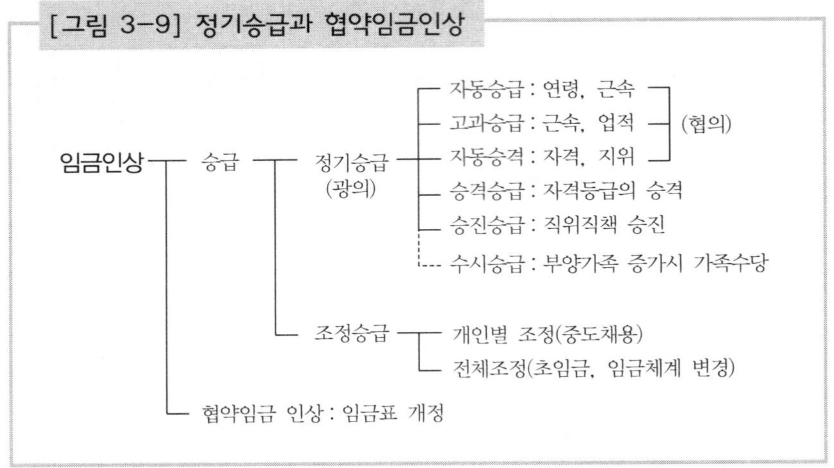

[그림 3-10]에서 정기승급은 현행 임금표(W)에서의 우측이동(A점 → B점)을 의미하고, 협약임금인상(base-up)은 현행 임금표(W)가 개정 임금표(W')로 상향이동(B점 → B'점)하는 것을 의미한다.

[그림 3-10] 임금인상의 틀

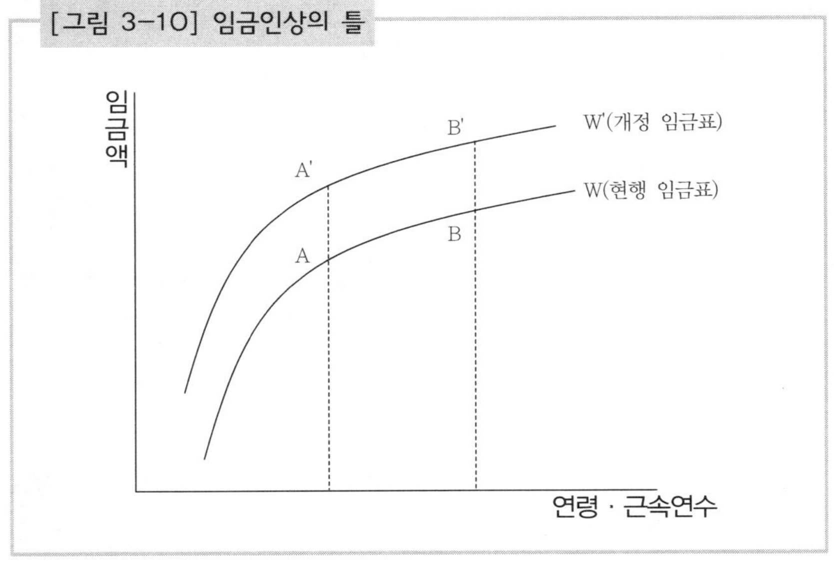

승급분 조정은 이미 기본급 조정에서 임금피크 연령을 지난 경우에 마이너스로 조정이 완료되었다. 그래서 일본기업의 사례를 보더라도 피크연령 이후는 물론 기존의 정년연령 이후 정년이 연장되거나 재 고용된 이후에도 승진승급분이 새로 이루어지는 경우는 거의 없었다.

그러나, 협약임금 인상은 피크연령 이후인 근로자나 그 연령 이전의 근로자에게 모두 적용되기 때문에, 피크연령 이후의 근로자에게만 적용하지 않을 수 없다. 실제로 일본기업들의 사례를 보더라도 피크연령 이후에 협약임금 인상을 하는 경우가 많았다. 다만, 정년 이후 재 고용되는 경우에는 협약임금 인상도 이루어지지 않는 사례가 많았다.

협약임금(base-up) 결정에 있어서 생산성에 맞추어 임금을 지급한다는 취지대로 임금인상을 한다면 생산성임금제가 적용되는 것이 바람직할 것이다. 개별기업 단위에서의 부가가치 노동생산성 방식에 대해서는 〈제9장〉을 참조하면 된다.

3. 퇴직금 조정

기본급을 조정하면 기본급을 지급기준으로 하는 각종 수당 등이 조정된다. 그 중에서 가장 큰 영향을 주게 되는 것이 퇴직금이다. 퇴직금의 유형과 산정방식 등을 통해 어떻게 영향을 주는가를 살펴보고, 퇴직금을 어떻게 조정할 것인가에 대해 구체적으로 살펴보도록 하자.

(1) 퇴직금 일시금의 유형

퇴직일시금의 산출방식에는 4가지 유형이 있다.[18]

첫째는 「퇴직금 산정 기초액×근속연수별 지급률」로 산출되는 방식이다. 대부분의 기업들이 채택하고 있는 가장 일반적인 유형이다.

둘째로, 「퇴직금 산정 기초액×근속연수별 지급률＋가산금(퇴직금 산정 기초액×가산율)」로 산출되는 방식이다. 특별한 공로를 세운 사람이나 희망퇴직을 하는 경우에 별도의 가산금을 지급하는 경우이다.

셋째는, 근속연수별 일정액 지급방식이다. 퇴직시의 급여와는 관계없이 일정액의 퇴직금이 지급된다. 단순명쾌한 특징이 있다. 그러나, 그 일정액이 법률상 지급기준액 보다 적어서는 안된다.

넷째로, 포인트식 방식이다. 근속연수, 자격등급 등에 따라 개인별로 매년 부여되는 포인트를 합산해 여기에 포인트당 금액을 곱하여 산출된다〈제10장〉.

① 산정기초액

퇴직금 산정기초액은 기본급, 기본급×일정률, 통상임금, 통상임금×일정률, 평균임금 등을 기준으로 한다. 대부분의 기업들은 근로자퇴직급여보장법상의 평균임금을 기준으로 하는 곳이 많다. 어느 것을 기준으로 하더라도 산정기초액 산정기간을 퇴직전 3개월로 하거나 6개월 또는 1년으로 하는 경우가 많다. 물론, 근로자퇴직급여보장법상 퇴직금 보다 많아야 한다는 전제하에 상기의 기준들이 사용될 수 있다.

---

18) 産勞總合硏究所, 『退職金年金規定總覽』, 經營書院, 2003. pp.7~21.

그런데, 임금표 와는 별도로 퇴직금 산정을 위한 별도의 임금 테이블을 만들어 그것을 기준으로 삼는 경우도 있다.

② 지급률

■■■ 일률증가방식

이 방식은 근속연수에 정비례하여 지급률을 올리는 방식이다. 예를 들어, 근속1년당 피치를 1로 하면, 근속 2년 = 1, 근속 3년 = 2, 근속 4년 = 3과 같이 정하는 것이다. 법정률로 하는 경우가 이에 해당한다.

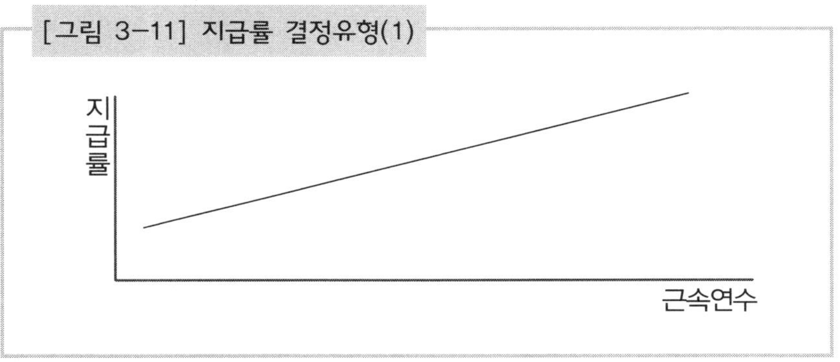

[그림 3-11] 지급률 결정유형(1)

■■■ 단계적 변화방식

업적에 대한 공헌도는 근속연수에 따라 달라질 수 있다. 일반적으로 입사해 일정기간(보통 3~4년)간은 일을 완전히 배우는데 보내 업적은 적게 나타난다. 그 후 일정기간(예를 들어, 입사 후 20년)까지는 일의 숙련도가 커서 업적에 대한 공헌도가 큰 시기이다. 그리고, 그 시기가 지나면 다시 적응력과 활력이 떨어져 공헌도가 떨어지게 된다.

이 방식은 근속에 따라 업적에 대한 공헌도를 반영해 근속초기에
는 낮은 지급률을 적용하다가 일정 근속연수부터 높은 지급률을 적
용하고 다시 그 후에는 낮은 지급률을 적용하는 것이다. 예를 들어,
근속연수에 따라 다음과 같이 지급률을 조정하는 것이다.

- 근속 3~7년 : 1년당 지급률 「1」씩 증가
- 근속 8~20년 : 1년당 지급률 「1.5」씩 증가
- 근속 21~25년 : 1년당 지급률 「1.2」씩 증가
- 근속 25년 이상 : 1년당 지급률 「0.8」씩 증가

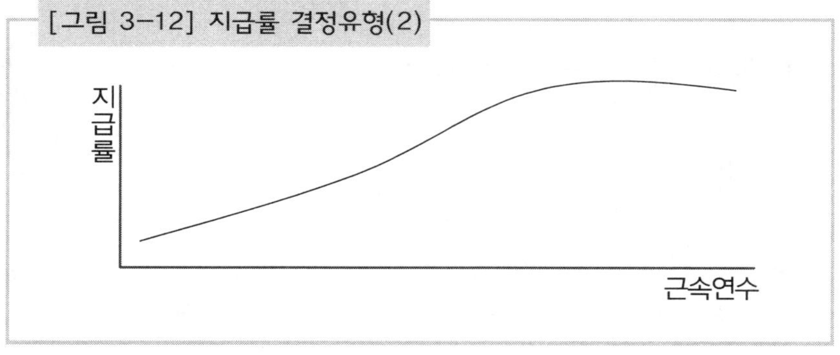

[그림 3-12] 지급률 결정유형(2)

▮▮▮▮ 단계별 증가방식

이 방식은 근속연수의 구분에 따라 지급률을 단계적으로 증가시
키는 방식이다. 예를 들어, 다음과 같이 근속연수가 증가함에 따라
지급률을 올리는 것이다.

- 근속 3~5년 : 지급률 「4」
- 근속 6~10년 : 지급률 「7」
- 근속 11~15년 : 지급률 「13」
- 근속 16~20년 : 지급률 「17」

- 근속 21~25년 : 지급률 「21」
- 근속 26~30년 : 지급률 「25」

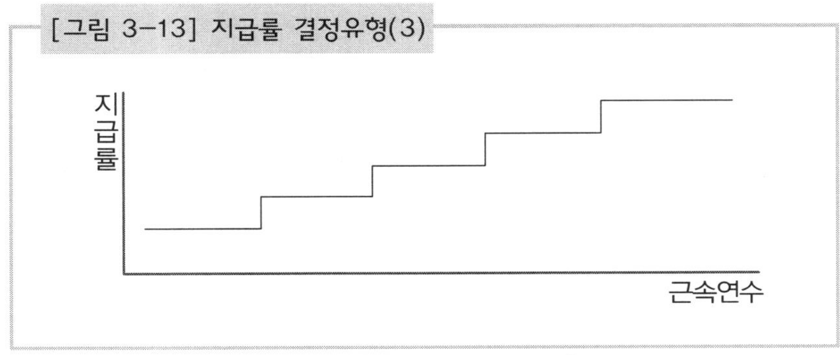

[그림 3-13] 지급률 결정유형(3)

■■■ 누진적 증가방식

이 방식은 근속연수가 증가함에 따라 전년도의 지급률과의 차이가 점차 커지는 방식이다. 예를 들어, 다음과 같이 근속연수가 1년씩 증가함에 따라 지급률의 차이가 커지는 것이다.

- 근속 3년 : 지급률 「2」
- 근속 4년 : 지급률 「3」(전년도 지급률과의 차이 「1.0」)
- 근속 5년 : 지급률 「4.2」(전년도 지급률과의 차이 「1.2」)
- 근속 6년 : 지급률 「5.5」(전년도 지급률과의 차이 「1.3」)
- 근속 7년 : 지급률 「6.9」(전년도 지급률과의 차이 「1.4」)
- 근속 8년 : 지급률 「8.4」(전년도 지급률과의 차이 「1.5」)
- 근속 9년 : 지급률 「10.0」(전년도 지급률과의 차이 「1.6」)
- 근속 10년 : 지급률 「11.8」(전년도 지급률과의 차이 「1.8」)
- 근속 11년 : 지급률 「13.8」(전년도 지급률과의 차이 「2.0」)
(이하 생략)

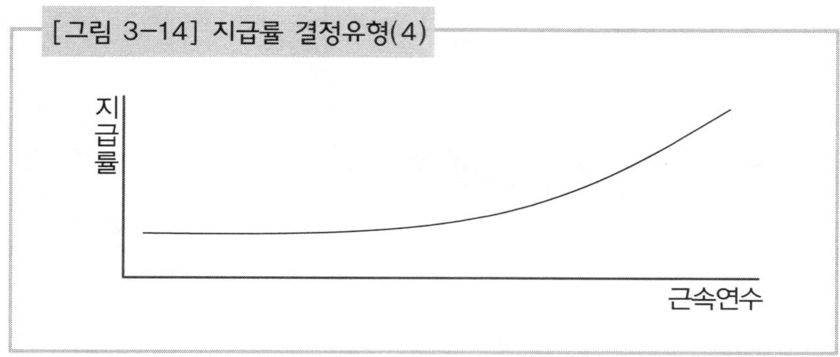

[그림 3-14] 지급률 결정유형(4)

■■■ 증가율정지방식

이 방식은 근속연수가 일정기간이 될 때까지는 지급률이 계속 올라가다가 그 시기부터는 지급률이 올라가지 않고 그대로 유지되는 방식이다.

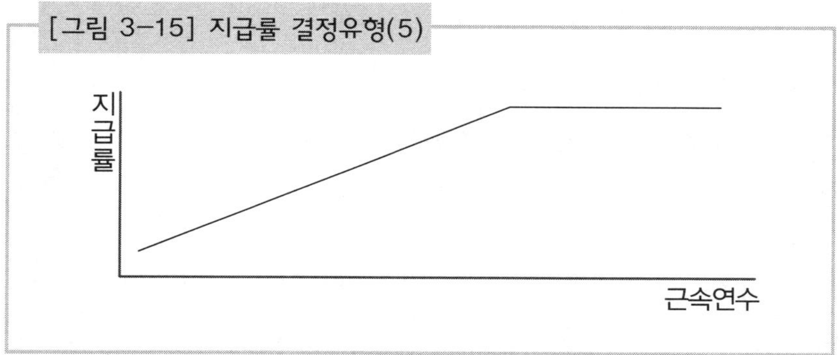

[그림 3-15] 지급률 결정유형(5)

(2) 임금피크제와 퇴직금의 관계

임금피크제를 도입해 임금피크연령부터 기본급을 감소시킨다면, 정년까지의 기본급 누적감소액이 감소한다. 그런데, 퇴직금은 많은 기업들이 근로자퇴직급여보장법대로 퇴직 전 3개월 평균임금×법정 지급률(근속 1년당 1)로 지급한다. 기본급을 감소시키면 당연히 퇴직(정년퇴직)시 3개월 평균임금이 감소한다. 따라서, 기존의 정년시 예상 평균임금보다 적은 수정된 평균임금을 기준으로 퇴직금이 지급된다.

이와 같이 감소하는 퇴직금을 근로자에게 불이익하지 않게 보전해 주는 방법은 2가지가 있을 수 있다. 첫째 방법은 기본급은 물론 퇴직금 등 파생적으로 감소하는 임금까지 포함한 평생임금감소분에 해당하는 평생임금을 보전해 주는 만큼의 고용연장을 해 주는 방법이다.

둘째 방법은 기본급만을 기준으로 감소한 임금액 만큼 보전해 주는 고용연장을 해 주고, 퇴직금 등 파생적으로 감소하는 임금은 별도로 보전해 주는 방법이다. 전자의 방법론에 대해서는 이미 기술하였으므로 생략하고 여기서는 후자에 대해서만 기술하고자 한다.

(3) 퇴직금 조정

퇴직금 보전은 근로계약의 연속성(정년연장인가 재고용인가)에 따라 달라진다. 정년연장의 경우에는 근로계약이 종료되지 않기 때문에 정년연장 기간이 종료할 때의 평균임금을 기준으로 계산하여야 한다. 그러나, 재고용인 경우에는 정년까지는 정년시 평균임금을 기준으로 계산하며 그 이후에는 재고용 기간이 종료될 때 평균임금을 기준으로 다시 계산되어야 한다.

어찌되었든 정년 일정기간 이전에 기본급 등을 조정해 임금을 삭감한다면 퇴직시 평균임금이 줄어들게 된다. 그렇게 되면 퇴직금이 줄어들게 된다. 이와 같이 감소한 퇴직금을 어떻게 할 것인가가 문제가 된다. 여기서는 기본급 조정을 고용연장으로 보전한다면, 퇴직금은 어떻게 보전할 것인가에 대하여 살펴보기로 하자. 일본기업들이 퇴직금의 누진적 지급을 감소시키기 위하여 퇴직금을 조정하는 방법을 중심으로 기술하기로 한다. 비록 지금 설계하려는 것은 정반대로 퇴직금을 보전하는 것이지만 그 방법론은 차이가 없다. 다만, 일부 방법은 우리나라에서는 적용하기 어렵다. 왜냐하면, 일본은 퇴직금이 법정의무가 없지만 우리나라는 최저한의 기준(퇴직시 평균임금 × 근속연수)이 있는 법정의무이기 때문이다.

① 보전방식

퇴직금 조정방식은 산정방식에 따른 구분과 지급시기에 따른 구분으로 나눌 수 있다.

▦ 산정방식별 조정

퇴직금 산정은 임금연동형과 임금비연동형이 있다.[19] 임금연동형은 임금이 연공에 따라 올라가면 산정기초액에 반영이 되어 정년에 가까울수록 퇴직일시금이 체증하는 유형이다.

---

19) 勞働省勞働基準局賃金時間部 編, 『退職金制度の現狀と課題』, 勞務行政研究所, 2000.7, pp.58~60.

일본기업들은 이러한 체증적 증가를 억제하기 위하여 임금과 퇴직금 산정기준을 분리해 적용하는 경우가 많다.

퇴직금 감소분을 보전해 주는 방법은 지급기준(평균임금)을 조정해 보전해 주는 방법과 지급률을 조정해 보전해 주는 방법이 있다.

▼ 지급기준 조정

임금피크제를 도입하지 않을 경우 평균임금 추정액을 상한으로 임금피크제를 도입해 수정된 평균임금을 하한으로 그 사이의 얼마만큼을 보전할 것인가를 정하는 것이다. 이에는 다음과 같이 5가지 유형이 있다.[20]

첫째, 임금표 동결방식이다.

임금표 동결방식은 어느 시점(예를 들어, 임금피크 시점)의 임금표를 동결해 이것을 퇴직금 산정기초액으로 적용하는 방식이다. 예를 들어, 기본급이 연령급과 직능급으로 구성되고 그 기본급을 산정기초액으로 정한 경우에 일정시기(예 : 2005년 4월)의 임금표[표 3-11]를 동결해 그 이후 퇴직하는 모든 사람의 퇴직금 지급기준 임금테이블로 하는 것이다.

---

20) 久保淳志, 『退職金制度の實務』, 中央經濟社, 2001.10, pp.97~109.

[표 3-11] 연령급표(1)

(단위 : 엔)

연령	연령급	연령	연령급	연령	연령급
18	132,000	33	179,700	47	201,800
19	135,000	34	182,000	48	201,800
20	138,000	35	184,300	49	201,800
21	141,000	36	186,600	50	201,800
22	144,000	37	188,900	51	201,800
23	147,600	38	191,200	52	201,800
24	151,200	39	193,500	53	201,800
25	154,800	40	195,800	54	201,800
26	158,400	41	197,000	55	201,800
27	162,000	42	198,200	56	198,300
28	165,600	43	199,400	57	194,800
29	169,200	44	200,600	58	191,300
30	172,800	45	201,800	59	187,800
31	175,100	46	201,800	60	184,300
32	177,400				

자료 : 久保淳志, 『退職金制度の實務』, 中央經濟社, 2001.10, p.98.

직능급표(2)

(단위 : 엔)

구분	J-1	J-2	J-3	S-4	S-5	S-6	M-7	M-8	M-9
1	33,000	42,200	52,000	67,000	84,100	107,300	150,100	196,600	251,600
2	35,600	45,100	55,200	71,100	87,900	111,400	153,600	199,100	255,100
3	38,200	48,000	58,400	74,600	91,700	115,500	157,100	202,600	258,600
4	40,800	50,900	61,600	78,100	95,500	119,600	160,600	206,100	262,100
5	43,400	53,800	64,800	81,600	99,300	123,700	164,100	209,600	265,600
6	(44,700)	(55,250)	68,000	86,100	103,100	127,800	167,600	213,100	269,100
7	(46,000)	(56,700)	71,200	88,600	106,900	131,900	171,000	216,600	272,600
8			(72,800)	(90,350)	110,700	136,000	174,600	220,100	276,100
9			(74,400)	(92,100)	114,500	140,100	178,100	223,600	279,600
10			(76,000)	(93,850)	(116,400)	144,200	181,600	227,100	283,100
11					(118,300)	148,300	185,100	230,600	286,600
12					(120,200)	(150,350)		234,100	290,100
13					(122,100)	(152,400)		237,600	293,600
14						(154,450)			
15						(156,500)			
16						(158,550)			

자료 : 久保淳志, 『退職金制度の實務』, 中央經濟社, 2001.10, p.98.

예를 들어, 40세, M-7등급(1호)에 퇴직하는 경우 연령급은 195, 800엔, 직능급은 150,100엔이어서 산정기초액은 이들을 합한 금액이 된다. 이후 5년이 경과하여도 베이스 업(base-up)으로 임금이 올라갈지라도 퇴직금은 상기 동결된 임금표의 금액을 산정기초액으로 한다.

연령이 올라가면 연령급이 올라가나 직능급은 어느 등급에서 상한 호봉까지 올라가면 상위 등급으로 승격하지 않는 한 계속 동결된다. 즉, 승격하지 않아도 연령급 피크까지는 퇴직금 산정기초액은 계속 올라간다.

둘째, 별도 테이블(제2 기본급) 방식이다.

별도 테이블 방식은 퇴직금 산정을 위해 임금표와는 별도로 산정 기초액표를 만드는 방식이다[표 3-12].

[표 3-12] 별도 테이블 방식

(단위 : 엔)

구분	J-1	J-2	J-3	S-4	S-5	S-6	M-7	M-8	M-9
1	165,000	180,000	195,000	222,000	249,000	281,400	338,000	393,800	455,000
2	168,000	183,000	198,600	225,600	252,600	285,400	342,600	398,600	460,000
3	171,000	186,000	202,200	229,200	256,200	289,400	347,200	403,400	465,000
4	174,000	189,000	205,800	232,800	259,800	293,400	351,800	408,200	470,000
5	177,000	192,000	209,400	236,400	263,400	297,400	356,400	413,000	475,000
6	(178,000)	(193,500)	213,000	240,000	267,000	301,400	361,000	417,800	480,000
7	(180,000)	(195,000)	216,600	243,600	270,600	305,400	365,600	422,600	485,000
8			(218,400)	(245,400)	(272,400)	309,400	370,200	(425,000)	(487,500)
9			(220,200)	(247,200)	(274,200)	313,400	374,800	(427,400)	(490,000)
10			(222,000)	(249,000)	(276,000)	317,400	379,400	(429,800)	(492,500)
11					(277,800)	321,400	384,000	(432,200)	(495,000)
12					(279,600)	(323,400)		(434,600)	(497,500)
13					(281,400)	(325,400)		(437,000)	(500,000)
14						(327,400)			
15						(329,400)			
16						(331,400)			

자료 : 久保淳志, 『退職金制度の實務』, 中央經濟社, 2001.10, p.99.

연령급이 들어가지 않는 퇴직금 전용 임금표이다. 별도 테이블 방식은 임금표 동결방식과 같이 베이스 업(base-up)에 의한 퇴직금 산정기초액 증액을 막아준다. 그러나, 임금표 동결방식과는 달리 연령급과 퇴직금의 부자연스런 결합을 단절시켜 준다.

이 방식에서는 연령이 올라가면 임금표 동결방식과 달리 연령급이 없기 때문에 어느 등급에서 상한호봉까지 올라가면 상위등급으로 승격하지 않는 한 퇴직금 산정기초액이 동결된다.

예를 들어, S-5 등급에 있는 사람이 상한인 13호봉에 도달한 경우 별도테이블 방식의 산정기초액은 S-6등급으로 승격하지 않는 한 281,400엔에서 동결된다. 그러나, 별도 테이블 방식에서는 직능급은 122,100엔에서 동결되지만, 연령급은 피크에 도달할 때까지 올라간다.

셋째, 정액방식이다.

정액방식은 근속연수에 따라 일정한 고정금액을 정해 지급하는 방식이다[표 3-13].

[표 3-13] Y사의 정액방식 사례표

(단위 : 만엔)

근속연수	금액	근속연수	금액	근속연수	금액	근속연수	금액
1	12	11	216	21	648	31	1,116
2	24	12	252	22	696	32	1,152
3	36	13	288	23	744	33	1,188
4	48	14	324	24	792	34	1,224
5	60	15	360	25	840	35	1,260
6	84	16	408	26	888	36	1,284
7	108	17	456	27	936	37	1,308
8	132	18	504	28	984	38	1,332
9	156	19	552	29	1,032	39	1,356
10	180	20	600	30	1,080	40	1,380

예를 들어, J-1 등급으로 퇴직하나, M-9 등급으로 퇴직하나 근속연수가 같으면 같은 퇴직금액을 받게 된다. 성과주의·능력주의 색채는 전혀 없고, 노후생활보장 성격이 강하다.

넷째, 연봉 비례액 적립방식이다.

연봉 비례액 적립방식은 개인 연봉의 일정비율(예를 들어, 5%) 해당금액을 매년 적립한 금액을 퇴직금으로 지급하는 방식이다. 이것은 성과주의형 퇴직금 지급제도라 할 수 있다. 이 때 성과를 어떻게 객관적으로 평가할 것인가 하는 것이 매우 중요하다.

다섯째, 포인트 방식이다.

포인트 방식은 직능, 직무, 자격, 근속 등을 일정한 기준에 따라 포인트로 부여해 여기에 지급률(지급월수)를 책정하고 여기에 지급단가를 곱해 퇴직일시금을 산출하는 방식이다. 자세한 내용은 〈제10장〉을 참고하시기 바란다.

▼ 지급률 조정

임금커브를 조정해 퇴직시 평균임금액이 감소한 경우 지급률을 올려 조정하는 방법이다.

▌▌▌ 지급시기

퇴직금을 어느 시기에 지급하는가에 따라 보전해야 할 금액이 달라진다. 당초에 정해진 시기(정년) 또는 새로운 정년(정년연장)에 퇴직금을 지급하는 경우도 있지만, 그 이전에 지급할 수도 있다. 즉, 중간정산을 할 수도 있다.

임금피크제를 도입한 경우 퇴직금 중간정산을 하게 되면 산정기초가 되는 평균임금은 중간정산 시기가 퇴직시보다 크다[그림 3-16], [그림 3-17]. 따라서, 차액을 전액 보전한다면 보전해야 할 퇴직금은 적어진다.

특히, 임금피크 연령에 중간정산 하는 것보다 그 이후에 여러 번 하는 것이 보전할 금액이 더 적어진다[그림 3-18].

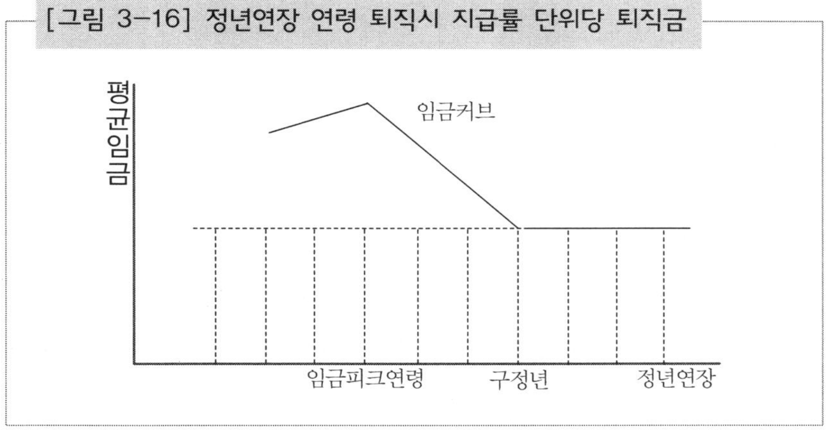

[그림 3-16] 정년연장 연령 퇴직시 지급률 단위당 퇴직금

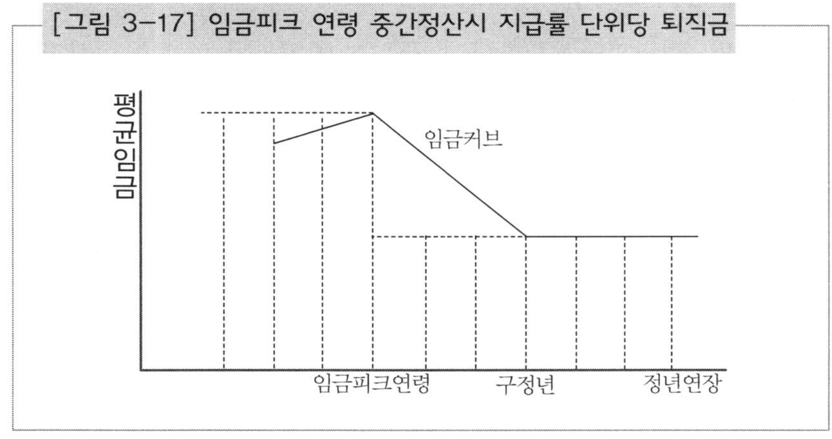

[그림 3-17] 임금피크 연령 중간정산시 지급률 단위당 퇴직금

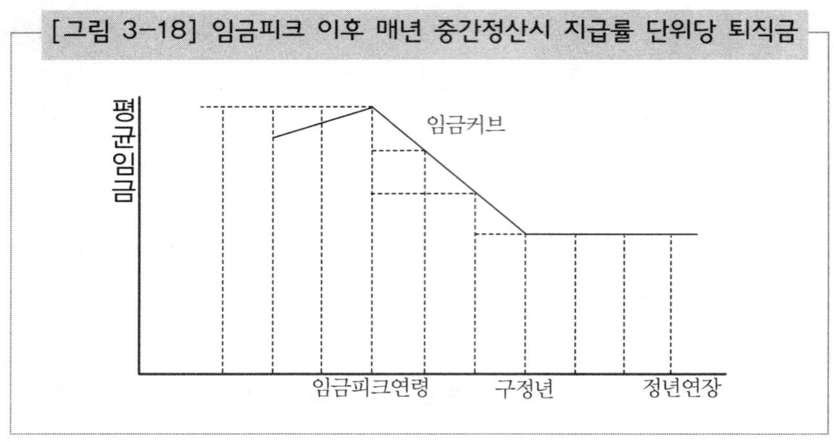

[그림 3-18] 임금피크 이후 매년 중간정산시 지급률 단위당 퇴직금

② 지급실태

우리나라 기업들의 사례가 부족해, 일본기업들의 사례를 살펴보자. 일본기업들 중에는 이러한 정년연장에 대응하기 위하여 구정년 이후의 근속연수를 퇴직금에 반영하지 않는 「지급률 최고한계 설정방식」이나, 아예 구정년에 퇴직금을 지급해 버리는 방식을 채택하는 곳도 있다.[21]

실제로 일본 후생노동성이 30인 이상 기업을 대상으로 조사한 바에 따르면, 정년연령기간을 전혀 통산하지 않거나 일부만 통산하는 기업들이 증가하고 있으며[표 3-14], 산정기초액과 지급률도 종래와 같이 상승하는 비율이 점차 낮아지고 정년시의 금액과 율로 고정되거나 줄어드는 비율이 높아지고 있다[표 3-15][표 3-16].

---

21) 村上清・五島淺男, 『新時代 退職金・年金制度』, 社會經濟生産性本部, 1995, pp.51~69.

[표 3-14] 근속연수

구 분	정년연장기간 전부를 통산	정년연장기간 일부를 통산	정년연장기간을 전혀 통산하지 않음	별도의 가급제도 존재	계
1975	67.8	2.8	24.0	5.4	100.0
1985	67.8	3.6	21.5	7.1	100.0
1989	61.9	5.8	26.0	6.3	100.0

[표 3-15] 산정기초액

구 분	종래와 같이 기본급이 상승	종래의 기본급 상승분을 억제	종래 정년시의 기본급과 동일	종래의 기본급이 내려감	계
1975	51.9	8.8	32.5	6.8	100.0
1985	43.8	9.6	44.1	2.5	100.0
1989	40.1	6.2	50.3	3.4	100.0

[표 3-16] 지급률

구 분	종래와 같이 지급률이 상승	종래의 지급률 상승분을 억제	종래 정년시의 지급률과 동일	종래의 지급률이 내려감	계
1975	52.2	5.5	33.4	9.0	100.0
1985	44.5	8.2	43.8	3.5	100.0
1989	41.9	6.2	47.6	4.3	100.0

주 : [표 3-14] [표 3-15] [표 3-16]
　1. 정년제가 있는 기업중 최근 4년간 정년연장을 한 기업만의 통계임.
　2. 일본 노동성의 퇴직금제도 지급실태조사 결과임.
자료 : 勞働法令協會, 『退職金の制度と支給實態』, 1990.

일본에서는 그동안 퇴직금 지급률의 인하가 기득권 침해라는 이유로 어려웠으나, 최근에는 정년연장을 실현시키기 위해 노동조합도 어쩔 수 없이 양보하고 있는 실정이다. 이제 대표적인 2개 기업의 사례를 구체적으로 살펴보자.

■■■ 사례 1 : 아지노모또(味の 素)

아지노모또(味の 素)는 1976년 정년을 55세에서 60세로 5년간 연장하면서, 임금은 50세를 절정으로 50세 이후에는 정기승급이 없도록 변경하였다. 또, 퇴직금 지급률은 50세까지의 근속연수에 대응한 지급률에 7.05를 가산한 것으로 고정시킴으로써, 50세 이후의 근속연수는 평가하지 않았다.

■■■ 사례 2 : 마츠야(松屋)백화점

마츠야(松屋)백화점도 1979년에 정년을 55세에서 60세로 연장하고 정년후 65세까지의 고용을 보장하였다. 이와 아울러 퇴직금의 지급률을 20% 인하시키고, 산정기초급도 1978년의 기본급에 고정시켰으며, 지급률의 상승도 근속 35년을 한계점으로 정하였다.

제3절 고용연장

　임금피크연령 이후 정년까지 고용을 보장할 것인지, 정년이후까지 고용을 연장할 것인지 등 고용보장기간에 대한 결정이 필요하다. 현재 도입한 기업이 많지 않지만 현재까지 도입한 우리나라 기업의 경우 근로자의 실제 퇴직연령이 정년보다 훨씬 낮아진 것을 감안하여 정년까지 고용을 보장하는 '정년보장형'식 임금피크제를 도입한 경우가 많다. 그러나 일본의 경우 정년이후까지 고용을 연장하는 '고용연장형' 임금피크제가 연금개시연령의 상향조정 등 사회적 분위기에 힘입어 확대되고 있다. 고용보장 또는 연장기간의 결정은 고령근로자에 대한 사회적 보장정도, 기업의 경영환경, 근로자들의 선호도 등을 종합적으로 고려하여 결정될 수 있을 것이다.

　임금피크 연령 이후의 임금감소와 교환하는 조건으로 정년 또는 고용연장 여부, 근로조건 변경 여부 등을 어떻게 설정하는가에 따라 다음과 같이 여러 가지 제도를 도입할 수 있을 것이다.

1. 정년연장과 근무연장제

　정년연장제는 기존의 정년연령을 연장하는 제도이다. 이 경우에는 임금감소 외 대부분 근로조건과 직위직책 등을 그대로 유지하고, 퇴직금 지급도 연장된 정년연령에서 계산되고 지급된다.

　이와 유사한 제도로 일본에서는 근무연장제도가 있다. 근무연장제도는 정년연령이 설정되어 있을 때 그 정년연령에 도달한 자를 퇴직시키지 않고 계속 고용하는 제도이다. 퇴직금은 기존의 정년에 지불하는 경우가 많으나, 최종적인 퇴직 시점에서 지불하는 경우도 있다.

　전형적인 사례로는 기업내에서 중요한 업무를 담당하고 그 업무가 정년까지 완료되지 않아서 완료될 때까지 계속 담당하게 하는 경우, 계속 이어가고 싶은 기능의 보유자에게 계속 근무하게 하는 경우, 기업의 발전에 공헌한 것에 보답하기 위해 근무를 계속 시켜주는 경우, 입사동기가 임원으로 승진할 때 승진하지 못한 사람들을 처우하기 위해 도입하는 경우 등이 있다.

　대기업에서는 대체로 정년제도가 엄격하게 적용되기 때문에 도입하기 어렵다. 중소기업에서는 기능보유자 등을 쉽게 구하기 어렵다. 그래서, 주로 중소기업에서 많이 도입하고 있다. 고용기간을 별도로 정하면 근무연장제도는 재고용제도와 사실상 동일하다. 그리고, 근무연장제도를 정년연장제와 동일하게 할 수도 있다.[22]

---

22) 笹島芳雄, 『65歳への雇用延長と人事・賃金制度』, 勞働法令協會, 2001,
　　pp. 139～146.

2. 진로선택제(선택전적제)[23]

(1) 제도개요 및 도입배경

고령화가 급속히 진행되면서 고령자의 안정적인 고용연장을 어떻게 할 것인가 하는 것이 사회적 관심사가 되고 있다. 기업에서도 고령자를 활용할 수 있는 자회사를 설립해 정년 또는 정년전에 퇴직해 자회사로 입사하여 정년연령 이후까지 근무할 수 있는 제도를 만드는 기업들이 있다. 이를 진로선택제 또는 선택전적제 등으로 부르고 있다.

자회사는 보통 공장내의 청소와 녹화, 제품의 포장 및 발송, 복리후생시설의 관리, 시설의 보수·점검 등을 하는 곳이 많고, 최근에는 아예 고령자 전용공장이나 고령자파견회사도 생겨나고 있다.

(2) 제도 설계와 운영

① 진로선택 연령

진로선택 연령은 정년으로 정할 수도 있으나 제도의 취지로 보아 대체로 정년 이전으로 정한다. 정년 10년 이상 전에 진로를 선택하게 하면 지원자가 거의 없게 되고 정년 1~2년 전과 같이 정년 직전에 진로를 선택하게 하면 지원자가 너무 많이 나올 가능성이 크다. 그래서, 대체로 정년 4~5년 전으로 설정하는 것이 현실적일 것이다.

---

23) 荻原 勝, 『複線型 雇用管理』, 日經連, 1987, pp.128~136, 荻原 勝, 『社員が 選べる新人事制度』, 日經連, 1997, pp.188~191을 주로 참고하였다.

② 자회사 업무

모회사의 아웃소싱으로 자회사를 설립하는 경우에 빌딩과 주차장 및 부동산 관리, 공장내 청소 및 정원관리, 제품의 포장 및 발송, 복리후생시설의 관리 등을 주로 한다.

고령자파견회사를 설립한 경우에는 모회사에서 하던 일(기계설비의 보수 및 점검, 부품의 조립 등)을 하는 경우도 있으며, 고령자전용공장을 설립한 경우에는 그 회사에서 독자적인 생산 또는 서비스를 하게 된다.

③ 자회사의 임금 및 근로조건

자회사 임금체계는 모회사와 별개로 대체로 수당이 대폭 줄어 간소화하는 것이 보통이다. 임금수준은 모 기업 진로선택 연령 표준사원 임금의 60~70% 정도로 설정되는 것이 일반적이다. 생산성 향상을 기대하기 어렵고 생계비가 점차 감소하는 연령이어서 대체로 정기승급은 없다.

자회사의 근로시간, 휴일휴가 등은 모 기업에 준하여 설정하는 곳이 많다.

④ 정년연령

자회사는 임금은 낮지만 오랫동안 다닐 수 있다는 것 때문에 선택한다. 따라서 정년연령은 모회사 보다 길어야 한다. 모 회사에서 정년연령 이전에 퇴직하였기 때문에 최소한 그 잔여기간 이상을 보장해 주어야 한다. 보통 모회사 정년연령 보다 3~5년 길게 설정한다.

(3) 도입사례

고령자를 고용하는 자회사를 설립해 고용하는 유형과 고령자를 주로 채용하는 근로자파견회사(자회사)에 고용하는 유형이 있다.

▮▮▮ 일본 R 제지회사

동 사에서는 55세 사원에게 새내 연장코스, OB회사 이적코스를 두고 선택할 수 있게 하고 있다. 각 공장에 생애생활설계 카운슬러를 두어 선택을 돕고 있다. 각 코스별 개요는 다음과 같다.

▼ 사내연장 코스

이것은 정년(60세)에 도달하기까지 사내에 고용을 계속하는 코스이다. 이 코스의 경우 원칙적으로 55세 시점까지의 직책에서 벗어나 그 때까지의 경험과 기능을 살려 새로운 직무를 수행한다. 직책을 갖고 있지 않은 사람은 원래 직무를 그대로 수행한다.

▼ OB회사 이적 코스

이것은 55세 이전에 퇴직해 OB회사에 새로 입사하는 코스이다. OB회사의 주요업무는 공장내의 제작업, 공장건물 관리보전, 복리후생시설의 운영관리 및 보전, 구내경비 등이다. OB회사에 옮기면 월 정임금은 퇴직전 회사 정규직의 약 70% 정도의 수준이 된다.

베이스 업(base-up)은 있지만 정기승급은 없다.

▮▮▮ 스바루(スバル) 주식회사의 고령자 전용 사업소

1988년 2월 제지 6개사(泉製紙, イトマン, アイム, 服部製紙, 丸石製紙, 大高製紙)가 공동으로 출자(자본금 1억 8천 5백만엔)해 아

이치(愛媛)현에 설립한 고령자 전용 사업장이다. 처음에 경작업이면서 고부가가치를 내기 위해 6개월 이상 제조품목을 연구해, 차(茶)의 종이팩과 좌석 시트로 정하였고, 2001년에 신공장을 신축해 이전하였다. 6개사의 정년퇴직자를 우선 고용하며, 2002년 현재 21명 중 15명(65%)이 고령자(60~67세)이다.

▥ 후카이가와(深川) 고령근로자 파견회사

마에가와(前川)제작소는 1977년에 「정년 Zero 제도」를 도입하였다. 1994년에 「Create Service」를 만들어, 60세 이상 고령자를 소속그룹 각 사에 파견하기 시작하였고, 1997년에 노동성으로부터 고령특례근로자 파견사업을 인가 받아 「후카이가와(深川)고연령자직업경험활용센터」라는 명칭으로 재출발하였다.

마에가와(前川)제작소는 2000년 3월부터 일부 조립 및 가공 공정을 재편해 60세 이상 근로자를 중심으로 운영하고 있는데, 이들은 전체 근로자 2,000명 중 약 130명이다.

3. 재고용제[24]

(1) 제도개요 및 도입배경

대부분의 기업들이 정년제를 두고 있다. 능력과 건강, 의욕이 있음에도 불구하고 정년에 도달하면 자동적으로 퇴직하는 것은 개별 기업 노사, 국가 차원에서도 바람직하지 못하다.

---

24) 荻原 勝, 『複線型 雇用管理』, 日經連, 1987, pp.137~146, 荻原 勝, 『社員が 選べる新人事制度』, 日經連, 1997, pp.179~187을 주로 참고하였다.

재고용제도는 정년에 도달하여 퇴직한 사람들 중에서 일할 의사와 능력이 있고 회사도 필요한 경우에 일정기간 동안 재고용하는 제도이다. 재고용제도와 유사한 제도에는 근무연장제도와 정년연장제도가 있다. 재고용제도는 정년도달자가 퇴직한 후에 다시 근로계약을 체결하여 고용하는 제도이나, 근무연장제도는 정년도달자를 퇴직시키지 않고 개인별 능력과 필요성에 따라 근무기간을 연장시키는 제도이다. 근로조건이나 처우 측면에서 비교해 보면, 근무연장제도는 직책, 신분, 임금 등이 변하지 않으나 재고용제도는 변하는 경우가 많기 때문에, 근로자에게는 일반적으로 근무연장제도가 재고용제도 보다 유리하다.

그러나, 정년연장제도가 모든 근로자에게 일률적으로 적용되는 것과는 달리, 근무연장제도는 재고용제도와 같이 근로자 개인별로 적용여부가 달라진다.

(2) 설계와 운영

① 고용계약 기간

근로자를 새로 고용한 경우 고용계약기간은 기업이 자율적으로 정한다. 그런데, 정년퇴직자의 경우 대체로 직무수행 능력이 감퇴되어 주로 기간적 업무가 아니라 보조적 업무를 하게 되며, 비관리직 업무를 갖게 된다. 따라서, 단기 유기계약을 하는 경우가 많다.

② 신분과 직무

재고용자는 대개 정년퇴직자로서 고용계약기간이 짧은 경우가 많다. 그래서, 대체로 촉탁, 준사원 등으로 불리는 신분으로 전환된다.

그리고, 그들은 상담 등 경험과 연륜이 필요한 직무, 유연한 인간관계를 가져야 하는 대인관계 업무, 책임이 비교적 경미한 업무 등을 맡게 된다.

③ 근로시간, 휴일휴가

재고용자의 근로시간은 일의 내용에 따라 결정된다. 정사원의 근로시간과 동일한 경우도 많다.

④ 임금

임금은 일의 내용과 근로시간에 따라 결정된다. 재고용자들은 대체로 경미한 일, 책임이 적은 업무, 적은 근로시간 동안 업무를 수행하기 때문에, 정년도달시 임금의 일정비율만큼 적게 임금을 받게 된다.

대체로 정기승급은 없으나 베이스 업(base-up)은 해주는 경우가 많다.

(3) 도입사례

▌▌▌ 일본 S 백화점

당사는 생애복지를 충실히 할 목적으로 60세 정년 후에도 65세까지 5년간 재고용제도를 실시하고 있다.

대상자는 원칙적으로 퇴직연금 수급자 중 희망자로 하였다. 단, 65세까지의 재고용제가 연금수급을 전제로 설계하였기 때문에 전액 퇴직일시금을 받은 사람은 대상에서 제외하였다.

임금은 월급제로 정년 전의 일정비율을 지급한다. 정년 전에 하던

직책과 직무와 정년 후의 그것은 관계가 없다. 근로시간과 근무일수
는 일반사원과 동일하다.

모든 복리후생도 정년 전과 동일하게 적용된다.

▰▰▰ 일본 전선제조 T사

당사는 정년 후에도 계속해 근무할 의사가 있고 회사가 필요로 하
는 업무를 수행할 수 있는 능력과 건강을 갖고 있는 사람을 대상으
로 「특별사원제도」라 부르는 재고용제도를 실시하고 있다.

고용계약 기간은 1년이고, 65세가 될 때까지 계약을 갱신할 수 있
다. 임금은 정년도달시 월정임금의 80%를 한도로 해 업무내용과 본
인의 능력에 의해 평가를 한다. 정기승급은 없지만, 베이스 업은 일
반사원에 준하여 취급한다.

(4) 규정사례

▰▰▰ 재고용제도 규정

제1조(목적) 이 규정은 정년퇴직자의 제고용제도에 대하여 규정함
　　　　을 목적으로 한다.

제2조(대상자) 재고용자는 건강하고 본인이 계속 근무하고자 하는
　　　　의사가 있는 자 중에서 회사가 업무상 필요성을 감안해 결정
　　　　한다.

제3조(재고용 기간) 재고용의 계약기간은 원칙적으로 1년으로 한
　　　　다. 본인의 희망과 회사측의 필요성을 감안해 계약을 갱신한
　　　　다. 단, 재고용의 통산기간은 최장 5년으로 한다.

제4조(근로시간) 재고용자의 근로시간, 휴게시간, 휴일, 휴가는 모두 사원에 준하여 취급한다.

제5조(임금) 재고용자의 임금(기본급)은 정년도달시 기본급의 70%를 한도로 직무의 내용에 따라 개별적으로 정한다.

제6조(정기승급, 베이스 업) 재고용자에 대하여는 정기승급은 없지만, 물가상승 등에 따라 베이스 업을 실시할 수 있다.

4. 선택정년제[25]

(1) 제도개요 및 도입배경

기업의 근로자들은 모두 정년연령이 연장되기를 바라는 것은 아니다. 오히려 조기에 퇴직하여 제2의 인생을 시작하고 싶어하는 사람도 있다. 재취업을 하거나 창업을 하려면 더 늦기 전에 준비를 하는 것이 유리하기 때문이다. 아울러, 조기에 퇴직하는 경우 퇴직금 가산금을 지급하는 제도가 있는 경우에는 더 많은 퇴직금을 받게 된다.

기업도 중고령자가 많으면 포스트가 부족해 승진이 적체되고 조직활력이 떨어지며, 사기저하를 가져올 수 있고 인사이동이 어려워진다.

이러한 상황에 직면하여 일본에서 고안된 제도가 바로 선택정년제이다. 선택정년제는 다수의 정년을 설정하고 근로자가 이들 중에서 선택할 수 있는 제도이다. 조기퇴직우대제도와 유사하나, 조기퇴

---

25) 荻原 勝, 『複線型 雇用管理』, 日經連, 1987, pp.114~127, 荻原 勝, 『社員が 選べる新人事制度』, 日經連, 1997, pp.174~178을 주로 참고하였다.

직우대제도는 기존의 정년을 그대로 두고 정년 이전에 퇴직하는 제도라는 점에서 차이가 있다.

(2) 제도설계 및 운용

① 대상자 결정

대상자를 결정하는 방식에는 범위 방식과 포인트 방식의 2가지가 있다.

첫째, 범위방식은 일정연령이나 근속 이후 정년까지와 같이 일정한 기간을 정하여 적용하는 방식이다. 예를 들어, 연령 50세 이상 근속 15년 이상인 사람으로 정하는 것이다.

둘째, 포인트 방식은 45세, 50세, 55세와 같이 일정한 연령을 특정해 그 연령에서 퇴직하는 사람에게만 적용하는 것이다.

② 우대조치

퇴직금을 우대해 주는 방법에는 정년퇴직시의 지급률을 적용하는 방법, 통상의 지급률 외에 특별할증률을 적용하는 방법, 통상의 퇴직금 외에 특정한 할증금을 적용하는 방법이 있다.

특별할증률을 적용하는 경우에는 연령이나 근속이 높아져 정년에 가까워질수록 그 할증률이 낮아지도록 설계한다. 그리고 특별할증금도 당연히 정년에 가까울수록 작아지도록 설계한다.

퇴직금 우대 이외에 자격증 취득 편의제공, 특별휴가 부여, 전직지원 서비스 부여 등을 제공하기도 한다.

③ 신청시기

아무 때나 신청할 수 있게 하면 산발적인 신청으로 업무처리가 복잡해진다. 그리고, 승진승급이나 인사이동이 종료되고 난 직후에 신청하면 다시 승진이나 이동을 해야 하는 경우도 발생한다. 그 경우 조직의 안정성이 떨어진다.

따라서, 승진승급과 배치이동이 이루어지기 일정기간 전에 특정한 시기를 정하여 신청을 받아 처리하는 것이 좋다.

(3) 도입사례

▓ 일본 스파 O사

당사에서는 유통업계의 경영환경이 급변하면서 어려워지자 YMCS(yank management challenge system)이라고 부르는 신인사제도를 수립해 그 일환으로 챌린지 라이프 플랜의 취지로 60세 정년 전에 퇴직해 전직하려는 사원을 경제적으로 지원하는 제도를 만들었다.

대상자는 45세 이상 55세 이하로 근속 15년 이상 세대주인 사원이다. 퇴직자에 대하여는 다음과 같이 챌린지 지원금이 지급된다.

45세	600만엔
46세	570만엔
47세	540만엔
48세	510만엔
49세	480만엔
50세	450만엔

50세 450만엔

51세 420만엔

52세 390만엔

53세 360만엔

54세 330만엔

55세 300만엔

▣ 일본 식품제조 S사

당사는 중고령 사원의 제2의 인생설계를 지원하고 인사이동을 활성화할 목적으로 이 제도를 도입하였다. 대상자는 근속 15년 이상 50~58세 미만인 자 중에서 신청한 사람으로 한다.

퇴직금은 「(기본급＋직책수당)×근속연수별 지급률」이라는 산식에 따라 산정한 금액 이외에 다음의 특별가산금을 지급한다.

50~54세 미만 25%

54~56세 미만 20%

56~58세 미만 15%

처음에는 퇴직희망자를 연중 접수하였지만, 지금은 매년 10~12월에 퇴직희망을 받아 다음해 3월말까지 퇴직명령을 한다. 퇴직자에게는 재직중 지득한 영업상 비밀을 누설하지 않고 동종경쟁사에 재취업하지 않는다는 서약서를 받고 있다.

▣ 일본 사무기기 제조 P사

당사에서는 55세 이상 사원을 대상으로 선택정년제도를 실시하고 있다. 당 사의 퇴직금 산정방법은 퇴직시 기본급에 근속연수별 지급률을 곱하여 지급하는데, 55세 이상 퇴직자에 대해서는 60세까지 근속할 경우 예상되는 「기본급」과 「지급률」을 적용해 준다.

　예를 들면, 고졸자로 근속37년, 연령 55세에 퇴직하는 경우 기본급이 34만엔이면, 기존의 계산방법으로는 퇴직금이 1,600만엔이지만 60세까지 근속했다고 상정해 산출한 퇴직금은 2,230만엔이 된다.

(4) 규정사례

▓ 선택정년제도 규정

제1조(목적) 이 규정은 정년연령 도달 이전에 본인이 신청해 제2의 인생에 도전하는 자를 퇴직금 등을 우대하는 선택정년제에 대하여 규정함을 목적으로 한다.

제2조(적용대상자) 본 제도의 적용대상자는 다음의 조건을 모두 충족하는 자로 한다.
1. 근속 10년 이상
2. 연령 50세 이상
3. 퇴직후 ○년 이내에 동종경쟁업체로 재취업하지 않을 것

제3조(퇴직금 취급) 제2조의 모든 조건을 충족하는 자가 퇴직하는 경우 퇴직금 산정에 대해서는 본인이 정년연령까지 재적할 경우 상정할 수 있는 근속연수에 상당하는 지급률을 적용한다.

제4조(퇴직금이외의 취급) 기타 다음과 같은 조치를 강구한다.
1. 특별휴가의 부여 : 퇴직전 ○일
2. 전직지원 서비스(outplacement)

제5조(신청) 본 제도를 적용받고자 하는 자는 매년 ○월 1일부터 ○월 말일까지 소속 부서장을 경유하여 인사부장에게신청서를 제출해야 한다.

제6조(퇴직일) 신청한 자는 심사를 거쳐 신청한 다음연도 ○월 말일까지 퇴직명령을 한다.

제4절 직무와 직책 조정

고령자의 고용을 연장하면서 인건비 증가를 어떻게 해결할 것인 가하는 것이 가장 큰 문제이지만, 그에 못지 않게 포스트 부족을 어떻게 해결할 것인가도 매우 중요하다.

임금피크 연령 이후에도 계속 이전의 직위와 직책을 그대로 수행하게 되면 포스트 부족에 따른 승진적체로 인한 사기저하, 젊은 층 이직률 상승, 조직활력의 부족과 생산성 하락 등의 문제가 발생할 수도 있다.

이러한 문제를 해결하기 위해서는 직급 또는 직책을 부여하지 않으나 직무·직급(호칭)은 그대로 유지하는 경우도 있고, 아예 직무도 변경하는 경우도 있다. 여기서는 직급정년제와 전문직제에 대해서만 상술하기로 한다.

1. 직급정년제[26]

직급정년제란 어떤 직급에 종사하는 자가 일정한 연령에 도달하였거나 일정기간이 경과하였음에도 불구하고 상위직급으로 승진하지 못하고 체류할 경우 그 직책에서 물러나도록 하고 스텝직으로 활용하는 제도이다. 직급정년제도는 「한계체류연한제」, 「직급별 호봉정년제」, 「승진자격 및 제한제도」 등으로도 불리우고 있다.

직급정년제의 도입으로 관리직의 순환을 앞당기기 보다 많은 사람에게 관리직을 경험시켜 선택된 자를 등용시킴으로서 ①신진대사의 촉진에 따른 조직의 활성화, ②인재의 육성, ③종업원의 의식개혁을 목표로 하고 있다.

그러나, 이 제도는 ①관리직에서 해임한 자의 취급이 어렵고, ②회사내의 인간관계에 균열이 발생할 가능성이 크며, ③임원의 임기를 매우 짧게 하는 것이 가능하지 않기 때문에 관리직의 순환에 일정한 한계가 있는 문제점이 있다.

직급정년제에는 ①직급에 관계없이 일정한 연령 이상의 관리직에 있는 자를 그 연령에 도달하면 어떤 직위를 막론하고 그 자리에서 물러나는 '일률연령 적용방식', ②직급별로 해임연령(예를 들어, 과장 53세, 부장 56세)을 정하여 그 연령에 도달하면 해임하는 '복수연령 방식', ③직급에 관계없이 직급 취임 후 일정기간 경과(예를 들어, 2년 또는 3년) 후에 자동적으로 해임하는 방식, ④직급취임 후 직급별로 일정기간(예를 들어, 과장 3년, 부장 2년)을 정하여 그 기간 경과시 해임되는 방식의 4가지 유형이 있다. 임금피크제에서

---

26) 안희탁 외, 『신인사 트렌드 35』, 한국경영자총협회, 1996, 652~678쪽.

는 첫째 유형이 가장 적합하다.

우리나라에서는 90년대 초까지는 정년을 2~3년 남겨 둔 부장급을 직급정년제의 대상으로 삼았으나 90년대 중반부터 30대 초반 초급간부까지 확대하여 왔다.

2. 전문직제[27)

(1) 도입배경

중고령화가 진전되어 포스트 부족하게 되면 기존의 관리직 중심의 관리체계에서 직위와 직책을 받지 못한 사원들은 임금과 권한 측면에서 매우 불리하게 되고 전반적으로 승진이 적체되어 사기가 떨어진다. 이에 따라 경력자들의 지식과 기능이 제대로 전수가 되지 않고 매몰되는 경우도 비일비재하다.

전문직제는 중고령자를 스텝으로 활용함으로써 전문직제를 간소화하여 조직의 효율을 높이고, 이들의 지식과 기능을 최대한 활용할 수 있게 해 준다.

(2) 제도의 설계 및 운용

① 직능자격제도의 도입

직능자격제도는 일의 곤란한 정도, 책임정도 등을 토대로 직능자

---

27) 荻原 勝, 『複線型 雇用管理』, 日經連, 1987, pp.89~104, これからの賃金制度のあり方に關する研究會, 『複線型人事制度と賃金制度』, 雇用情報センター, 1991, pp.185~207을 주로 참고하였다.

격(예를 들면, 사원 1급 → 사원 2급 → 사원 3급 → 사원 4급 → 주사 → 부참사 → 참사 → 이사)을 설정한다. 그리고 각 직능자격에 해당하는 직무수행능력의 종류와 정도를 명확히 정한다. 그 기준에 따라 인사처우를 한다.

특정한 분야에 고도의 전문지식과 기술을 가진 자를 전문직으로 등용한다. 상위등급을 가진 사람을 전문직에 등용하면 전문직의 지위를 높이는데 기여한다[표 3-17].

[표 3-17] 일본기업의 전문직제 사례

구 분	관리직	전문직
이사 이사보	> 부장	> 담당부장
참사 부참사	> 과장	> 담당과장
주사	계장	담당계장
사원4급 사원3급 사원2급 사원1급		

② 임금의 취급

전문직의 임금을 어떻게 정하는가에 따라 전문직의 정착에 큰 영향을 준다. 관리직의 직책수당을 크게 하면 관리직과 전문직간에 임금격차가 커진다.

직능자격제도를 도입한 일본기업들은 동일자격·동일임금으로 임금차이가 없도록 처우하는 경우가 많다.

③ 전문직의 등급

같은 전문직이라고 해도 직무수행능력과 전문성은 사람마다 차이가 난다. 고도의 전문성을 발휘해 신상품의 개발과 생산기술 시스템의 개량 등에 아이디어를 내는 사람이 있는 반면에 전문성이 그저 그런 경우도 있다. 이같은 경우를 같이 처우하는 것은 문제가 있다.

또, 전문직에서도 개인마다 권한과 책임이 다를 수 있다. 이와 같이 권한과 책임의 정도에 맞게 처우를 하는 것이 바람직할 것이다. 일본에서는 담당과장 → 담당부장, 전문과장 → 전문부장 등으로 나누고 있다.

④ 직무내용의 특정

전문직제에 대해 무슨 업무를 수행할지를 정하지 않은 경우가 상당히 많다. 그럴 경우에 관리직으로 승진하지 못한 사람을 처우하기 위해 만든 형식적인 제도로 전락할 수 있다.

전문직제를 운용하기 위해서는 구체적으로 어떤 업무를 담당하게 할 것인가, 업무수행 프로세스와 결과를 어떻게 보고하게 할 것인가를 명확히 정하고, 업무수행 상황을 냉철히 평가해 처우에 반영하는 것이 바람직하다.

⑤ 임용요건과 기준

전문직제를 활성화하기 위해서는 어떠한 요건을 만족시키면 임용할 것인가, 임용되기 위한 기준과 자격은 무엇인가를 명확히 정해야 한다.

임용요건으로는 ①직능자격제도에서 일정한 수준 이상의 자격등급일 것, ②일정한 공적 자격을 취득할 것, ③전문직 등용시험을 통과할 것, ④근속연수가 일정연수 이상일 것, ⑤특정의 업무에 일정연수 이상 종사할 것 등이 고려될 수 있다.

⑥ 정원제 도입

포스트 부족에 대응해 전문직 임용을 남발하는 경우도 있다. 그럴 경우에 전문직의 권위가 떨어지고 사기도 떨어진다. 전문직의 권위와 사기를 높여주기 위해서는 전문직에 정원제를 도입하는 것이 바람직하다.

정원은 직급별로 정하든가(부장급 ○명, 차장급 ○명, …), 업무별(기획담당 ○명, 시스템설계담당 ○명, …)로 정하든가, 부서별(영업부 ○명, 기술·개발부 ○명, …)로 정하든가 할 수 있다. 정원을 확대하는 것은 매우 신중하게 대처해야 하고, 결원이 생기더라도 적임자가 없으면 무리하게 보충하지 않는 것이 바람직하다.

(3) 도입사례

■■■ 일본 J화학공업

당사에서는 기업활동의 고도화, 복잡화로 각 직무에 요구되는 전문성도 고도화되고 있다. 그래서 높은 전문성이 요구되는 직무에는 관리업무의 부담을 없애는 형태로 전문가를 배치, 육성하는 것이 필요하다. 그래서 전문직제를 실시하고 있다.

전문직은 정보시스템, 연결회계, 세라믹스 개발 등 약 40직종이 있다. 그런 직종에 대하여 정의(담당 직무의 내용), 요구되는 직무의 수준, 필요한 학문적 지식, 경험적 지식, 기능이 상세하게 결정되어 있다.

전문직으로서 등용되기 위해서는 ①일정한 직무군(감독직, 초 중급 관리직 수준)으로 평가될 것, ②인사고과 성적이 일정 수준 이상일 것, ③전문직의 적성이 있다고 판정될 것, ④전문직의 정의에 해당할 것이라는 조건을 모두 충족시켜야 한다.

전문직이 되고 싶은 사람은 전문 능력에 관한 자기평가 보고서를 심의위원회에 제출하여 통과되어야 한다. 전문직의 임용기간은 3년이다. 전문직의 임용이 결정되고 1개월 이내에 7~10일간 특별휴가를 부여한다. 그 기간 중에 전문능력을 높이기 위한 계획을 짜야한다.

당사에서는 직군내 그룹, 등급이 같으면 전문직도 임금 등의 처우는 같다.

제4장

임금피크제의
도입절차

제1절 사전준비

1. 목표설정

목표가 명확하게 정하여 있지 않은 상태에서 단순히 고령근로자의 인건비 부담을 줄이기 위하여 성급하게 도입하는 경우에는 오히려 노사간 불필요한 마찰만 일으킬 소지가 있다.

임금피크제를 도입하기 위한 목표는 임금조정을 통해 고령근로자의 계속고용을 보장하는데 있다. 물론, 경영상의 위기로 해고회피 노력을 하는 과정에서 기존의 정년을 보장하기 위해 임금조정을 하는 경우도 있을 것이다.

2. 노사협의와 공동추진조직 구축

임금피크제의 기본전제는 고령근로자의 임금조정에 있으므로, 근로자측에서 볼 때는 계속 고용이 보장되는 반면, 소득이 감소하게 된다. 따라서, 제도 도입과정에서 노사간에 충분한 협의를 통해 도입의 필요성에 대한 공감대 형성이 이루어져야 한다. 공감대 형성과정에서 가장 중요한 두 가지 요소는 명확한 목표설정과 투명한 경영 정보의 공개이다. 특히 기업은 근로자에게 회사의 경영상태를 공개하고, 경영여건 개선을 위해 노사가 함께 고통을 분담할 필요가 있음을 알려야 한다. 또한 임금피크제를 통해 달성하고자 하는 비전을 공유하여 근로자의 불안감을 덜어주는 것이 필요하다.

또, 구체적으로 이러한 것들을 협의해 나가기 위해 노사 공동으로 추진 실무조직을 만들어 장시간 논의와 설계를 해 나가는 것도 매우 바람직하다.

3. 제도설계

제도설계는 앞에서 살펴 본 바와 같이 임금피크 대상자 선정, 임금피크 연령 결정, 임금하락률 결정, 고용연장제도의 선택과 세부내용 결정 등을 말한다. 아울러, 임금조정 등을 통한 퇴직전 평균임금 감소로 퇴직금이 대폭 감소하지 않도록 하기 위하여 퇴직금 중간정산제도를 활용할 수 있다. 여기서는, 앞에서 언급되지 않은 퇴직금 중간정산에 대해서만 구체적으로 기술해 본다.

(1) 근로자의 요구

퇴직금 중간정산은 근로자의 요구가 있어야 가능하다. 사용자가 근로자의 요구에 반드시 응할 의무가 있는 것은 아니다. 다만 중간 정산제 실시와 관련하여 노사 갈등을 예방하기 위해 사전에 요건 · 절차 등 합리적인 내부기준을 마련하여 실시하는 것이 바람직하다.

중간정산 이후 퇴직금을 산정함에 있어 중간정산시 근로자의 요구가 있었는지에 대해 노사간에 논란이 있을 수 있으므로 중간정산 시행시 근로자의 요구를 서면으로 받은 후 시행하는 것이 바람직하고, 취업규칙이나 단체협약에 중간정산제 실시를 위한 근거가 있다고 하더라도 개별 근로자의 별도의 구체적 요구가 있어야 중간정산이 가능하다.

(2) 중간정산 단위기간

근로자의 요구가 있는 경우 중간정산 단위기간의 제한은 없으나, 사용자는 반드시 근로자가 요구한 기간 모두에 대해 정산해 주어야 하는 것은 아니며, 그 중 일부만 정산하기로 근로자와 합의할 수도 있다.

10년 근속의 경우 3년 또는 5년을 단위기간으로 한 정산도 가능하며, 1년 5월이나 2년 6월을 단위기간으로 할 수도 있다.

(3) 중간정산 이후 퇴직금 산정방법

퇴직금 중간정산 이후 퇴직금 산정방법에 대해 노사간 별도의 정함이 없는 경우 중간정산 이후 퇴직금 산정을 위한 계속근로연수가 정산 시점부터 새로이 기산되는 것으로 하여 퇴직금을 산정한다. 가급적 사전에 중간정산 이후의 퇴직금 산정방법을 정하여 노사마찰을 예방하는 것이 좋다.

(4) 퇴직금 산정을 위한 평균임금 산정시점 결정

중간정산 퇴직금 계산을 위한 평균임금 산정시점에 대해 별도의 합의가 없었다면 사용자의 승낙 시점이 아닌 근로자의 요구 시점이 기준이 된다.

제2절 노사협상

노사간에 임단협 개정을 위한 본격적인 협상을 해야 한다. 물론, 미리 노사실무추진조직에서 검토를 하였더라도 노사의 의견을 한데로 모아 협상을 해서 타결을 하는 과정이 중요하다. 노사 모두 협상 결렬에 따른 비용이 매우 크기 때문에, 가급적 협상비용이 적게 드는 노력을 기울여야 한다.

제3절 사후처리

1. 단체협약 또는 취업규칙의 변경

임금피크제를 도입하기 위해서는 단체협약 또는 취업규칙 등 임금관련 규정의 변경이 필요하다. 노동조합이 있는 사업장의 경우 단체협약을 변경하여야 하며 비조합원인 근로자나 비조직대상인 관리직에게 임금피크제를 적용하기 위해서는 단체협약과는 별도로 취업규칙을 변경해야 한다. 노동조합이 없는 사업장의 경우 취업규칙만 변경하면 된다.

여기서는 취업규칙의 변경에 대하여만 구체적으로 기술하기로 한다.

취업규칙을 통해 임금피크제가 도입되기 위해서는 적법한 취업규칙의 변경절차가 충족되어야 한다. 다만, 취업규칙이 적법하게 변경되었다 할지라도 단체협약보다 불리한 내용이 포함된 경우에는 단체협약의 적용을 받는 근로자에 대하여는 그 효력을 상실한다(노동조합및노동관계조정법 제33조).

취업규칙의 변경절차는 변경 내용이 근로자에게 불이익한지 여부에 따라 차이가 있다. 따라서 도입하고자 하는 임금피크제가 근로자의 근로조건을 불이익하게 변경하는지 여부에 대한 판단이 전제되어야 한다.

임금피크제가 당초의 정년을 연장하여 보장하면서 임금을 조정하는 형태로 도입하는 경우 변경되는 내용에는 근로조건의 「저하」와 「개선」이 섞여 있으므로 변경 내용의 유·불리 판단은 변경의 취지와 경위, 임금피크제의 적용 대상 및 범위, 해당 사업체의 업무의 성질, 취업규칙 각 규정의 전체적인 체제 등 제반 사항을 종합하여 사회통념상 합리성이 있는지 여부로 판단할 수 있다.

정년을 55세에서 58세로 연장하되, 연장된 기간 중 임금을 정년 당시의 70% 수준으로 지급하는 것을 노동조합과 단체협약을 통해 합의하고, 이에 따라 취업규칙을 변경한 것은 정년이 연장되는 기간에 한하여 임금수준을 종전보다 저하시키는 경우로써 종전에 비해 근로자에게 불이익하다고 볼 수 없다(노동부 근기 68207-2163, '02.6.8).

(1) 임금피크제가 기존 근로조건에 비해 근로자에게 유리한 경우

임금피크제를 도입하기 위해 취업규칙을 변경하려면 당해 사업(장)에 근로자 과반수로 조직된 노동조합이 있는 경우에는 그 노동조합, 없는 경우에는 근로자의 과반수의 의견을 들어야 한다(근로기준법 제97조 제1항).

(2) 임금피크제가 기존 근로조건에 비해 근로자에게 불리한 경우

임금피크제가 일부 근로자에게만 적용되더라도 당해 사업(장)에 근로자의 과반수로 조직된 노동조합이 있는 경우에는 그 노동조합, 없는 경우에는 근로자의 과반수의 동의를 얻어야 한다(근로기준법 제97조 제1항).

취업규칙을 개정하여 모든 근로자가 일정연령에 도달하면 임금이 삭감되도록 불이익하게 변경하는 경우라면, 변경시점에서 일정연령에 도달한 근로자 뿐 아니라 전체 근로자에게 적용되는 것으로 보아야 하므로, 취업규칙의 불이익 변경을 위한 전체근로자 과반수로 조직된 노동조합의 동의를 받아야 한다(노동부 근기 68207-890, '03.7.16).

2. 근로자 의견조사와 피드백

임금피크제를 시행한 후 일정기간이 지나면 근로자들의 만족도나 애로사항 제도변경 희망사항 등을 설문조사할 수 있다. 이를 토대로 대상자 확대, 피크연령 수정, 장기적 정년연령 연장 등 기존의 제도를 수정할 수도 있다.

제5장

법률문제와
규정개정

제1절 불이익 변경 판단과 취업규칙 변경

우리나라 기업에서 도입하고 있는 임금피크제의 유형에 따라 불이익 변경의 판단은 달라진다고 볼 수 있다.

1. 고용유지형 임금피크제

고용유지형 임금피크제는 경영상 위기를 겪고 있는 기업에서 정해진 정년까지 고용을 사실상 보장하는 대신 일정 연령에 도달한 시점부터 정년까지 임금을 삭감하는 유형이다. 이 유형은 취업규칙이나 단체협약에서 정하고 있는 정년을 보장하는 대신 일정 부분의 임금을 삭감한다.

이와 관련하여 취업규칙을 변경하려면 임금피크제의 도입이 불이익한 변경에 해당하는지 여부를 먼저 판단하여야 한다. 만약에 불이익한 변경의 경우 근로자 과반수의 '동의'라는 요건을 갖추어야 하기 때문이다. 기존의 취업규칙에서 기간의 정함이 없는 근로자에 대해 일정한 임금체계와 더불어 정년을 규정하고 있다면, 정년보장을 전제로 기존의 임금을 삭감하면 다른 근로조건 변경이 없는 한 근로조건의 불이익한 변경에 해당하게 된다. 왜냐하면, 기존의 취업규칙에 의할 경우 임금에 관한 변경 없이도 근로자는 정년까지 근로계약관계의 존립을 보장받는 것이기 때문이다. 따라서 정년보장을 대가로 임금을 일정한 연령부터 삭감하고자 할 경우 근로자 과반수의 동의라는 절차요건을 구비하여야 유효할 수 있다. 마찬가지로 일정한 연령에 도달하면 일단 퇴사한 후 재입사하여 낮은 임금을 종전의 정년까지 보장하도록 한 것도 불이익한 변경에 해당하는 것으로 보아야 한다.

사회통념상 합리성이 있다면 불이익 변경의 경우라 하더라도 근로자 대표의 집단적 동의 없이도 고용유지형 임금피크제를 도입하는 것이 유효하다고 하는 주장도 있다.[28] 그러나, 우리나라의 경우에는 불이익 변경 절차에서의 예외적인 유효요건으로 작용한다면, 그것은 제한적인 경우에만 허용되는 것으로 해석하여야 한다. 다시 말하면 사회통념상 합리성을 인정하더라도 이는 근로자 과반수 동의라는 절차규정을 지키지 못한 것에 준하는 예외적인 경우에 대해서만 인정될 수 있는 것으로 해석함이 타당하다. 이러한 점은 1989년 불이익 변경 절차에 관한 요건규정이 입법화된 이후 사회통념상 합리성을 인정한 판례가 거의 없다는 점에서도 확인할 수 있다.[29]

---

28) 김정한, 「임금피크제의 도입방안」, 『한국노동연구원 토론회 자료』, 2003. 12.4, 25~28쪽.

29) 박종희, 「임금피크제의 허와 실」, 『산업관계연구』(제14권 제2호), 한국노사관계학회, 2004.12, 35~38쪽.

2. 정년연장형 임금피크제

　정년연장형 임금피크제는 정년연령을 늘리면서 정년 또는 그 이전의 일정 연령에 도달한 시점부터 임금을 삭감하는 유형이다. 불이익 변경의 여부는 대가관계나 연계성이 있는 근로조건들을 종합적으로 평가하여야 한다(대판 1995.3.10, 94다18072). 근로자가 자유롭게 선택할 수 있고 정년 이전기간 동안 감액되는 임금액보다 정년 이후 연장된 근무기간 동안 받는 임금총액이 많게 설계된다면, 이는 기존의 근로조건 보다 불이익한 변경은 아니라고 볼 수 있다. 그럴 경우에는 정년연장을 희망하는 개별 근로자와 개별계약으로 임금피크제를 시행할 수 있다.[30]

---

30) 박종희, 「임금피크제의 허와 실」, 『산업관계연구』(제14권 제2호), 한국노사관계학회, 2004.12. 42~43쪽.

제2절 정리해고의 유효성

정년보장형 임금피크제를 도입하면서 정년보장의 대가로 일정한 연령에 도달한 이후 명예퇴직을 신청한 경우 정리해고의 유효성이 제기될 수 있다.

정리해고가 유효하기 위해서는 긴박한 경영상의 필요성, 해고회피노력의 이행, 해고대상자 선정에 있어서 합리적이며 공정한 선발기준의 작성, 그리고 두 번째 세 번째 요건을 충족함에는 근로자 대표와의 성실한 협의를 거쳐야 함이 바로 그것이다. 임금삭감을 감수한 정년까지의 고용을 받아들이지 않을 경우 명예퇴직을 신청하여야 한다면 명예퇴직의 선택이 근로자의 자율적인 의사에 따라 이루어지는 것이라고 보기는 어렵다. 그러므로, 임금피크제를 수용하지 않는 한 명예퇴직 해야 한다는 것은 그 실질에 있어서 정리해고의 한 형태로 볼 수 있을 것이다. 또, 정리해고의 필요성에 대한 현재의 객관적인 정리해고 계획에 대한 정당성 논거를 판단해야지 객관적으로 확정할 수도 없는 장래의 정리해고 계획에 대해서까지 현시점에서 포괄적으로 정당성을 미리 부여해 주는 것으로 확대할 수는 없다.

그리고, 공정하고 합리적인 대상자 선정과 관련해 연령 또는 근속연수만을 기준으로 우선적으로 해고대상자를 선정하는 것은 허용할 수 없다는 입장에서 보면, 임금피크제라는 미명하에 일정 연령이상을 명예퇴직시키는 것은 정리해고 유효요건에 부합하지 않는다.[31]

---

31) 박종희, 전게서, 39~40쪽.

임금피크제의 도입효과분석

　　고용유지형 임금피크제는 임금피크 연령 이후의 임금감소분 만큼 인건비가 줄어든다. 그러나, 고용연장형 임금피크제를 도입하는 경우에는 고용연장과 함께 설계를 하기 때문에, 임금감소와 인건비 증가가 동시에 발생한다. 여기서는, 고용연장형 임금피크제의 효과를 분석해 불이익 변경 여부에 대한 판단근거를 산출해 보자.

제1절 임금감소효과

임금피크제가 도입되면, 임금피크연령이 지나면 임금수준이 떨어진다. 여러 가지 방식으로 임금수준을 낮출 수 있지만, 기본급을 조정한 경우를 상정해 보자.

1. 직접적 감소효과

기본급(승진승급분 포함)을 감소시킨 경우에 임금피크 연령에서 기존의 정년연령까지 기본급(승진승급 포함) 임금감소 누적액이 직접적 임금감소 효과가 된다.

2. 파생적 감소효과

(1) 법정기준임금 감소효과

① 통상임금 감소효과

법정 기준임금 중에서 통상임금[표 6-1]으로 지급되는 각종 수당이 있다. 연차휴가수당, 초과근로수당, 해고예고수당 등이다. 이러한 수당은 기본급 감소액 만큼 통상임금이 감소하였기 때문에, 임금피크 연령부터 기존의 정년연령까지 매년 아래와 같은 연간 감소액이 누적적으로 감소한다.

통상임금 감소율(신 통상임금／기존 통상임금)
×연간 근로자 1인당 수당액×해당 근로자수

[표 6-1] 법정기준임금

근로자에게 지급되는 금품의 명칭	평균임금	통상임금	최저임금	기타금품
1. 소정근로시간에 대하여 정한 후 지급되는 임금 ▶ 기본급 임금	○	○	○	○
2. 일·주·월 기타 1 임금산정기간 내의 소정근로시간에 대하여 정기적, 일률적으로 일급·주급·월급 등으로 정하여 지급되는 임금				
① 금융·출납 등 직무수당, 반장·과장 등 직책수당 등 미리 정하여진 지급조건에 따라 담당하는 업무와 직책의 경중에 따라 지급하는 수당	○	○	○	○
② 물가수당, 조정수당 등 물가변동이나 직급간의 임금격차 등을 조정하기 위하여 지급하는 수당	○	○	○	○
③ 기술수당, 면허수당, 특수작업수당, 위험작업수당 등 기술이나 자격·면허증 소지자, 특수작업종사 등에 따라 지급되는 수당	○	○	○	○
④ 벽지수당, 한냉지 근무수당 등 특수지역에서 근무하는 자에게 일률적으로 지급하는 수당	○	○	○	○
⑤ 승무수당, 항공수당, 항해수당 등 버스, 택시, 화물자동차, 선박, 항공기 등에 승무하여 운행, 조정, 항해·항공 등 업무종사자에게 근무일수에 관계없이 일정한 금액을 일률적으로 지급하는 수당	○	○	○	○
⑥ 생산장려수당 등 생산기술과 능률을 향상시킬 목적으로 근무성적에 관계없이 매월 일정한 금액을 일률적으로 지급하는 수당	○	○	○	○
⑦ 기타 제1호 내지 제6호에 준하는 임금 또는 수당	○	○	○	○

근로자에게 지급되는 금품의 명칭	평균임금	통상임금	최저임금	기타금품
3. 실제근로 여부에 따라 지급금액이 변동되는 금품과 1 임금산정기간 외에 지급되는 금품				
① 근로기준법과 근로자의 날에 관한 법률 등에 의하여 지급되는 연장근로수당, 야간근로수당, 휴일근로수당, 연차휴가수당, 월차휴가수당, 생리휴가수당 및 단체협약 또는 취업규칙에 의하여 정하여진 휴일에 근로한 대가로 지급되는 휴일근로수당	○			
② 상여금				
가. 취업규칙 등에 지급조건, 금액, 지급시기가 정해져 있거나 전 근로자에게 관례적으로 지급하는 경우	○			
나. 관례적으로 지급한 사례가 없고, 기업이윤에 따라 일시적, 불확정적으로 지급하는 경우				○
③ 근무일에만 일정금액을 지급하는 승무수당, 항공수당, 항해수당, 입갱수당 등	○			
④ 능률에 따라 지급하는 생산장려수당, 장려가급, 능률수당 등	○			
⑤ 월차·연차휴가수당 개념의 개근수당, 근속수당, 정근수당 등	○			
⑥ 일·숙직수당	○			
⑦ 봉사료(팁)				
가. 사용자가 일괄관리 배분하는 경우	○			
나. 고객으로부터 직접 받는 경우				
4. 근로시간과 관계없이 근로자의 생활보조적, 복리후생으로 지급되는 금품				
① 통근수당, 사택수당, 월동연료수당, 김장수당으로써				
가. 정기적, 일률적으로 전 근로자에게 지급하는 경우				○
나. 일시적 또는 일부근로자에게 지급하는 경우	○			
② 가족수당, 교육수당으로써				
가. 독신자를 포함하여 전 근로자에게 일률적으로 지급하는 경우				○
나. 가족수에 따른 가족수당, 본인 또는 자녀교육비 부담 해당자에게만 지급하는 경우	○			

근로자에게 지급되는 금품의 명칭	평균 임금	통상 임금	최저 임금	기타 금품
③ 급식 및 급식비로써 　가. 단체협약, 취업규칙, 근로계약 등에 규정된 급식비로써 전 근로자에게 일률적으로 지급하는 경우 　나. 단순히 후생적으로 지급되는 현물급식 ④ 별거수당				
5. 임금대상에서 제외되는 금품 　① 휴업수당, 퇴직금, 해고예고수당	○			
② 단순히 생활보조적, 복리후생적으로 보조하거나 혜택을 부여하는 경조비(결혼축의금, 조의금, 재해위로금), 피복비, 의료비, 체력단련비, 일시적으로 지급하는 급식, 통근차 이용, 기숙사, 주택제공				○
③ 임시 또는 돌발적인 사유에 따라 지급되거나 지급조건이 규정되어 있어도 사유발생일이 불확정, 무기한 또는 매우 드물게 나타나는 것(예) 결혼수당, 사상병수당				○
④ 실비변상으로 지급되는 출장비, 정보비(활동비), 작업용품대(기구손실금, 작업복, 작업화 등), 차량보유자에게 지급되는 차량유지비				○
⑤ 손해보험성 보험료 부담금(운전자보험, 산재보험 등), 의료보험, 국민연금, 재해보상금 등				○

자료 : 노동부, 「통상임금 산정지침」(노동부 예규 제150호)

② 평균임금 감소효과

법정 기준임금 중에서 평균임금[표 6-1]으로 지급되는 각종 수당이 있다. 퇴직금, 휴업수당이 대표적이다. 대표적인 퇴직금의 경우 기본급 감소액 만큼 평균임금이 감소하였기 때문에, 퇴직시의 평균임금 감소액 만큼의 퇴직금이 감소한다.

> 평균임금 감소율(신 평균임금／기존 평균임금)
> ×근로자 1인당 평균 퇴직금액×해당 근로자수

③ 기타 감소효과

이외에 임금총액(고용보험, 산재보험, 임금채권보장기금부담 등), 표준보수월액(국민건강보험), 표준소득월액(국민연금) 등이 있다. 이러한 기준임금도 기본급이 감소되면 감소된다. 그만큼 해당 보험료 등이 감소한다.

(2) 사내기준임금 감소효과

기본급 감소는 개별기업에서 결정하는 기준임금을 감소시킨다. 기본급이 감소하면 상여금의 지급 기준임금과 베이스 업(base-up)의 지급 기준임금이 감소한다.

그래서, 기본급 감소는 상여금과 베이스 업의 기준임금 감소로 임금피크연령부터 기존의 정년까지 매년 아래와 같은 연간 감소액이 누적적으로 감소한다. 기준임금이 통상임금인 경우를 예로 들어보자.

통상임금 감소율(신 통상임금／기존 통상임금)
×연간 근로자 1인당 상여금(베이스 업 금액)×해당 근로자수

제2절 임금증가효과

1. 고용연장효과

임금피크제를 도입하면서 고용연장을 한다. 그러면, 연장기간의 임금과 복리후생비 등이 증가해 인건비가 증가한다. 그러나, 고용연장기간 중에는 대체로 승진승급은 없으나 베이스 업(base-up)은 이루어진다. 물론, 퇴직금은 법에 따라 지급해야 한다.

2. 임금피크제 보전수당

일정기간 동안 고용보험에서 임금피크제 보전수당이 지급된다. 이 수당은 기업이 받는 것이 아니고 해당 근로자 본인이 수령하는 것이다. 따라서, 기업이 인건비 효과를 계산할 때에는 이 수당을 빼야 한다. 연간 지급액을 계산하면 다음과 같다.

1인당 월평균 임금피크제 수당×연간 평균 지급개월수×해당 근로자수

3. 베이스 업(base-up)

임금피크 연령부터 기존의 정년까지의 기간 동안에 베이스 업은 이루어지는 것이 보통이다. 왜냐하면, 모든 근로자에게 적용하는 베이스 업(임금테이블)을 임금피크제 대상자에게만 적용하지 않을 수 없기 때문이다.

제7장

정부의
지원제도

제1절 임금피크제 보전수당

1. 지원대상

(1) 사업장 요건

사업주가 근로자대표의 동의를 얻어 '노동부령이 정하는 연령' 이상의 고용을 보장하는 조건으로 일정연령 또는 근속시점을 기준으로 임금을 감액하는 제도(이하 '임금피크제'라 한다)[32]를 시행하는 경우에 임금피크제를 적용받는 근로자에 대하여 임금피크제보전수당을 지급한다(고용보험법 시행령 제22조의 4 제1항). 이 경우 근로자대표라 함은 당해 사업의 임금피크제의 적용대상이 되는 근로자의 과반수를 대표하는 자를 말한다.

여기서, 노동부장관이 정하는 연령이라 함은 2006년도부터 2007년까지는 57세, 2008년은 58세를 말한다(시행규칙 제32조의 10).[33]

---

[32] 피크임금을 기준으로 임금의 점감형, 하락후 상승형 또는 하락후 수평형 등에 대해서 지원한다는 뜻이다.

[33] 우리나라의 2004년도 현재 300인 이상 사업장의 평균 정년이 56.8세인 점을 감안한다면, 고용연장형 임금피크제를 지원한다는 의미로 판단된다.

(2) 근로자 요건

당해 사업주에 계속해서 18개월 이상 근무한 자로서 임금피크제의 적용으로 임금이 최초로 감액된 날이 속하는 연도의 직전연도 임금(이하 '피크임금'라 한다)과 당해연도의 임금을 비교하여 10/100 이상 떨어진 자에 대하여 지급한다(고용보험법 시행령 제22조의 4 제2항).

다만, 소득세법 제20조 제1항 갑종근로소득(비과세소득을 제외)으로 산정한 연간 임금액이 46,800,000원(중간 퇴직 등으로 인하여 재직기간이 1년 미만인 경우에는 재직기간으로 환산한 금액) 이상인 자를 제외한다.

갑종근로소득은 다음과 같다.

① 근로의 제공으로 인하여 받는 봉급, 급료, 보수, 세비, 임금, 상여, 수당과 이와 유사한 성질의 급여
② 법인의 주주총회 사원총회 또는 이에 준하는 의결기관의 결의에 의하여 상여로 받는 소득
③ 법인세법에 의하여 상여로 처분된 금액
④ 퇴직으로 인하여 지급받는 소득으로서 퇴직소득에 속하지 아니하는 퇴직공로금, 퇴직위로금과 잉여금 처분에 의하여 지급하는 퇴직급여(퇴직급여 지급규정에 의하여 지급되는 것을 제외) 또는 이와 유사한 성질의 급여는 근로소득으로 본다.

2. 지원기간

수당의 지급기간은 임금피크제 적용연도(54세 이전에 임금피크제가 적용된 경우에는 54세에 도달한 연도)부터 최대 6년으로 한다(고용보험법 시행령 제22조의 4 제4항). 사례를 통해 지원기간에 대해 살펴보자.[34]

[예시 1]

정년이 57세, 52세부터 62세까지 고용연장하는 경우에 54세부터 60세까지 6년간 지원된다.

[예시 2]

정년이 59세, 58세부터 임금조정, 64세까지 고용연장하는 경우에 58세부터 64세까지 6년간 지원된다.

좀 더 구체적으로 알아보기 위해 다양한 케이스를 살펴보면, [표 7-1]과 같다.

---

34) 한국생산성본부, 『임금피크제 도입지원방안』, 노동부, 2005.10.26, 10쪽.

[표 7-1] 지원기간의 예시

고용보장 연 령	임금조정 시 기	지원기간	최대지원 기 간	비 고
55세	54세	54세 이상~55세 미만	1년	
57세	53세	54세 이상~57세 미만	3년	최저지원시점 적용(54세)
57세	55세	55세 이상~57세 미만	2년	
58세	53세	54세 이상~58세 미만	4년	최저지원시점 적용
59세	54세	54세 이상~59세 미만	5년	
60세	58세	58세 이상~60세 미만	2년	
62세	55세	55세 이상~61세 미만	6년	최대지원기간 적용(6년)
62세	52세	54세 이상~60세 미만	6년	최저지원시점 및 최대지원 기간 적용
65세	58세	58세 이상~64세 미만	6년	"

자료 : 한국생산성본부, 『임금피크제 도입지원방안』, 노동부, 2005.10.26, 10쪽.

3. 지원수준 및 금액산정

임금피크제 보전수당은 피크임금에 임금피크제 적용이후의 연도별 임금인상률[표 7-2]을 반영한 금액과 당해연도 임금과의 차액에 50/100을 곱한 금액으로 사정하되, 지급액은 2006년도 분기 1,500,000원(중간퇴직 등으로 인하여 재직기간이 지급대상 분기에 미달하는 경우에는 재직기간으로 환산한 금액)을 한도로 한다. 다만, 지급대상 분기 임금과 지급액의 합이 2006년도 11,700,000원(중간퇴직 등으로 인하여 재직기간이 지급대상 분기에 미달하는 경우에는 재직기간으로 환산한 금액)을 초과하지 않는 범위 안에서 지급한다(노동부 고시 2005-71, 2005.12.30).

[표 7-2] 연도별 임금인상률

구 분	2001년	2002년	2003년	2004년	2005년
인상률(%)	6.0	6.7	6.4	5.2	4.7

피크임금과 당해연도 임금과의 차액 산정은 소득세법 제21조 제1항의 갑종근로소득(비과세소득을 제외한다)을 기준으로 한다(시행규칙 제32조의 11 제1항).

4. 지원제한

피크임금과 당해연도 임금과의 차액 산정시 다음의 사유로 임금이 저하된 경우에는 이를 제외한다(시행규칙 제32조의 11 제2항).

① 징계처분 등 근로자의 귀책사유
② 질병 및 부상
③ 사업장의 휴업
④ 근로시간의 단축
⑤ 쟁의행위
⑥ 질병, 교육, 육아 등 개인사정에 의한 휴직·휴가

5. 신청시기와 지급방법

임금피크제 보전수당을 지급받고자 하는 근로자는 [표 7-3]의 임금피크제 보전수당 신청서에 다음의 서류를 첨부하여(다만, 제1호의 서류는 최초 신청시에 한한다) 임금이 감액된 날 이후에 매분기

다음달 말일까지 거주지 관할 노동부 고용안정센터에 제출하여야
한다.

① 노사합의로 임금피크제를 실시하였음을 증명할 수 있는 단체
   협약, 취업규칙 등 사본 1부
② 피크시점의 분기임금과 신청분기의 임금을 비교하여 임금이
   10/100 이상 감액된 것을 증명하는 서류 1부(근로소득원천징
   수영수증, 근로소득원천징수부 사본)

이상의 임금피크제보전수당의 신청은 사업주가 근로자를 대신하
여 할 수 있다.

[표 7-3] 임금피크제 보전수당 신청서

<table>
<tr><td colspan="4">고용보험　　반기　　임금피크제보전수당신청서</td><td>처리기간
10 일</td></tr>
<tr><td rowspan="4">신 청 인</td><td>①성　명</td><td></td><td>②주민등록번호</td><td></td></tr>
<tr><td>③주　소</td><td colspan="3">(전화 :　　　　)</td></tr>
<tr><td>④재직기간</td><td></td><td>⑤현재연령</td><td>만　　　세</td></tr>
<tr><td rowspan="3">사 업 장</td><td>⑥사업체명</td><td></td><td>⑦대 표 자</td><td></td></tr>
<tr><td>⑧업종명</td><td></td><td>⑨업종코드</td><td></td></tr>
<tr><td>⑩소재지</td><td colspan="3">(전화 :　　　　)</td></tr>
<tr><td rowspan="2">임금피크제</td><td>⑪고용보장연령</td><td>세</td><td>⑫본인적용년도</td><td>년</td></tr>
<tr><td>⑬피크시점</td><td>년</td><td>⑭피크임금
(연간총액)</td><td>원</td></tr>
<tr><td rowspan="4">신청반기
임　금</td><td>⑮신청반기</td><td>년　　반기</td><td>⑯반기근무기간</td><td>. . ~ . .</td></tr>
<tr><td>⑰반기 임금총액</td><td colspan="3">원</td></tr>
<tr><td rowspan="2">징계처분 등 본인 귀책사유, 질병·부상, 휴업, 쟁의행위 등으로 인한 감액여부</td><td colspan="2">⑱감액사유</td><td></td></tr>
<tr><td colspan="2">⑲감액임금</td><td>원</td></tr>
<tr><td rowspan="3">신청내용</td><td>⑳임금차액
(⑬×0.5)−(⑯+⑱)</td><td>원</td><td>㉑감액비율</td><td>%</td></tr>
<tr><td>㉒신청액</td><td colspan="3">원</td></tr>
<tr><td>㉓계좌번호</td><td colspan="3">은행　　　(예금주 :　　　　)</td></tr>
<tr><td>근로자 확인</td><td colspan="4">서명 또는 인(※사업주가 대신 신청하는 경우에 한합니다)</td></tr>
<tr><td colspan="5">「고용보험법 시행령」 제22조의4 및 동법 시행규칙 제32조의12제1항의 규정에 따라
위와 같이 신청합니다.
　　　　　　년　　월　　일
　　신 청 인　　　　　　　(서명 또는 인)
　　□ 사업주　　　　　　(서명 또는 인)
○○○○지방노동(청 · 사무소)장 귀하</td></tr>
<tr><td colspan="4">※ 구비서류
1. 영 제22조의4제1항의 임금피크제 실시 및 적용받는 근로자에 해당함
　을 증명하는 서류 1부
2. 영 제22조의4제2항의 피크임금과 당해연도의 임금을 비교하여 100분
　의10 이상 떨어진 것을 증명하는 서류 1부</td><td>수수료

없음</td></tr>
</table>

※ 표시란은 기입하지 아니합니다.

<table>
<tr><td rowspan="2">※ 처리</td><td>①지 급 결 정 액</td><td></td><td>원</td><td>②신 청 금 액</td><td>원</td></tr>
<tr><td>③증감액 및 사유</td><td colspan="4"></td></tr>
<tr><td>※ 결재</td><td>담당</td><td>팀장</td><td>과장</td><td>청(소)장</td><td>결재연월일
. . . .</td></tr>
</table>

제2절 고령자고용안정 프로그램 컨설팅

1. 신청대상

피보험자 등의 고용안정 및 취업의 촉진 등을 목적으로 임금체계 개편, 직무재설계 등에 관하여 전문기관의 컨설팅을 받는 사업주 또는 지역·업종별 노사단체도 신청할 수 있다.

2. 지원프로그램

임금피크제 도입 등 임금체계 개선, 고령자 적합직종 또는 직무개발, 기타 안전보건 향상, 직업능력개발 등 고령자 고용안정을 위한 프로그램이 이에 해당한다.

3. 지원내용 및 지원한도

총 소요비용의 80%를 한도로 지원하되, 기업은 3천만원, 노사단체는 1억원을 한도로 지원한다.

제2편

임금피크제의 사례

제8장

임금피크제 도입사례

제1절 정년연장형 사례

1. 대우조선해양(주)[35]

(1) 도입배경

직원들의 자연감소율이 연 2% 이하로 급격히 떨어지면서, 2011년 이후에는 44세가 넘는 직원이 약 60% 이상을 차지할 것으로 전망되면서 중·장년층 인력의 고용불안을 해소할 필요가 있었다.

특히, 직원의 대부분이 사무·기술직으로 고령화되는 등 인력구조가 왜곡되고, 연봉제를 시행하였음에도 불구하고, 연공급위주의 임금체계를 유지하는 등 인력구조와 임금체계의 왜곡이 증폭되었다.

성과·공헌도를 고려하는 임금체계를 설계하고 근속·생애 임금의 합리적 조정을 통해 능력 있고 성실한 우수한 인재가 헌신적으로 일할 수 있는 근무풍토를 조성할 필요가 제기되었다. 이에 '임금피크제'를 검토하게 되었다.

---

35) 노동부, 『사례로 보는 임금피크제 매뉴얼』, 2003에서 발췌·인용함.

(2) 제도내용

① 피크 적용 연령 : '정년(57세) - 5년'〈정년 5년 전인 53세 이
  상 직원〉
② 피크 임금 적용
  - 53세~57세(정년) : 상승 둔화형(임금상승률과 성과급 지급
    률 조정)
  - 정년 이후 : 점감형
  - 기타 근로조건 : 동일

(3) 효과

기업의 중·장년층 인력에 대한 고용부담과 인건비 부담을 동시
에 해소하여, 성실하고 우수한 직원이 긍지를 가지고, 정년 이후까
지 헌신적으로 일할 수 있는 근무풍토를 조성하고, 기업인력의 고령
화에 적절하게 대비할 수 있게 되었다.

2. 일본 후지전기(富士電機)의 선택정년연장제도[36]

(1) 도입배경

기업이 해외로 생산거점을 이전하지 않고 일본에서 경영을 하려
면 고령화는 피할 수 없는 문제이다. 당사도 최근 평균연령이 40세
에 육박해 고령화에 대비한 인력활용 방안을 강구할 필요가 있었다.

---

36) 雇用振興協會 編, 『60歳以上の雇用延長に伴う處遇上の課題』, 2001.12. pp.
   76~94.; 笹島芳雄, 『65歳への雇用延長と人事·賃金制度』, 勞働法令協會,
   2000.12. pp.131~134.

그리고, 연금수급 개시연령이 단계적으로 올라감에 따라 정년연장이 필요하다는 판단을 하게 되었다.

아울러, 국제회계 기준의 도입으로 퇴직급부 채무의 경감방안으로 정년연장이 검토되었다. 특히, 확정갹출형 기업연금이 도입되면서 병행하여 노조가 60세 이후의 고용연장을 강력하게 요구하였다.

이러한 배경 하에 어떠한 형태로든 고용연장을 실시하기로 결정하고, 퇴직금, 기업연금을 포함한 관련제도를 종합적으로 검토해 경영코스트 부담을 증가시키지 않는 대안을 강구하기로 하였다.

(2) 제도의 주요내용

당사는 노사검토위원회를 구성해 선택정년연장제도, 퇴직금 일시금제도와 기업연금제도 개편을 동시에 하였다. 여기서는 선택정년제도와 퇴직금제도에 대해서만 기술하기로 한다.

① 고용연장기간과 직무

본인이 55세에 부서장과 면담을 하여 60세에 정년퇴직을 할 것인가, 65세까지 정년을 연장할 것인가를 선택한다. 연장 후 정년연령은 노령후생연금의 지급개시연령 인하에 맞추어 단계적으로 65세로 조정하는 경과조치를 설정한다.

[표 8-1] 후지전기의 정년연장

생년월일	고용연령	선택시기	처우시기	60세 도달	정년도달	임금경감률
1943.4.2~ 1944.4.1	62세	2000년	2001년	2003년	2005년	10%
1944.4.2~ 1945.4.1	"	2000년	2001년	2004년	2006년	10%
1945.4.2~ 1946.4.1	63세	2000년	2001년	2005년	2008년	10%
1946.4.2~ 1947.4.1	"	2001년	2002년	2006년	2009년	10%
1947.4.2~ 1948.4.1	64세	2002년	2003년	2007년	2011년	15%
1948.4.2~ 1949.4.1	"	2003년	2004년	2008년	2012년	15%
1949.4.2	65세	2004년	2005년	2009년	2014년	15%

자료 : 雇用振興協會 編, 『60歲以上の雇用延長に伴う處遇上の課題』, 2001.12, p.81.

정년연장을 선택한 사원의 직무는 직전의 업무를 계속하고, 근무형태도 그대로 한다.

② 임금

정년연장 선택자의 임금수준은 56세부터 60세까지는 55세 임금대비 85%수준으로 경감하고, 60세부터는 다시 55세 임금수준의 55~60%수준으로 경감한다. 60세 이후의 임금은 정액으로 지급하고, 상여금은 평가 결과에 따라 차등지급 된다.

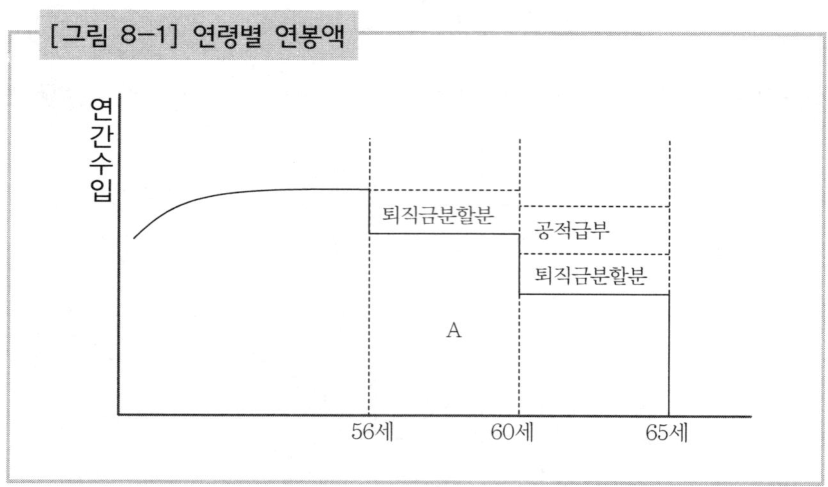

자료 : 笹島芳雄, 『65歲への雇用延長と人事・賃金制度』, 勞働法令協會, 2000.12. p.133.

③ 퇴직금

정년가산금(56세 이상을 대상으로 가산 지급하는 부분으로 정년 퇴직금의 약 40%를 차지)을 폐지해, 이를 56세부터 정년까지 상여 금 지급시 분할 지급(세 부담분 10% 가산지급)한다.

④ 관리직

관리직은 기본적으로 정년연장의 대상이 아니다. 그러나 복선형 고용형태를 도입해 운영하고 있다. 즉, 관리직은 55세 시점에서 60 세 이후의 희망하는 코스를 다음의 세 가지 중에서 선택한다.

▥ 정년연장 코스

대상은 '부장이상 직급' 또는 '고도의 전문직'으로서, 해당자는 회사가 판단한다. 60세 이후의 처우는 그 이전과 다르게 변하는데, 그 내용은 개별적으로 결정된다.

▮▮ 재고용 코스

대상은 업무를 통해 성과 발휘를 기대할 수 있는 사람으로서, 회사도 필요하다고 인정하여야 한다. 56세부터 임금이 20% 떨어지고 60세 이후에는 회사에 재고용 된다.

▮▮ 조기 전직 코스

60세 정년퇴직 또는 그 이전의 전직을 희망하는 사람이 대상이다.

(3) 향후과제

향후 연금수급 개시연령이 변경되거나 고령자고용 계속급부금이 변동되면 이를 감안한 고용연장 기간이나 임금수준의 변경을 검토할 계획이다. 그리고 기존에 55세에 실시한 '라이프 플랜' 연수를 정년 연장자를 대상으로 다시 실시할 계획이다. 아울러 정년 연장과 적합 직무를 계속 개발해 나가고 근무형태도 다양화할 계획이다.

3. 일본 산요(三洋)전기[37)

(1) 도입배경

2001년부터 노령연금 지급시기가 상향조정됨에 따라, 60세 이후 안정된 수입과 취업하기를 희망하는 근로자측의 요구와 풍부한 경험과 기술을 가진 고령인재를 활용하고자 하는 회사측의 필요가 맞물려 임금피크제를 도입하게 되었다.

---

37) 노동부, 『사례로 보는 임금피크제 매뉴얼』, 2003에서 발췌·인용함.

(2) 제도내용

① 적용대상

보직자를 제외한 희망자 전원

② 신청 시기

55세에 신청한다.

③ 임금조정

55세 이후 정년까지 기본급의 25~30%를 감액(상여금도 동일비율로 감액)하고, 퇴직일시금제도를 신설하여, 정년 이전 임금피크제 도입으로 인한 임금·상여금 감액으로 퇴직금이 줄어드는 것을 방지한다.

정년 이후 재고용 할 경우, 임금은 최저 연 200만엔(월례임금 월 15만엔＋상여 20만엔)＋α(직무·성과)가 되며, 그 산정기준은 재직노령연금과 고연령고용계속급부금의 수급을 전제로 외부노동시장의 임금, 직업안정기관에서의 구인비율을 고려하여 결정한다. 또한 재고용이 종료될 경우 일종의 공로금 형태의 일시금을 지급한다.

④ 직무조정

55세 이후 정년까지는 원칙적으로 현직에 근무한다.

정년 도달 후 신분이 사원에서 시니어 직책(senior staff)으로 변경되며, 조합원 자격은 유지되고, 근로시간도 정사원과 동일하다.

(3) 효과

근로자에게는 60세 이후 안정된 수입을 보장하고, 회사측은 풍부한 경험과 기술을 가진 고령인재를 활용할 수 있다.

4. 일본 미츠비시전기(三菱電機)의 시니어전문가(senior expert)제도[38]

(1) 도입 배경 및 경위

기초연금 부분의 연금지급개시 연령이 올라감에 따라, 2000년부터 단계적으로 65세까지의 고용연장제도를 도입하였다. 당사의 정년연령은 60.5세이다. 그리고 나서, 4~5년간 고용이 연장된다. 제도 도입과 동시에 퇴직금제도의 50세 이후 누진을 폐지하였고, 기업연금 수준도 인하하였다.

(2) 제도의 주요내용

① 제도의 골격

대상자는 일반사원 중 희망하는 사람 전원이고, 관리자는 제외된다. 54에 도달한 연도에 설명회를 실시하고 55세 도달연도 9월까지 고용연장에 대한 최종 의사표시를 해야 한다. 희망하는 고용연장 기간에 따라 고용형태가 바뀌는 시기가 달라진다. 예를 들어, 3.5년간 고용연장(64세까지 근무)을 희망하면 57세부터 고용형태를 변경해

---

38) 笹島芳雄, 『65歳への雇用延長と人事・賃金制度』, 勞働法令協會, 2000.12. pp.106~108.

야 한다.

고용형태를 정사원에서 시니어 전문가로 변경한 시점에서 퇴직해 재고용 된다. 그 시점에서 퇴직금이 지급된다.

② 임금제도

시니어 전문가를 선택한 시점부터 60.5세까지는 연봉이 그 이전 의 80% 정도가 된다. 60.5세 이후 최종적으로 퇴직할 때까지는 50% 정도 수준이다.

[그림 8-2] 재고용자의 연봉변화

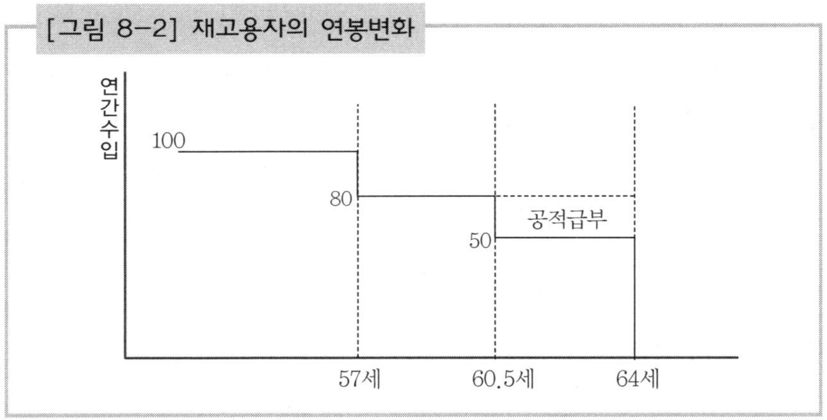

자료 : 笹島芳雄, 『65歳への雇用延長と人事・賃金制度』, 勞働法令協會, 2000.12, p.108.

임금은 「기본급+자격직계급＋생계수당」으로 구성된다. 시니어 전문가에게도 그 구성은 변하지 않는다. 다만, 57세～60세에서는 기본급이 50% 삭감된다. 그리고, 60.5세 이후에는 기본급은 100% 삭감되고, 자격직계급은 15% 삭감된다.

상여금의 산출방법과 지급률은 정사원과 동일하다. 시니어 전문 가에게 base-up은 있지만, 정기승급은 없다.

5. 일본 쿄와엑시오(協和エクシオ)의 진로선택제[39]

(1) 도입경위

62세까지 재고용하는 제도가 있었으나 그 내용은 회사가 선발한 자에 한정하는 것이었다. 새로운 제도는 일정한 자격 이하이면 전원을 대상으로 하는 제도이다.

신제도는 공적연금의 지급개시 연령이 올라가는 것에 대응하고, 베이비 붐 세대의 퇴직에 따른 인재유출을 다소라도 막아보려는 목적으로 2000년부터 65세까지 근무가 가능하도록 제고용하는 제도를 도입하였다.

(2) 제도의 골격

대상자는 과장직 이하에 한정한다. 당사의 진로선택제에는 ①60세 정년퇴직, ②55세 퇴직, 촉탁으로 63세까지 근무, ③57세 퇴직, 촉탁으로 63세까지 근무, ④55세 퇴직의 4가지 코스가 있다.

54세에 진로를 선택해 55세부터 선택한 코스에 들어간다.

촉탁사원의 근무형태는 풀타임 근무이다. 직무는 당사에서 그간의 직무를 계속하기도 하지만, 협력회사로 출향(出向) 또는 전적되는 경우도 있다.

---

39) 笹島芳雄, 『65歲への雇用延長と人事・賃金制度』, 勞働法令協會, 2000.12. pp.114~116.

(3) 임금제도와 퇴직금

촉탁사원의 처우는 코스마다 다르다. 상기의 ②번 코스는 55세부터 5년간 임금총액을 산정해 그 임금총액을 55세부터 63세까지 임금총액으로 한다. 상기의 ③번 코스는 57세부터 3년간 임금총액을 산정해 그 임금총액을 57세부터 63세까지 임금총액으로 한다.

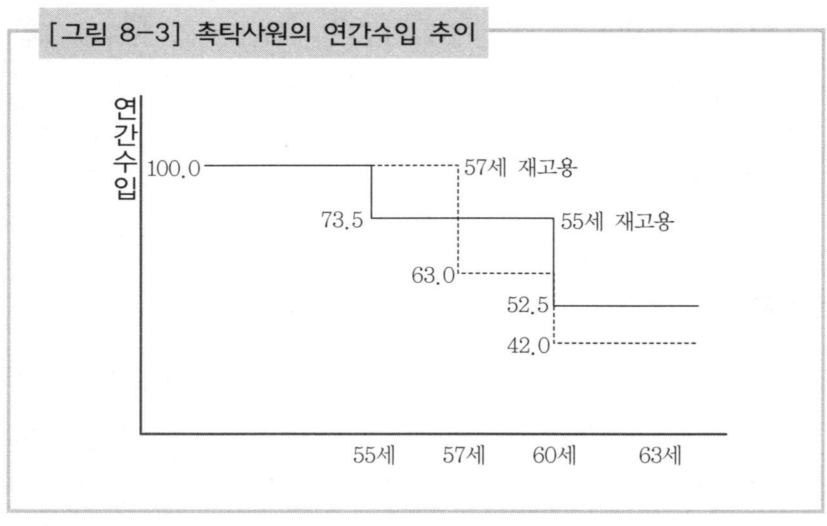

자료 : 笹島芳雄, 『65歳への雇用延長と人事・賃金制度』, 勞働法令協會, 2000.12, p.115.

물론, 실제로는 재직노령연금과 고연령고용계속급부가 지급되기 때문에, [그림 8-3]의 금액보다 많게 된다.

또, 퇴직금은 퇴직시에 지급되지만, 촉탁사원 코스를 선택한 경우에는 퇴직금이 불리하게 된다. 그 불리한 금액을 재고용하는 시점에서 지급하든지, 상여금 지급시 추가로 지급한다.

6. 일본 NEC의 고용연장제도[40]

(1) 도입배경 및 추진방향

당사가 고용연장제도를 검토하게 된 것은 다음과 같은 사회적 요구에 따른 사회적 책임을 다하는 것이 하나의 배경이 되었다.

① 급속한 고령화에 의한 국민부담률 상승
② 노령후생연금의 지급개시연령 인상
③ 젊은 층 노동력 부족에 따른 고령자 활용

그리고, 회사 내부에서도 사원활용의 효율을 향상시킬 목적도 가지고 있었다. 다만, 사원의 95%가 간접업무 종사자이고 京浜지역에 집중된 사업장내에 고용연장의 중심이 되는 생산현장이 없다는 제약이 있었다.

이에 따라 고용연장의 조건은 외부 노동력에 대한 경쟁력을 유지하는 수준으로 설정하기 위해 다음과 같은 기본방향을 정하였다.

① 신규인원의 투입을 억제하여 인건비 삭감
② 외주·파견 업무의 대체에 의한 비용삭감

(2) 제도의 주요내용

① 적용대상

대상자는 당사의 사원으로서 60세 이후 근무를 희망하는 사람이다. 단, 회사가 제시하는 업무내용과 인원수 범위 내에서 희망자의

---

40) 雇用振興協會 編, 『60歲以上の雇用延長に伴う處遇上の課題』, 2001.12, pp.52 ~73.

의욕, 능력, 지식과 기술 등 적성을 고려해 결정한다.

② 개시시기와 연장기간

2001년에 61세, 2004년 62세, 2007년 63세, 2010년 64세, 2013년 65세로 정하였다.

③ 고용형태

고용연장 코스에는 개별계약코스, 연장선택코스가 있고, 퇴직지원제도로 세컨드 커리어(second career)코스가 있다.

■■■ 개별계약 코스

60세 도달 시점에서 일단 정년퇴직을 한다. 그 후 원칙적으로 1년간(단, 연장상한 연령 범위내에서 갱신 가능) 재고용을 한다. 임금수준은 업무에 상응해 개별적으로 설정한다. 복리후생은 임시직에 준하여 설정한다.

■■■ 연령선택 코스

56세 이후 본인이 고용연장 코스를 선택하면, 정년(60세) 후 선택기간에 따라 고용연장을 한다. 즉, 56세를 선택하면 정년 후 4년간 연장(64세까지)되고, 57세를 선택하면 정년 후 3년간 연장(63세까지)되고, 58세를 선택하면 정년 후 2년간 연장(62세까지)되고, 59세를 선택하면 정년 후 1년간 연장(61세까지)된다.

임금수준은 선택시부터 60세까지는 선택시 월정임금(부양급 포함)의 70%, 상여금 100%를 지급해, 선택시 연봉의 약 80%를 지급한다. 그리고, 60세 이후에는 선택시 월정임금의 50%, 상여금은 지급하지 않아서, 선택시 연봉의 약 40%를 지급한다.

복리후생은 선택시부터 60세까지는 일반사원과 같으나, 60세 이후에는 임시직과 같다. 근무조건은 업무내용에 따라 개별적으로 설정된다.

④ 상담창구 설치

고용연장제도의 내용, 신청절차, 퇴직금과 연금액 등에 대한 질의에 개별적으로 상담할 수 있도록 상담실을 설치해 운영하고 있다.

(3) 향후과제

향후 노령연금 수급개시연령이 인상되면 지원자수가 급증할 것으로 예상되는 바, 그에 대비해 사내에 구인정보 제공 시스템을 잘 구축할 필요가 있다.

7. 일본 동양엔지니어링의 커리어옵션제도[41]

(1) 도입 배경 및 경위

1999년에 55세 이후 고령자 고용을 하는 커리어 옵션 제도를 도입하였다. 인구 고령화로 공적연금의 지급개시 연령이 65세로 인상된 것과 사내의식조사에서 중고령층의 다수가 건강하면 60세 이후에도 일을 했으면 좋겠다는 결과를 보인 것이 도입배경이 되었다.

---

41) 笹島芳雄, 『65歳への雇用延長と人事・賃金制度』, 勞働法令協會, 2000.12, pp.93~97.

(2) 제도의 주요내용

① 도입 유형

사원이 자기 책임 하에 54세에 55세 이후의 진로를 선택한다. 이 제도에는 세 가지 종류가 있다.

[표 8-2] 커리어옵션의 유형

항 목		커리어옵션(CO) 종류		
		CO1	CO2	CO3
퇴직연령		60세 정년	60세 정년	55세 정년
55~59세	고용	정사원	정사원	재고용(60세까지)
	연수입	상여금 감액	연봉제	55세의 80%
60~63세	고용	보장 없음	보장 없음	자회사의 파견사원
	연수입	―	―	60세의 65~80%

자료 : 笹島芳雄, 『65歲への雇用延長と人事・賃金制度』, 勞働法令協會, 2000.12, p.95.

CO1은 60세 정년으로 퇴직하는 통상적인 코스이다. 인사제도와 처우제도는 기존과 같다. 상여금은 55세부터 통상의 80%가 지급되고, 58세부터는 70%가 지급된다. 정년 후 고용은 보장되지 않는다. 다만 자회사인 파견회사에 등록할 수 있다.

CO2는 60세 정년에 퇴직하는 코스이다. 처우는 연봉제로서 개인 업적에 따라 연봉이 ±20%센트 정도 변동된다. 정년후에 당사 또는 자회사에 우선적으로 고용을 알선한다.

CO3은 55세에 퇴직해 60세까지 당사가 재고용한다. 60세부터 63세까지(향후에는 65세)는 인재파견회사 또는 관계회사의 파견사원으로 당사에 파견되어 일을 한다. 업무내용은 60세 이전과 동일하다.

② 처우

54세에 CO3을 선택한 사람은 55세에 퇴직해 퇴직금을 받는다.

그 후, 60세 까지는 당사의 전문가 사원으로 재고용된다. 이 때, 임금은 연봉제이다. 연봉은 55세 당시의 연봉에 80%가 된다. 종신 기업연금이 55세부터 지급되기 때문에 이를 감안하면 55세 연봉의 88%가 된다. 그런데 기존의 60세 정년에 있어서 55~59세의 연봉 수준은 55세의 93%정도이다.

55세에 퇴직시 퇴직금은 그 차이(93%−88%)를 특별 가산하여 지급한다. 60세부터 63세까지는 자 회사에서 연봉, 기업 연금 및 재직 노령연금을 합해 60세때 연봉의 80%~65%를 유지한다.

③ 업무내용과 근무형태

CO3을 선택한 사람은 55세 이후 60세까지는 전문사원으로서, 60세부터 63세까지는 자회사에 파견한 전문가 촉탁사원으로 일을 한다. 근로시간과 근무형태는 당사의 정사원과 동일하다.

8. 일본 나고야(名古屋)철도의 정년연장제[42]

(1) 도입배경 및 경위

당사는 타기업에 비해 먼저 고령자고용을 추진하였다. 1955년에 정년연령이 55세일 때 60세까지 재고용하는 제도를 도입하였고,

---

42) 笹島芳雄, 『65歳への雇用延長と人事・賃金制度』, 勞働法令協會, 2000.12, pp.134~136.

1978년에는 정년 60세를 실현하고 65세까지 재고용하는 제도를 도입하였다. 1985년에는 다시 정년을 65세로 연장하는 10년 계획을 시작해 1994년에 완성되었다.

이러한 적극적인 정년연령 연장은 베이비붐 세대가 1985년부터 1991년 사이에 일제히 정년을 맞게 되기 때문에 이에 대한 대안을 마련한다는 사회적 책임을 다하고 회사도 귀중한 인적자원을 잘 활용하겠다는 방침을 갖게 되었다.

(2) 제도의 주요내용

① 고용형태와 직책

65세 정년 대상자는 사원 전원이다. 고용형태는 정사원으로서 통상근무를 한다. 역직(役職)은 60세 이후에도 원칙적으로 계속되고, 배치전환은 없다. 그러나, 그 후 역직정년제를 도입하였고, 단계적으로 그 연령을 낮추어 2001년에는 60세로 하였다. 그리고, 55세 이상 퇴직자는 정년퇴직으로 처우를 해 준다.

② 임금제도

당사의 임금제도는 종합급(종합결정급)으로 매년 승급액을 누적시키는 승급액 관리 방식을 채택하고 있다.

이 임금결정 방식하에서 임금은 근속연수에 따라 우상향 한다. 임금피크가 59세인 완전 연공형 임금제이다.

60세 이후에는 월정임금은 100,900엔의 고정급을 지급하고, 재직노령연금 80%와 연 2회의 상여금을 지급한다. 이것을 합하면 59

세 연봉의 80% 수준이 된다.

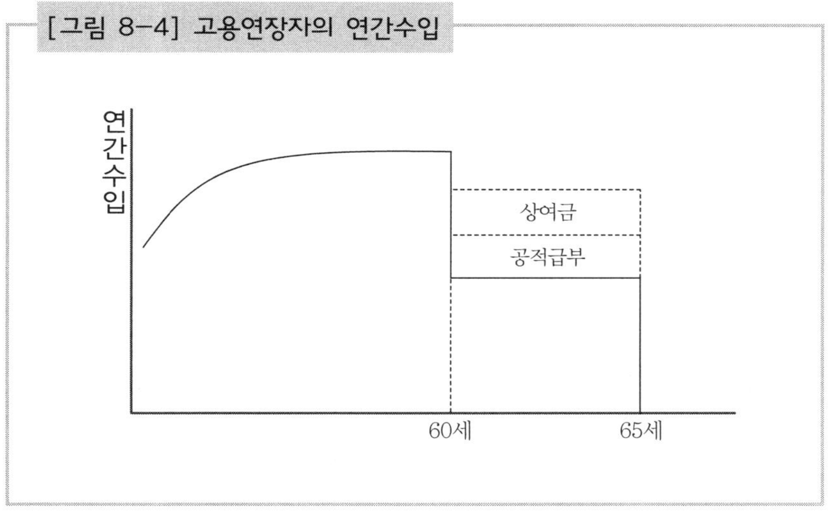

자료 : 笹島芳雄, 『65歳への雇用延長と人事·賃金制度』, 勞働法令協會, 2000.12, p.136.

또, 퇴직금 산정기초는 60세 도달시 기본급을 기준으로 한다. 그리고, 60세 이후 승급률은 59세 이하 승급률의 절반으로 한다.

제2절   정년보장형 사례

1. 신용보증기금[43]

(1) 도입배경

신용보증기금의 경우 IMF 이후 기업성장이 한계에 도달하면서, 승진기회의 감소로 인한 인사적체가 시작되었다. 그럼에도 불구하고, 직원들이 타 금융권과 비슷한 연령대에 상위직급에 승진할 수 있도록 할 필요가 있었다.

그러나 인사적체를 해소하고 조직활성화를 위해 시작한 명예퇴직 제도는 대부분 본인의 의사보다 권고형태로 이루어져 고용불안감으로 인한 직원들의 사기저하와 거부감, 조기퇴출에 따른 사회적 부작용이 야기되었다. 따라서 인사적체도 해소하고, 명예퇴직으로 인한 부작용도 줄일 수 있는 새로운 제도의 도입이 절실히 필요하게 되었고 임금피크제를 고민하게 되었다.

---

43) 노동부, 『사례로 보는 임금피크제 매뉴얼』, 2003에서 발췌 · 인용함.

(2) 제도 내용

① 직무조정 : 직군전환제(Position Change)

■■■ 업무지원직 신설

근로자가 임금피크제 연령에 도달하였을 때, 일반직원으로서의 직책을 모두 내어놓고 전문 업무를 수행하는 별정직원(업무지원직)으로 보직을 전환하여 운영한다.

■■■ 전환시기

만 55세가 되는 해에 정기인사시 일반직원에서 별정직원(업무지원)으로 전환한다.

■■■ 수행업무

관리직으로서 기존의 지휘통제나 정책판단 중심의 종합업무에서 벗어나, 오랜 경험과 직무 노하우를 필요로 하는 전문 업무를 수행하며, 그 업무는 본인의 희망에 따라 부여한다.

- 채권추심 업무 : 특수채권의 회수업무를 담당

  ※ 특수채권 : 채권회수 실익이 없다고 판단되어 상각처리된 채권

- 소송수행 업무 : 5천만원 이하 구상금 청구소송을 직접 수행

  ※ 민사소송규칙 제15조(단독사건에서 소송대리 허가)에 의거 단독 판사가 심리·재판하는 사건은 변호사가 아닌 사람도 법원의 허가를 받아 소송대리인이 될 수 있음

- 기타업무 : 컨설팅업무, 연수원 교수, 콜센터 상담원, 신용조사서 감리 등

② 임금조정 : 임금커브제(Wage Curve)

■■■ 연차적 임금감소

만 54세를 정점으로 하여 55세부터 연차적으로 임금을 감소하여, 나이가 많아질수록 임금이 높아지는 연공서열제를 배제한다. 다만, 직무의 난이도, 책임감 및 동일 나이의 공무원 등의 임금수준을 고려하여 임금감소를 최소화한다.

[표 8-3] 임금수준

구 분	부점장	조사역	1차 연도 (55세)	2차 연도 (56세)	3차 연도 (57세)
금액(백만원)	80	73	55	44	25

■■■ 퇴직금 중간정산

근로자가 업무지원직으로 직무조정할 때 퇴직금을 중간정산한다.

직무전환 후에는 변경된 급여를 기준으로 매년 퇴직금을 지급하여 줄어든 임금을 기준으로 적용함에 따른 퇴직금 감소를 방지한다.

(3) 도입효과

① 근로자측면

■■■ 고용불안 해소

수 차례의 명예퇴직으로 인한 직원들의 조기퇴직에 대한 불안감을 임금피크제를 통한 일자리나누기(Work Sharing) 제도의 시행으로 해소한다.

▓▓ 사회적 신분유지

50대에도 근로자의 사회적 활동을 유지토록 하여 근로자 본인뿐만 아니라 가족 구성원들이 정서적 안정감을 가질 수 있게 된다.

※ 자녀들의 혼사는 현직에 머물 때 마무리되기를 바라는 정서가 일반적으로 매우 강함

▓▓ 활기찬 사회생활

사회적 신분이 어느 정도 유지됨으로써 활기 있는 사회생활이 지속될 수 있다.

② 기업 측면

▓▓ 구조조정의 대체효과

고령 근로자들은 신속성과 변화에 대한 적응력 등이 떨어지는 반면, 업무에 대한 전문적 노하우를 가지고 있어 고령자들이 가진 기능에 부합되는 직무를 부여함으로써 인력 재배치를 통해 자연스럽게 인력 구조조정의 효과를 거둘 수 있다.

▓▓ 인사적체 해소 및 인건비 절감

승진소요 기간의 장기화로 인한 심각한 인사적체를 해소하고 조직에 활력을 불어넣을 수 있다.

직급별 승진소요 연수

	7년		10년		7년		6년	
5급	→	4급	→	3급	→	2급	→	1급

3개년 평균임금이 전직 전을 기준으로 하였을 경우 약 55% 수준이므로 인건비를 절약할 수 있다.

▓ 도덕적 해이 방지

명예퇴직의 폐단으로 영업점장 재임시에 부실보증을 하여 손실을 초래한 경우 그 결과가 퇴직 이후에 적발되기 때문에 문책을 할 수 없었으나, 직군전환으로 정년까지 3년간 재직함에 따라 영업점장 재임시 업무에 대하여 퇴직전에 감사를 실시, 도덕적 해이를 방지할 수 있다.

2. 대한전선(주)[44]

(1) 도입배경

대한전선의 경우 전선산업의 성장을 더 이상 기대하기 어려운데다, 연공임금제도 하에서 근로자의 평균 근무연수가 업종 평균을 훨씬 상회하여 정리해고의 필요성이 절실해졌다.

그러나 이와 같은 고용문제를 해결하는데 있어 노사 갈등을 최소화하기 위한 방안으로 노조가 임금피크제를 제안했고, 회사에서 이 제안을 받아들여 도입하게 되었다.

(2) 제도내용

① 적용대상

연령이 아니라 임금을 기준으로 삼아, 피크임금(일급 31,000원)에 도달한 생산직 근로자를 적용대상으로 했다.

---

44) 노동부, 『사례로 보는 임금피크제 매뉴얼』, 2003에서 발췌·인용함.

② 임금조정(노사 합의사항)

생산직 일급 3만1천원(총인건비 연간 약 4천만원)을 피크임금으로 적용하여 피크임금을 상회하는 근로자는 직무를 감안하여 피크임금 이하로 조정하였는데, 보통 임금 10% 정도를 삭감하였다.

피크임금을 상회하는 생산직 사원은 2003.10.31부로 퇴사 후 조정된 임금으로 재입사 하였다.

임금피크제 대상 중 만 50세 이상은 정년(만 57세)까지 조정된 임금을 동결하고, 만 50세 이하는 매년 노사합의에 의한 임금인상률을 적용 받는다.

피크임금은 2006년까지 적용하고 그 이후 노사협의로 재조정하였다.

③ 기준연령

57세에 달하는 연말로, 이 연령까지는 현 규정(단체협약 및 취업규칙)을 유지한다.

[표 8-4] 근속연수별 임금피크제 대상자 현황

근속연수	인원	적용 인원
5년 미만	30	–
5년 이상~10년 미만	110	9
10년 이상~15년 미만	67	63
15년 이상~20년 미만	77	77
20년 이상~25년 미만	81	79
25년 이상	43	43
계	438	278

[표 8-5] 연령대별 임금피크제 대상자 현황

연령	인원	적용 인원
25세 미만	3	–
25세 이상~30세 미만	24	–
30세 이상~35세 미만	83	7
35세 이상~40세 미만	108	80
40세 이상~45세 미만	95	87
45세 이상~50세 미만	70	67
50세 이상~55세 미만	48	43
55세 이상	7	7
계	438	278

(3) 도입효과

근로자들은 임금 삭감에 대한 아쉬움이 있으나, 고용보장에 대해 강한 기대를 하고 있고, 회사측은 경쟁력 강화의 계기로 받아들이며 환영하고 있다.

(4) 후속조치[45)

2006년부터 노사합의로 직원 정년을 58세(만 57세)에서 60세(만 59세)로 2년 연장하였다. 노사간에 신뢰와 상생을 바탕으로 상호 원원을 추구하지 않으면 안정적인 실적을 달성하기 어렵다는 공감대가 형성되었기 때문에, 2003년말 임금피크제 도입하고 2004년 5월에는 연봉의 50%에 해당하는 회사 주식을 지급하는 종업원지주제(ESOP)를 도입하기도 하였다. 그리고, 2006년에는 정년연장까지 하게 된 것이다.

---

45) 매일경제, 2006년 1월 17일자, A15면.

3. 한국컨테이너 부두공단[46]

(1) 도입배경

부산항만공사 설립에 따른 사업이관으로 인력축소 등 구조조정이 불가피한 상황에서 구조조정을 피할 수 있는 대안제도로서 임금피크제를 검토하게 되었다.

(2) 제도내용

① 직무조정

대상 근로자는 정년 3년전에 일반직으로 퇴직한 후 계약직으로 재임용되어 정년시까지 일정분야 전문요원으로 활동한다.

② 정년조정

1급 이상 만 59세, 2급 만 58세로 정년을 단축하고, 3급 이하 직원은 기존의 정년인 만 57세를 유지한다.

※ 조정 전('03.12.31 현재) : 2급 이상 만 60세, 3급 이하 만 57세

③ 임금조정

정년 3년전 퇴직 후 퇴직당시 연봉(피크임금)의 75%(1년차), 55%(2년차), 35%(3년차)를 지급한다.

---

46) 노동부, 『사례로 보는 임금피크제 매뉴얼』, 2003에서 발췌·인용함.

(3) 효과

① 인건비 절감으로 신규고용창출 효과

1인당 약 1억원의 인건비가 절감되며, 절감된 인건비로 신규인원의 채용이 가능하게 되었다.

※ 신규직원 인건비 : 약 23,000,000원(공단 6급 기준)

② 조직구조의 정상화 및 인사적체 해소

4. 일본 식품유통업체[47]

(1) 도입배경

근로자 본인 스스로 정년퇴직 후에 연착륙할 수 있도록 하고, 직위이양으로 조직활성화와 장래 정년연장에 대비하기 위해 임금피크제를 도입하게 된다.

(2) 제도내용

① '시니어직'으로 전환

55세에 도달한 전 직원을 현행과 다른 별도의 처우체계인 '시니어직'(등급은 없음)으로 전환시킨다.

② 임금조정

▶ [기본급] : 연령급 + 시니어급

---

47) 노동부, 『사례로 보는 임금피크제 매뉴얼』, 2003에서 발췌 · 인쇄함.

▶ 연령급 : 55세에 131,200엔으로 1만엔 삭감, 58세에 121,200엔으로 또 1만엔 삭감

▶ 시니어급 : 현재 직능급액의 10~15% 범위내에서 삭감.
　　　　　정기승급분 폐지.
　　　　　베이스 업(base-up)제도 유지

- 직무등급에 따라 임금을 조정한다.
  직무내용이 동급이면 종래 직능급대로 지급
  직무내용이 1등급 하락하면 종래 직능급의 5% 삭감
  직무내용이 2등급 하락하면 종래 직능급의 10% 삭감
  직무내용이 3등급 하락하면 종래 직능급의 15% 삭감
- 동일한 직무를 계속하는 경우에도 본인등급보다 낮은 직무를 수행할 경우에는 임금을 삭감한다.
- 정기승급분은 폐지하고, 베이스 업은 유지한다.

▶ [수당]
- 6등급 이상 직무담당자에게만 관리·전문직 수당을 58세까지 지급한다.
- 특수 작업수당, 시간외 수당, 가족수당, 통근수당 등은 현행대로 지급한다.
- 상여금은 평가에 따라 차등 지급한다.

(3) 효과

① 근로자 본인의 정년퇴직에의 연착륙
② 직위 이양으로 조직 활성화
③ 총액 인건비 관리
④ 장래 정년연장 대비

[참고] 임금피크제 합의서 등

합   의   서

회사와 노동조합은 날로 심각해지는 경제여건과 치열한 무한경쟁 속에서 기업의 생존과 관련하여 경쟁력을 확보하고 고용안정을 도모하기 위하여 아래와 같이 임금피크제를 시행키로 합의한다.

- 아   래 -

1. 임금피크대상자는 일급 ○○천원/日 이상인 사원으로 한다.
2. 임금피크대상자는 ○○○○년 ○○월 ○○일부로 퇴직하고 회사는 퇴직금을 지급한다. 단, 노조전임자(노조위원장, 노조지부장, 노조사무국장 등)는 퇴직하지 아니하고 퇴직금을 중간정산하여 지급한다.
3. 임금피크대상자는 일급을 조정하여 재입사토록 한다.
4. 조정되는 일급상한선은 ○○천원/日을 초과하지 아니한다.
5. 만 50세 이상인 사원으로서 임금피크제 적용을 받고 일급을 재조정한 자는 퇴직시까지 일급을 동결한다.
6. 만 50세 미만인 사원으로서 임금피크제 적용을 받고 일급을 재조정한 자의 일급이 ○○천원/日 미만인 경우 이후 일급 인상시 ○○천원/日 까지 인상할 수 있다.(단, 만 50세가 되는 날 일급을 동결한다.)
7. 시행일은 ○○○○.○○○○.○○부로 한다.

○○○○년 ○○월 ○○일

○○○○ 주식회사   ○○○○ 노동조합
대표이사 ○ ○ ○   위 원 장 ○ ○ ○

취 업 규 칙

제9장 임　　금

제49조(임금의 종류)

　　종업원의 임금은 월급제와 시급제로 하고 별도로 정한 임금표와 임금규정에 따라 지급하며 특정성을 이유로 차별하지 아니한다. 단, ○○○○년 ○○월 이후 입사한 시급제 종업원은 별도로 정한 임금표에 따라 지급한다.

〈신설〉
제50조(임금피크제)

　　제49조의 조항에도 불구하고 임금피크제의 적용을 받는 종업원은 별도로 노사간 합의한 내용에 따른 임금규정의 적용을 받는다.

동 　의 　서

○○○○년 ○○월 ○○일자 제시한 취업규칙에 대하여 이의가 없음으로 본 동의서를 제출합니다.

○○○○년 ○○월 ○○일

○○○○노동조합 위원장　　○　　　○　　　○ (인)
○ ○ ○ ○ 주 식 회 사　　사 장　귀 하

제9장

미시적 협약임금
결정방법

제1절 의의

개별기업의 지불능력 측정방법에는 부가가치 노동생산성, 노동소득 분배율, 인건비비율, 손익분기점 분석, 물적 노동생산성, 매출액 노동 생산성 등이 있다.

이 중에서 부가가치 노동생산성 방법, 노동소득분배율법, 인건비비율법(매출액 대비 인건비비율, 제조원가 대비 노무비비율)이 비교적 많이 사용되고 있으며, 특히 부가가치 노동생산성 방법이 가장 널리 활용되고 있다. 여기서는 부가가치 노동생산성 측정방법에 대해 구체적으로 살펴보기로 한다.

제2절 부가가치 노동생산성 측정모델

부가가치 노동생산성에 근거한 측정방법에는 여러 가지가 있을 수 있으나, 일반적으로 선택할 수 있는 모델로는 다음과 같이 6가지를 고려할 수 있을 것이다.[48]

1. 기본형

$$\dot{W} = N\dot{V}A/L = \dot{P} + (R\,\dot{V}A/L)$$

> W : 적정임금
> NVA : 경상부가가치액
> L : 근로자수
> P : (해당회사)산출물가격지수
> RVA : 실질부가가치액(NVA/P)

즉, 적정 명목임금인상률은 노동생산성 향상분과 물가상승률로 분해될 수 있음을 알 수 있다.

---

48) 이에 대한 자세한 내용은 김재원, 『한국경제의 임금이론과 정책』, 나남출판, 1997, 360～368쪽을 참조하실 것.

2. 수정형(1)

$$PY = WL + SK \quad \cdots \ (1)$$

P : (해당회사)생산물가격
Y : 생산량
W : 임금률
L : 근로자수
S : 자본의 임차율
K : 자본스톡

이를 정리하면 다음과 같다.

$$\dot{W} = \dot{P} + R\dot{V}A/L - SK/WL(S\dot{K}/L - N\dot{V}A/L) \quad \cdots \ (2)$$

<table>
<tr><td align="center">도출과정</td></tr>
</table>

식 (1)을 W에 대해 정리하면 다음과 같다.

$$W = \frac{PY}{L} - \frac{SK}{L} \qquad\qquad \cdots \ (2)$$

식 (2)를 전미분한 뒤에 양변을 W로 나누면 다음과 같다.

$$\frac{dW}{W} = \frac{d(\frac{PY}{L}) - d(\frac{SK}{L})}{\frac{PY}{L} - \frac{SK}{L}}$$

$$= \frac{d(\frac{PY}{L})}{\frac{PY}{L} - \frac{SK}{L}} - \frac{d(\frac{SK}{L})}{\frac{PY}{L} - \frac{SK}{L}}$$

$$= \frac{d(\frac{PY}{L})}{\frac{PY}{L} - \frac{SK}{L}} \cdot \frac{\frac{PY}{L}}{\frac{PY}{L}} - \frac{d(\frac{SK}{L})}{\frac{PY}{L} - \frac{SK}{L}} \cdot \frac{\frac{SK}{L}}{\frac{SK}{L}}$$

$$= \frac{d(\frac{PY}{L})}{\frac{PY}{L} - \frac{SK}{L}} \cdot \frac{\frac{PY}{L}}{\frac{PY}{L}} - \frac{d(\frac{SK}{L})}{\frac{PY}{L} - \frac{SK}{L}} \cdot \frac{\frac{SK}{L}}{\frac{SK}{L}} \qquad \cdots \ (3)$$

식 (3)을 다시 쓰면,

$$\dot{W} = \left(\frac{\dot{PY}}{L} \right) \frac{PY}{WL} - \left(\frac{\dot{SK}}{L} \right) \frac{SK}{WL}$$

$$= \left(\frac{\dot{PY}}{L} \right) \left(1 + \frac{SK}{WL} \right) - \left(\frac{\dot{SK}}{L} \right) \left(\frac{SK}{WL} \right)$$

$$= \left(\frac{\dot{PY}}{L} \right) + \left(\frac{\dot{PY}}{L} \right) \frac{SK}{WL} - \frac{\dot{SK}}{L} \frac{SK}{WL}$$

$$= \frac{\dot{PY}}{L} - \frac{SK}{WL} \left(\frac{\dot{SK}}{L} - \frac{\dot{PY}}{L} \right) \qquad \cdots (3)$$

이제 노동 및 자본의 몫을 각각 α, β로 표시하면 다음과 같다.

$$\dot{W} = \left(\frac{\dot{PY}}{L} \right) - \frac{\beta}{\alpha} \left[\left(\frac{\dot{SK}}{L} \right) - \left(\frac{\dot{PY}}{L} \right) \right]$$

$$= \dot{P} + \left(\frac{\dot{Y}}{L} \right) - \frac{\beta}{\alpha} \left[\left(\frac{\dot{SK}}{L} \right) - \left(\frac{\dot{PY}}{L} \right) \right]$$

GDP디플레이터증가율 추정

$$W = \frac{PY}{L} \frac{PY}{WL} - \frac{SK}{L} \frac{SK}{WL}$$

$$= \frac{PY}{L} \left(1 + \frac{SK}{WL} \right) - \frac{SK}{L} \frac{SK}{WL}$$

$$= \frac{PY}{L} + \frac{PY}{L} \frac{SK}{WL} - \frac{SK}{L} \frac{SK}{WL}$$

$$= \frac{PY}{L} - \frac{SK}{WL} \left(\frac{SK}{L} - \frac{PY}{L} \right)$$

이제 노동과 자본의 몫을 각각 α, β라고 하면,

$$W = \frac{PY}{L} - \frac{\beta}{\alpha} \left(\frac{SK}{L} - \frac{PY}{L} \right)$$

$$= P + \frac{Y}{L} - \frac{\beta}{\alpha} \left(\frac{SK}{L} - \frac{PY}{L} \right) \qquad \cdots (4)$$

식 (4)를 달리 표현하면, 다음과 같다.

$$W = P + RVA/L - SK/WL(SK/L - NVA/L)$$

SK : 자본의 분배 몫(= 부가가치 − 인건비)
WL : 노동의 분배 몫(= 인건비)

3. 수정형(2) : 일경련(日經連) 방식

$$\dot{W} = N\dot{V}A/L - KC/WL(K\dot{C}) \quad \cdots \quad (3)$$

KC : 자본코스트로서 감가상각비
지급이자 할인료
사채이자 및 차금상각

적정 임금인상률은 기업의 설비투자와 직접적인 관계가 있는 자본 코스트의 증감에 따라 변해야 한다는 논리이다.

그런데, 식 (2)에서는 자본코스트(KC)의 증가율에다 KC/WL을 곱한 것이 아니라, 자본코스트(KC)의 증가율과 근로자 1인당 부가가치율의 차이에다 KC/WL을 곱하였다. 이와 같이, 이 모형은 명목 노동생산성 증가율이 반영되지 않았기 때문에, 노조의 동의를 받는 것은 어려울 것이다.

4. 수정형(3) : 일경련(日經連) 방식 수정형(1)

$$\dot{W} = N\dot{V}A/L - (I\dot{C}/L - N\dot{V}A/L) \quad \cdots \quad (4)$$

IC : 투자경비로서 감가상각비
지급이자 할인료
사채이자 및 차금상각
조세공과 및 임차료

기업의 적정임금 인상률은 부가가치증가율에서 투자경비 증가율(부가가치증가율 공제)을 공제해야 한다는 것이다.

5. 수정형(4) : 일경련(日經連) 방식 수정형(2)

$$\dot{W} = N\dot{V}A/L - KC/WL(K\dot{C}/L - N\dot{V}A/L) \quad \cdots \quad (5)$$

식 (3)의 문제점을 보완하고 K/L 비율이 변동하는 경우의 적정임금 인상률을 보여 준다.

6. 수정형(5) : 생산성임금제 보완형

$$\dot{W} = (N\dot{V}A/L) \times 부가가치배율 \times 노동분배율 \ 배율 \quad \cdots \quad (6)$$

이 모형은 부가가치율이나 노동분배율이 동종업종 보다 현저히 낮은 기업(또는 사업체)의 경우 노사 공동으로 고부가가치의 실현을 위해 노력하는 한편, 노동분배율도 연차적으로 목표를 세워 동종 타 기업과의 균형을 유지하려는 경우에는 적절히 수용될 수 있을 것이다.

제3절 측정모형의 비교와 선택

생산성임금제가 실효성을 거두기 위해서는 필요조건과 충분조건이 전제되어야 한다. 필요조건은 근로자 또는 노조가 해당기업의 경영상태나 지불능력을 수용할 수 있어야 한다. 따라서, 근로자나 노조가 의사결정과정에서 부분적이나마 의사를 반영할 수 있는 유형을 선택하는 것이 바람직할 것이다. 충분조건은 사용자측이 근로자나 노조가 원하는 경영정보를 정직하고 신속하게 제공하여 신뢰를 얻어야 한다.

1. 고려사항

(1) 전망치와 실적치의 괴리

어느 측정방식을 채택하든지 매년 임금교섭시 전망치와 실적치간에 괴리가 발생하게 되기 때문에, 연말에 가서 이를 사후적으로 보정하는 자동오류수정메커니즘(built-in error correction mechanism)이 마련되어야 한다.

이에 대한 노사간의 사전합의가 이루어지면 노사간의 신뢰성 제고와 생산성 향상에도 크게 기여할 것으로 전망된다.

(2) 중장기 경영계획과 노사의 협상영역

투자금액, 생산제품가격, 신규인력 채용 등 중장기 경영계획과 밀접한 관계에 있는 요소 중에서 노조의 의견을 반영할 수 있는 부분(예를 들어, 신규설비투자 및 공장부지이전 등)이 있다면 이를 반영할 수 있다.

이 경우에 다른 비용에 비해 시계열적 변동폭이 커서 그 산정치가 불안정해지는 문제를 해소하기 위해 2~3년간 평균치를 적용하는 등 다양한 대안이 고려될 수 있을 것이다.

2. 모형의 선택[49]

지금까지 살펴 본 여러 가지 모형 중에서 생산성 임금제의 기본형은 산정방식이 용이하고 다른 기법에 비해 상대적으로 노조의 이해를 구하기가 쉬우나, 기업의 투자규모나 K/L비율이 감안되 않은 경직적인 방식이다. 나머지 다양한 수정형도 ①기업의 투자형태(또는 투자규모 변동추이)가 다른 비용에 비해 매우 분산이 크기 때문에 산정치가 매우 불안정하고, ②사용자는 고유의 의사결정 사항인 투자결정에 대해 근로자의 의사를 반영해 주어야 하는 문제가 발생한다. 전자에 대해서는 매년 임금인상률의 변동이 적어지도록 임금교

---

49) 김재원, 『노동경제학』, 박영사, 1997, 485쪽.

섭시 2~3년의 투자계획을 감안하여 임금인상률의 평균치를 적용하는 방안이 검토될 수 있을 것이다.

이러한 여건하에서 사용자의 입장에서는 다음과 같은 2가지 중에 하나를 선택할 수 밖에 없을 것이다.

첫째, 기본형을 선택하는 것이다. 투자계획에 따른 임금조정 방식을 선택하지 않되, 인사 및 투자결정 등 전통적으로 사용자 측이 고유의사결정 사항인 부분에 대해서 독자적인 의사결정을 고수하는 것이다.

둘째, 수정형을 선택하는 것이다. 투자계획에 따른 임금조정 방식을 선택하되, 근로자를 설득하면서 이에 대한 근로자 측의 의사결정 참여를 허용하는 것이다.

결론적으로 생산성임금제가 성공하기 위해서는 다음과 같은 필요조건과 충분조건을 갖추어야 한다. 필요조건은 근로자 또는 노조가 해당기업의 경영상태나 지불능력을 임금교섭시 수용할 의사가 있어야 된다는 점이다. 그리고, 충분조건은 사용자 측이 근로자와 노조가 원하는 경영정보를 정직하고 신속하게 제공함으로써 정보에 대한 신뢰성이 제고되어야 한다는 점이다.

제4절　일경련(日經連)의 지불능력 측정모델[50]

　　일경련의 모델은 우선 경영계획을 통해 과거 5년치 실적치와 향후 5년 예상치를 확정한다. 경영계획에 의한 임금지불능력 측정 모델의 목표는 기업성장과 기업의 체질개선에 있다. 기업의 성장은 바로 부가가치생산성 향상에 있다. 부가가치 산정요소는 순부가가치 방식에 의해 산출한다. 체질개선은 자기자본의 추이를 통해 자본 충실화 등을 판정한다.[50]

1. 과거 5년간 성과의 분석

　　과거 5년간 기업성과 분석을 위해서는 일경련 양식의 각종 수치를 기재해야 한다[표 9-1]. 각 수치는 지난 5년간 대차대조표, 손익계산서 등에서 필요한 데이터를 찾아 기재한다. 그리고, 일부 항목은 지금까지 찾은 항목의 수치를 토대로 계산해 기입한다. 그 계산식에 대해서는 향후 5개년 계획 수립에서 구체적으로 살펴보자.

---

50) Japan Business Federation, Corporate Planning for Growth and Total Personnel Expenditure(Revised Version), 1999에서 요약·발췌하였음.

[표 9-1] 일경련 양식

	결과 1		1차 연도	증가율	2차 연도	증가율	3차 연도	증가율
(1)	매출액							
(2)	부가가치세	계						
(3)		인건비						
(4)		경상이익						
(5)		금융비용						
(6)		임차료						
(7)		조세공과금						
(8)		감가상각비						
(9)	근로자수							
(10)	유형자산							
(11)	자산부채총계		계						
(12)		자기자본	소계						
(13)			자본금						
(14)		부채	소계						
(15)			이자부채						
(16)	배당금							
(17)	이익기여보상							

	결과 2		1차 연도	2차 연도	3차 연도
(18)	근로자 1인당 매출액				
(19)	매출액대비 부가가치 비율				
(20)	1인당 부가가치	금액			
(21)		증가율			
(22)	1인당 인건비	금액			
(23)		증가율			

	부가가치 구조(%)	항목			
		계			
(24)		인건비			
(25)		경상이익			
(26)		금융비용			
(27)		임차료			
(28)		조세공과금			
(29)		감가상각비			
(30)	감가상각률(%)				
(31)	총자산 대비 자기자본 비율(%)				
(32)	총부채 대비 이자부채 비율(%)				
(33)	이자율(%)				
(34)	배당률(%)				
(35)	총자산의 회전율				
(36)	장비생산성				
(37)	1인당 유형고정자산				

	결과 3	1차 연도	2차 연도	3차 연도
(38)	자기자본			
(39)	세전이익			
(40)	세전이익흐름 · 계			
(41)	세전이익흐름 · 법인세			
(42)	세전이익흐름 · 배당금			
(43)	세전이익흐름 · 이익기여 보상			
(44)	외부조달			
(45)	법인세율			

이제 구체적으로 다음과 같은 기업 A의 사례를 통해 데이터를 기재해 보자.

업종 : 의류제조
자본금 : 1억 8천 5백만 엔
주생산품 : 남성의류, 셔츠, 넥타이, 양말 등
주사무소 : 일본 토오쿄
설립연도 : 1960년

[표 9-2] 기업A의 과거 5년 성과

(단위 : 백만 엔)

	결과 1		1차 연도	증가율	2차 연도	증가율	3차 연도	증가율	4차 연도	증가율	5차 연도	증가율
(1)	매출액		6,155		6,919	12.4	6,069	−12.3	6,262	3.2	7,153	14.2
(2)	부가가치세	계	1,386		1,570	13.3	1,396	−11.1	1,404	0.6	1,794	27.8
(3)		인건비	907		1,085	19.6	1,011	−6.8	1,007	−0.4	1,286	27.7
(4)		경상이익	55		46	−16.4	4	−91.3	26	550.0	60	130.8
(5)		금융비용	176		198	12.5	127	−35.9	111	−12.6	157	41.4
(6)		임차료	139		111	−20.1	116	4.5	136	17.2	153	12.5
(7)		조세공과금	37		42	13.5	45	7.1	48	6.7	50	4.2
(8)		감가상각비	72		88	22.2	93	5.7	76	−18.3	88	15.8
(9)	근로자수		221		277	25.3	241	−13.0	248	2.9	294	18.5
(10)	유형자산		1,211		1,681	38.8	1,702	1.2	1,657	−2.6	1,860	12.3
(11)	자산부채총계	계	6,857		6,963	1.5	6,701	−3.8	7,217	7.7	7,468	3.5
(12)		자기자본 소계	1,519		1,525	0.4	1,530	0.3	1,526	−0.3	1,531	0.3
(13)		자기자본 자본금	185		185	0.0	185	0.0	185	0.0	185	0.0
(14)		부채 소계	5,338		5,438	1.9	5,171	−4.9	5,691	10.1	5,937	4.3
(15)		부채 이자부채	3,199		3,607	12.8	3,128	−13.3	3,565	14.0	3,839	7.7
(16)	배당금		10		10	0.0	10	0.0	11	10.0	10	−9.1
(17)	이익기여보상		5		3	−40.0	0	−	3	−	10	233.3

	결과 2		1차 연도	2차 연도	3차 연도	4차 연도	5차 연도
(18)	근로자 1인당 매출액		27,851	24,978	25,183	25,250	24,330
(19)	매출액대비 부가가치 비율		22,518	22,691	23,002	22,421	25,080
(20)	1 인 당 부가가치	금액	6,271	5,668	5,793	5,661	6,102
(21)		증가율	–	-9.6	2.2	-2.3	7.8
(22)	1인당 인건비	금액	4,104	3,917	4,195	4,060	4,374
(23)		증가율	–	-4.6	7.1	-3.2	7.7
		계	100.0	100.0	100.0	100.0	100.0
(24)	부가가치 구조(%)	인건비	65.4	69.1	72.4	71.7	71.7
(25)		경상이익	4.0	2.9	0.3	1.9	3.3
(26)		금융비용	12.7	12.6	9.1	7.9	8.8
(27)		임차료	10.0	7.1	8.3	9.7	8.5
(28)		조세공과금	2.7	2.7	3.2	3.4	2.8
(29)		감가상각비	5.2	5.6	6.7	5.4	4.9
(30)	감가상각률(%)		5.612	4.975	5.181	4.385	4.517
(31)	총자산 대비 자기자본 비율(%)		22.153	21.901	22.832	21.145	20.501
(32)	총부채 대비 이자부채 비율(%)		59.929	66.330	60.491	62.643	64.662
(33)	이자율(%)		5.502	5.489	4.080	3.114	4.090
(34)	배당률(%)		5.405	5.405	5.405	5.946	5.405
(35)	총자산의 회전율		0.898	0.994	0.906	0.868	0.958
(36)	장비생산성		1.145	0.934	0.820	0.847	0.965
(37)	1인당 유형고정자산		5.480	6.069	7.062	6.681	6.327

	결과 3		1차 연도	2차 연도	3차 연도	4차 연도	5차 연도
(38)	자기자본		1,519	1,525	1,530	1,526	1,531
(39)	세전이익		55	46	4	26	60
(40)	세전이익 흐 름	계	40	35	11	27	49
(41)		법인세	25	22	1	13	29
(42)		배당금	10	10	10	11	10
(43)		이익기여 보 상	5	3	0	3	10
(44)	외부조달		0	0	0	0	0
(45)	법인세율		50	50	50	50	50

2. 향후 5년 계획의 수립

(1) 주요목표(2가지)의 설정

과거의 성과분석의 토대위에서 기업들은 향후 5년 동안 어떻게 발전시켜 나갈 것인가를 결정한다. 그들은 처음에 성장과 재무구조 개선을 위한 2가지 주요목표를 설정한다.

성장목표는 5년 동안 달성하고자 하는 근로자 1인당 부가가치가 된다. 재무구조 개선 목표는 5년 동안 달성하고자 하는 자기자본 비율이 된다.

(2) 향후 5개년 계획의 수립(A기업)

STEP1 : 달성목표의 결정

① 향후 5개년 사업전략

- 레크리에이션, 야외스포츠 등과 같은 신출현 시장에 관리자원을 집중한다.
- 안정적인 수입이 기대되는 "cash cow"로서 남성복 시장을 유지한다. 새로운 고부가가치 브랜드를 만들기 위해 새로운 서비스 도입(CAD/CAM 시스템을 사용한 반 주문시스템 또는 전문가시스템)이 고려될 것이다.
- 이익이 없는 상품의 생산을 중단한다.
- 비용(특히, 물류비)을 줄인다.

상기의 전략을 토대로 A기업은 향후 5년간 어떻게 발전시켜나갈 것인가를 결정해야 한다.

② 2가지 주요목표 설정

기업 A의 경우 향후 5년간 다음의 주요목표가 설정될 수 있다.

- 기업 A의 향후 5년간 근로자 1인당 부가가치 또는 성장목표는 6,102,000엔이다. 기업 A의 근로자 1인당 부가가치가 이미 부문 평균 3,936,000엔을 넘었다. 그것은 향후 5년간 연평균 약 10% 증가할 것이고, 과거 5년의 5번째 해로부터 60% 증가한 9,827,000엔에 도달할 것이다.
- 기업 A의 자기자본비율은 20.5%에서 25.0%로 개선될 것이다. 2가지 주요목표를 결정한 후, 다른 여러 가지 목표들이 주요목표를 달성하기 위해 설정되어야 한다.

3. 다른 계획목표의 결정

■■■ Stage 1 : 매출액 성장률 설정(1)

매출액 증가율은 예측된 경제성장률, 시장추이, 기업의 사업환경, 머천다이징 계획, 소비자 니즈, 기타 다른 요소들과 관련지어 결정된다. 목표가 높을수록 매출을 더 늘리려는 노력이 있어야 한다. 기업이 건실하게 성장하기 위해서는 근로자 1인당 매출액 분만 아니라 근로자 1인당 부가가치도 높아져야 한다.

1차 연도와 2차 연도에 기업 A는 유형고정자산의 운영률을 높여 8%의 연간 성장을 목표로 한다. 3차 연도부터 기업 A는 적극적인 투자로 더 높은 성장률을 기대한다.

구분	과거5년평균	1차 연도	2차 연도	3차 연도	4차 연도	5차 연도
성장률(%)	14.2	8.0	8.0	10.0	10.0	10.0

1차 연도와 2차 연도에 기업 A는 현재의 유형고정자산을 더 효율적으로 활용하도록 새로운 Man-Hour 관리 시스템을 도입하는 투자를 한다. 3차 연도부터는 더 큰 투자를 하여 야외용 의류 생산라인을 확장하고 4차 연도에는 반 주문생산 전문 시스템을 도입하고, 5차 연도에는 물류를 개선하기 위해 빠른 응답 시스템을 도입한다.

▩▩ Stage 2 : 부가가치율 예측(19)

매출액 대비 부가가치율은 비용절감과 품질향상, 상품차별화, 저부가가치 상품의 단절, 가격인상과 다른 유사한 전략을 통해 제고시킬 수 있다.

기업A는 향후 5년간 부가가치율을 28%로 개선할 목표를 가지고 있다. 그것은 산업평균 27% 보다 더 높다. 기업 A는 다음과 같은 조치로 그 목표를 달성할 것이다.

- 현재 상품품질의 개선 또는 생산 단절
- 현재 사용재료의 대체
- 다른 공급원의 개발
- 원자재의 신중한 구매로 재고제어
- 다른 관리비 절감을 통한 비용감축

1차 연도와 2차 연도에는 개선정도가 완만하다가, 3차 연도부터 가속화 될 것이다.

구분	과거5년평균	1차 연도	2차 연도	3차 연도	4차 연도	5차 연도
%	25.080	25.496	25.912	26.832	27.416	28.000

▌▌▌ Stage 3 : 근로자수 증가(9)

기업은 가능한 한 스텝의 수를 낮게 유지하는 것이 바람직하다. 이것은 적절한 직무를 부여하고 자동화를 추진하며, 파트타임이나 파견근로를 적절히 활용하고 교육훈련을 통한 기술수준 향상을 이루어냄으로써 달성할 수 있다.

기업 A의 1인당 부가가치가 동종업계와 비교해 낮은 것은 근로자수가 많고 그들을 효율적으로 활용하지 못하기 때문이다. 기업 A는 생산스텝을 줄이기 위해 다음의 수단을 강구할 수 있다.

- 생산공정에 자동화를 도입한다.
- 1차 연도와 2차 연도에 현재 생산물을 개선하거나 단절한다.
- 파트타임 근로자를 더 고용한다.

이렇게 하여 줄어든 생산인력은 마케팅 스텝 등 다른 부문으로 이동될 수 있다. 1차 연도와 2차 연도에 근로자수는 빈자리를 채우지 않고 정규근로자를 파트타임으로 대체하는 등의 조치로 점차 감소할 것이다. 3차 연도부터 매출액 및 부가가치를 늘리기 위해 근로자수는 어느 정도 증가할 것이다.

구분	과거5년평균	1차 연도	2차 연도	3차 연도	4차 연도	5차 연도
인원수	294	284	280	285	285	290

▌▌▌ Stage 4 : 자산회전율 예측(35)

자산회전율이 높을수록 자본운영의 효율성이 더 높아진다. 그렇지만, 자산회전율은 산업과 기업사정에 따라 달라진다. 그러므로, 각 기업별로 적절한 비율이 나타날 것이다. 이 비율을 높이기 위해서는 장비이용률을 높이고 복수의 교대근무를 받아들이는 등으로 고정자산을 더 효율적으로 활용하며, JIT 배송 시스템, POS 터미널 설치 등으로 재고를 줄일 필요가 있다.

기업 A의 경우 이 비율이 산업평균 보다 더 낮다. 그래서, 다음과 같은 조치를 취해야 할 것이다.

- 1차 연도에 자동제어장치를 도입해 현재의 기계를 더 효율적으로 활용한다.
- 2차 연도부터 장비이용을 개선한다.
- 3차 연도에 컴퓨터 시스템을 도입해 판매를 생산과 재고에 더 밀접하게 연계시킨다.

이러한 조치로 기업 A는 다음과 같이 5차 연도에 1,096회를 달성한다.

구분	과거5년평균	1차 연도	2차 연도	3차 연도	4차 연도	5차 연도
회수	0.958	0.985	1.013	1.041	1.068	1.096

■■■ Stage 5 : 자산대비 자기자본비율의 계획(31)

자기자본비율을 높이는 것은 기업경영 환경변화에 대한 적응력을 높이고 경기침체를 견디기 위해서 뿐만 아니라 성장기회를 잡기 위해서도 필요하다.

액면금액(par value)이나 시장가격으로 신주를 발행하는 것은 그 비율을 높이는 한가지 방법이나 나중에 배당을 요구한다. 내부유보를 증가시키는 것은 주식지분율을 높이는 가장 좋은 방법이다.

그 비율을 5년이 경과하면 25%로 증가시킬 계획이다. 특히, 투자 펀드를 커버하기 위해 내부유보가 축적될 것이다. 1차 연도부터 3차

연도까지 개선속도가 완만할 것이나 4차 연도부터 부가가치 증가로
가속화될 것이다.

구분	과거5년평균	1차 연도	2차 연도	3차 연도	4차 연도	5차 연도
%	20.501	21.000	21.900	22.700	24.100	25.800

▥ Stage 6 : 투자관련 부채의 통제(15)

투자에 따른 부채증가는 이익에 대한 압력을 가하고 내부유보를
떨어트리며 투자부담을 줄이기 위해 점점 더 많은 부채를 갖게 되는
악순환에 떨어지게 한다. 그래서, 가능한 한 투자에 대한 부채는 낮
게 유지하는 것이 좋다.

투자관련 부채는 과거 5년간 증가해 왔다. 그것은 최저 수준으로
줄여야 한다. 3차 연도에 대규모 투자가 이루어지면서 그 부채는 증
가할 것이다. 그렇지만 4차 연도부터 투자펀드가 내부유보에 의해
이루어져 그 수치는 다시 줄어들 것이다.

구분	과거5년평균	1차 연도	2차 연도	3차 연도	4차 연도	5차 연도
금액(백만엔)	3,839	3,647	3,552	3,600	3,450	3,300

▥ Stage 7 : 이자율 수준 추정(33)

기업들은 가급적 이자지급 수준을 낮게 유지하는 것이 바람직하다.
기업 A는 5년동안 점차적으로 이자율이 높아질 것으로 예측된다.

구분	과거5년평균	1차 연도	2차 연도	3차 연도	4차 연도	5차 연도
%	4.090	4.1	4.2	4.5	4.5	4.5

▥ Stage 8 : 유형고정자산의 계획(10)

유형고정자산에 대한 증가는 기술혁신을 유발해 성장의 기폭제 역할을 한다. 그렇지만, 잘 활용되지 않으면 처분해야 한다. 유형고정자산 증가를 계획한다면, 임대나 리스 등 유용한 대안도 고려해야 한다.

유형고정자산의 가치는 감가상각에 달려있다는 것을 주의해야 한다. 이러한 전략에 의해 투자는 다음과 같이 이루어질 것이다.

구분	과거5년평균	1차 연도	2차 연도	3차 연도	4차 연도	5차 연도
금액(백만엔)	1,860	1,860	1,860	2,040	2,240	2,460

▥ Stage 9 : 감가상각률 추정(30)

1차 연도와 2차 연도 투자는 감가상각 가치와 동일할 것이다. 3차 연도부터 감가상각은 유형고정자산의 연차적인 증가에 따라 증가할 것이다. 그리하여, 추정된 감가상각률은 다음과 같다.

구분	과거5년평균	1차 연도	2차 연도	3차 연도	4차 연도	5차 연도
%	4.517	4.5	4.5	5.0	5.0	5.0

▥ Stage 10 : 외부조달에 의한 자본스톡과 펀드의 증가(13)(44)

주식시장이 활발하지 않을 경우 신주발행을 통한 펀드조달이 어렵기 때문에, 자본증가와 외부조달은 바람직하지 않다. 기업 A는 주식시장이 활발하지 않기 때문에 자본스톡 규모를 5년간 증가시키지 않을 계획을 세웠다.

구분	과거5년평균	1차 연도	2차 연도	3차 연도	4차 연도	5차 연도
금액(백만엔)	185	185	185	185	185	185

▦ Stage 11 : 배당률(34)

배당률은 다음과 같이 10% 이상을 유지할 계획이다.

구분	과거5년평균	1차 연도	2차 연도	3차 연도	4차 연도	5차 연도
%	5.4	10.0	10.0	12.0	12.0	14.0

▦ Stage 12 : 이익기여 보상(17)

배당과 이익기여 보상은 기업성과에 따라 변한다. 과거의 기록을 토대로 이루어지나, 목표가 계획된 후에 조정되기도 한다. 보상은 성과예측에 따라 다음과 같이 증가할 것이다.

구분	과거5년평균	1차 연도	2차 연도	3차 연도	4차 연도	5차 연도
금액(백만엔)	10	10	10	11	11	12

▦ Stage 13 : 세전이익 추정(4)

향후 5년 연간 부가가치 성장 추정에 따라 세전이익은 향후 5년 이내에 5억엔으로 확장될 것으로 기대된다.

구분	과거5년평균	1차 연도	2차 연도	3차 연도	4차 연도	5차 연도
금액(백만엔)	60	165	269	361	491	615

▦ Stage 14 : 임대 및 리스료 추정(6)

토지, 빌딩, 장비 등을 임대하고, 경제의 급속한 변화에 대응하기 위해 다양한 리스가 신속하게 이루어질 것이다. 대규모 투자로 3차 연도에 이러한 지출은 증가할 것이다.

4차 연도부터 그 증가율은 소비자물가지수 추정 증가율(3.0%)로 증가할 것이다.

구분	과거5년평균	1차 연도	2차 연도	3차 연도	4차 연도	5차 연도
금액(백만엔)	153	157	162	178	182	187

▦ Stage 15 : 세금 및 공과금 예측(7)

세금과 공과금은 제도적인 큰 변화가 없다고 보아서 매년 5% 증가하는 것으로 추정하였다.

구분	과거5년평균	1차 연도	2차 연도	3차 연도	4차 연도	5차 연도
금액(백만엔)	50	52	55	57	60	63

▦ Stage 16 : 인건비 도출(3)(22)

인건비는 1차 연도와 2차 연도에 완만하게 증가할 것이다. 3차 연도부터 매우 높아질 것으로 기대된다. 1인당 증가율은 2차 연도를 제외하고 매년 9%를 유지할 것이다.

인건비는 1차 연도와 2차 연도에 완만하게 증가할 것이다. 3차 연도부터 매우 높아질 것으로 기대된다. 한편, 1인당 인건비 증가율은 2차 연도를 제외하고 매년 9%를 유지할 것이다.

[표 9-3] 기업A의 향후 5년계획 목표

(단위 : 백만 엔)

	결과 1		과거 5년	1차 연도	증가율	2차 연도	증가율	3차 연도	증가율	4차 연도	증가율	5차 연도	증가율
(1)	매출액		7,153		8.0		8.0		10.0		10.0		10.0
(2)	부가가치세	계	1,794										
(3)		인건비	1,286										
(4)		경상이익	60										
(5)		금융비용	157										
(6)		임차료	153	157		162		178		182		187	
(7)		조세공과금	50	52		55		57		60		63	
(8)		감가상각비	88										
(9)	근로자수		294	284		280		285		285		290	
(10)	유형자산		1,860	1,860		1,860		2,040		2,240		2,460	
(11)	자산부채총계	계	7,468										
(12)	자기자본	소계	1,531										
(13)		자본금	185	185		185		185		185		185	
(14)	부채	소계	5,937										
(15)		이자부채	3,839	3,647		3,552		3,600		3,450		3,300	
(16)	배당금		10										
(17)	이익기여보상		10	10		10		11		11		12	

	결과 2		과거5년	1차 연도	2차 연도	3차 연도	4차 연도	5차 연도
(18)	근로자 1인당 매출액		24,330					
(19)	매출액대비 부가가치 비율		25,080	25,496	25,912	26,832	27,416	28,000
(20)	1인당 부가가치	금액	6,102					
(21)		증가율	7.8					
(22)	1인당 인건비	금액	4,374					
(23)		증가율	7.7					
(24)	부가가치 구조(%)	계	100.0					
		인건비	71.7					
(25)		경상이익	3.3					
(26)		금융비용	8.8					
(27)		임차료	8.5					
(28)		조세공과금	2.8					
(29)		감가상각비	4.9					
(30)	감가상각률(%)		4.517	4.5	4.5	5.0	5.0	5.0
(31)	총자산 대비 자기자본 비율(%)		20.501	21.000	21.900	22.700	24.100	25.800
(32)	총부채 대비 이자부채 비율(%)		64.662					
(33)	이자율(%)		4.090	4.100	4.200	4.500	4.500	4.500
(34)	배당률(%)		5.405	10.000	10.000	12.000	12.000	14.000
(35)	총자산의 회전율		0.958	0.985	1.013	1.041	1.068	1.096
(36)	장비생산성		0.965					
(37)	1인당 유형고정자산		6.327					

	결과 3		과거5년	1차 연도	2차 연도	3차 연도	4차 연도	5차 연도
(38)	자기자본		1,519					
(39)	세전이익		60					
(40)	세전이익 흐름	계	49					
(41)		법인세	29					
(42)		배당금	10					
(43)		이익기여 보상	10					
(44)	외부조달		0	0	0	0	0	0
(45)	법인세율		50	50	50	50	50	50

STEP2 : 산출과정

다음의 표와 같은 순서와 계산방법에 따라 산출하면 최종적으로 16단계에서 인건비가 산출된다.

[표 9-4] 산출순서와 계산방법

순 서	일경련 양식 번호	계 산 방 법
1	(1)	매출액 성장률
2	(19)	매출액 대비 부가가치율
	(2)	= (1)×(19) / 100
3	(9)	근로자수
	(18)	= (1) / (9)
	(20), (24)	= (2) / (9)
4	(35)	총자산회전률
	(11)	= (1) / (35)
5	(31)	총자산대비 자기자본 비율
	(12)	= (11)×(31) / 100
	(14)	= (11) − (12)
6	(15)	투자관련 부채액
	(32)	= (15) / (14)×100

7	(33)	이자율
	(5)	$= (15) \times (33) / 100$
	(26)	$= (5) / (2) \times 100$
8	(10)	유형고정자산
	(36)	$= (2) / (10)$
	(37)	$= (10) / (9)$
9	(30)	감가상각률
	(8)	$= (10) / \{1-(30)\} \times (30)$
	(29)	$= (8) / (2) \times 100$
10	(44)	외부조달
	(13)	자본스톡
11	(34)	배당률
	(42)	$= (16) = (13) \times (34) / 100$
12	(17), (43)	이익기여 보상
13	(4), (39)	세전이익
	(38)	$= (12)$
	(45)	법인세율
	(41)	$= (39) \times (45) / 100$
	(4)	$= (39)$ $= (38, 당해년도) - (38, 전년도) + (40, 전년도)$
	(25)	$= (4) / (2) \times 100$
14	(6)	임대 및 리스료
	(27)	$(6) / (2) \times 100$
15	(7)	세금 및 공과금
	(28)	$(7) / (2) \times 100$
16(최종)	(3)	인건비 $= (2) - (4) - (5) - (6) - (7) - (8)$
	(22), (23)	$= (3) / (9)$
	(24)	$= (3) / (2) \times 100$

STEP2 : 인건비 관련목표의 일치

(1) 부가가치 생산성

근로자 1인당 매출액은 5년동안 57.4%(연평균 9.5%) 증가할 것이다. 근로자 1인당 부가가치는 목표가 달성되면 107억 2천 1백만 엔으로 증가할 것이다. 성장률은 75.7%(연평균 11.9%)가 될 것이다.

(2) 기업재무구조

자기자본비율은 5년이 지나면 25.8%에 도달할 것이다. 투자관련 부채비율은 5년이 지나면 43.895%로 떨어질 것이다.

(3) 인건비

1인당 인건비는 5년동안 55.0%(연평균 9.1%) 증가할 것이다.

구분	연평균	1차 연도	2차 연도	3차 연도	4차 연도	5차 연도
%	9.1	5.1	6.0	11.0	10.3	11.6

(4) 효율성

장비생산성은 5년동안 31.0%(연평균 5.5%) 개선될 것이다. 1인당 유형고정자산은 5년동안 34.1%(연평균 6.0%) 증가할 것이다.

(5) 자본생산성

감가상각률은 매년 증가할 것이다. 투자펀드는 순조롭게 이루어
질 것이다.

(6) 생산성과 1인당 인건비의 관계

5년 동안 1인당 인건비 증가율은 1인당 부가가치 증가율 아래로
내려갈 것이다. 이것은 부가가치가 생산성 개선과 연관되어 적절하
게 배분된다는 것을 보여준다.

[표 9-5] 기업A의 향후 5년계획 목표

(단위 : 백만 엔)

	결과 1		과거 5년	1차 연도	증가율	2차 연도	증가율	3차 연도	증가율	4차 연도	증가율	5차 연도	증가율
(1)	매출액		7,153	7,725	8.0	8,343	8.0	9,177	10.0	10,095	10.0	11,105	10.0
(2)	부 가 가치세	계	1,794	1,970	9.6	2,162	9.7	2,462	13.9	2,768	12.4	3,109	12.3
(3)		인건비	1,286	1,358	5.6	1,439	6.0	1,597	11.0	1,782	10.3	1,966	11.6
(4)		경상이익	60	165	175.0	269	63.0	361	34.2	491	36.0	615	25.3
(5)		금융비용	157	150	−4.5	149	−0.7	162	8.7	155	−4.3	149	−3.9
(6)		임차료	153	157	2.6	162	3.2	178	9.9	182	2.2	187	2.7
(7)		조세공과금	50	52	4.0	55	5.8	57	3.6	60	5.3	63	5.0
(8)		감가상각비	88	88	0.0	88	0.0	107	21.6	118	10.3	129	9.3
(9)	근로자수		294	284	−3.4	280	−1.4	285	1.8	285	0.0	290	1.8
(10)	유형자산		1,860	1,860	0.0	1,860	0.0	2,040	9.7	2,240	9.8	2,460	9.8
(11)	자산부채총계	계	7,468	7,843	5.0	8,236	5.0	8,816	7.0	9,452	7.2	10,132	7.2
(12)		자기자본 소계	1,531	1,647	7.6	1,804	9.5	2,001	10.9	2,278	13.8	2,614	14.7
(13)		자기자본 자본금	185	185	0.0	185	0.0	185	0.0	185	0.0	185	0.0
(14)		부채 소계	5,937	6,196	4.4	6,432	3.8	6,815	6.0	7,174	5.3	7,518	4.8
(15)		부채 이자부채	3,839	3,647	−5.0	3,552	−2.6	3,600	1.4	3,450	−4.2	3,300	−4.3
(16)	배당금		10	19	90.0	19	0.0	22	15.8	22	0.0	26	18.2
(17)	이익기여보상		10	10	0.0	10	0.0	11	10.0	11	0.0	12	9.1

	결과 2		과거5년	1차 연도	2차 연도	3차 연도	4차 연도	5차 연도
(18)	근로자 1인당 매출액		24,330	27,201	29,796	32,200	35,421	38,293
(19)	매출액대비 부가가치 비율		25,080	25,496	25,912	26,832	27,416	28,000
(20)	1인당 부가가치	금액	6,102	6,937	7,721	8,639	9,172	10,721
(21)		증가율	7.8	13.7	11.3	11.9	12.4	10.4
(22)	1인당 인건비	금액	4,374	4,782	5,139	5,604	6,182	6,779
(23)		증가율	7.7	9.3	7.5	9.0	10.3	9.7
	부가가치 구조(%)	계	100.0	100.0	100.0	100.0	100.0	100.0
(24)		인건비	71.7	68.9	66.6	64.9	63.7	63.2
(25)		경상이익	3.3	8.4	12.4	14.7	17.7	19.8
(26)		금융비용	8.8	7.6	6.9	6.6	5.6	4.8
(27)		임차료	8.5	8.0	7.5	7.2	6.6	6.0
(28)		조세공과금	2.8	2.6	2.5	2.3	2.2	2.0
(29)		감가상각비	4.9	4.5	4.1	4.3	4.3	4.1
(30)	감가상각률(%)		4,517	4,500	4,500	5,000	5,000	5,000
(31)	총자산 대비 자기자본 비율(%)		20,501	21,000	21,900	22,700	24,100	25,800
(32)	총부채 대비 이자부채 비율(%)		64,662	58,861	55,224	52,825	48,090	43,895
(33)	이자율(%)		4,090	4,100	4,200	4,500	4,500	4,500
(34)	배당률(%)		5,405	10,000	10,000	12,000	12,000	14,000
(35)	총자산의 회전율		0,958	0,985	1,103	1,041	1,068	1,096
(36)	장비생산성		0,965	1,095	1,162	1,207	1,236	1,264
(37)	1인당 유형고정자산		6,327	6,549	6,643	7,158	7,860	8,483

	결과 3		과거5년	1차 연도	2차 연도	3차 연도	4찬 연도	5차 연도
(38)	자기자본		1,519	1,647	1,804	2,001	2,278	2,614
(39)	세전이익		60	165	269	361	491	615
(40)	세전이익 흐름	계	49	112	164	214	279	346
(41)		법인세	29	83	135	181	246	308
(42)		배당금	10	19	19	22	22	26
(43)		이익기여 보 상	10	10	10	11	11	12
(44)	외부조달		0	0	0	0	0	0
(45)	법인세율		50	50	50	50	50	50

제10장

일본기업의 퇴직금제도
개편[51]

51) 고진수, 「일본기업의 퇴직금 현황과 제도개편」, 미발표 논문, 2001.

제1절   일본기업의 퇴직금제도 동향

1. 퇴직금제도 현황과 퇴직금 지급실태

일본은 1936년에 「퇴직적립금 및 퇴직수당법」을 제정하여, 기업들에게 퇴직수당을 강제로 지급토록 하는 제도를 도입하였다. 그러나, 이 제도는 1941년에 「노동자연금법」이 제정되면서 임의제도로 변경되었고, 1944년에 「후생연금보험법」에 의한 공적연금이 탄생하면서 임의규정도 폐지되었다. 한편, 1959년에는 복리후생이 취약한 중소기업근로자들을 위하여 「중소기업 퇴직금공제법」이 시행되고 있다.

이와 같이 법정퇴직금이 임의화를 거쳐 폐지되었음에도 불구하고, 1993년 현재 약 90% 이상의 기업들이 퇴직금제도를 유지하고 있다[표 10-1]. 그러나 퇴직일시금제도를 그대로 유지하고 있는 기업들은 점차 줄어들고, 퇴직연금제도를 도입하거나 두 가지를 병행하여 실시하는 기업들이 늘어나고 있다. 1993년 현재 퇴직금제도를 도입하고 있는 기업중 일시금제도만을 도입한 기업은 47.0%, 연금

제도만을 도입한 기업은 18.6%, 연금제도와 일시금제도를 병행하여
도입한 기업은 34.5%로 나타났다.

[표 10-1] 퇴직금제도의 실시상황

(단위 : %)

	퇴직금제도가 있는 기업	퇴직일시금 제도만 있는 기업	퇴직연금제도가 있는 기업		
			소계	퇴직연금 제도만 있음	퇴직일시금 제도와 병행
1975년	90.7 (100.0)	(67.1)	(32.9)	(13.2)	(19.7)
1978년	92.2 (100.0)	(62.1)	(37.9)	(16.4)	(21.5)
1981년	92.1 (100.0)	(55.4)	(44.7)	(18.5)	(26.2)
1985년	89.0 (100.0)	(51.9)	(48.1)	(14.3)	(33.8)
1989년	88.9 (100.0)	(49.3)	(50.7)	(11.3)	(39.3)
1993년	92.0 (100.0)	(47.0)	(53.0)	(18.6)	(34.5)

주 : 1. ( ) 안은 퇴직금제도가 있는 기업들만의 비율임.
   2. 일본 노동성이 1956년에 「급여구성조사」, 1966년부터는 「임금노동시간제도종합조사」,
      1985년부터는 「임금노동시간등종합조사」로 실시한 결과로, 9개산업의 30인 이상의 기업
      을 대상으로 한 조사임.
자료 : 1. 勞働法令協會, 『最新退職金の支給實態』, 1983.
     2. 勞働法令協會, 『退職金の制度と支給實態』, 1991.
     3. 産業勞働調査所, 「平成5年 退職金制度, 退職金支給實態調査」, 『賃金實務』(No.
      739), 1994.12.15.

한편, 퇴직일시금제도를 존속시키고 있는 기업들의 지불준비 형
태를 보면, 약 60%가 사내준비이고, 약 30% 정도가 중소기업퇴직
금공제제도를 활용하고 있다[표 10-2]. 특히 300인 이하 중소기업
중에서도 중소기업퇴직금공제제도를 활용하는 기업은 전체의 30%
정도(1993년의 경우 100~299인 업체는 22.5%, 30~99인 업체는
39.3%)에 불과해 이채롭다.

[표 10-2] 퇴직일시금제도의 지불준비형태

(단위 : %)

구 분	사내준비	중소기업퇴직금공제제도	특정퇴직금공제제도	기타
1985	65.8(56.1)	32.2(22.6)	9.0(4.5)	5.2(4.8)
1989	60.4(52.0)	29.1(20.2)	11.1(7.6)	11.5(8.7)
1993	60.3(52.5)	32.5(23.4)	12.8(8.7)	5.4(4.8)

주 : 1. 퇴직일시금제도가 있는 기업들의 통계이며, 복수응답으로 ( ) 안은 그 형태만의 비율임.
　 2. 일본 노동성의 30인 이상 업체를 대상으로 한 「임금노동시간등종합조사」의 결과임.
자료 : 1. 産業勞働調査所, 『賃金實務』(No. 739), 1994.12.15.

2. 개편방향

법정퇴직금이 폐지되었음에도 불구하고 일본기업들은 대체로 퇴직금제도를 존치시키고 있다. 그러나, 퇴직일시금제도는 과거의 산정방식이나 지급방식에서 벗어나 크게 변화하고 있으며, 기업연금도 대변혁을 앞두고 있는 상황이다.

(1) 퇴직일시금제도의 변화

일본기업들이 퇴직일시금제도를 개선하는 방향은 크게 4가지로 분류할 수 있다.[52] ①퇴직일시금의 산정방식을 변경하는 것이다. ②퇴직금 지급방식을 변경하는 것이다. ③정년연장에 따른 퇴직금을 조정하는 것이다. 이는 정년연령을 연장하면서 구정년 이후에는 퇴직금의 지급률을 낮추어 적용하거나 지급하지 않는 것이다. ④조기퇴직우대제도를 도입하면서 조기퇴직자에게 대폭적인 할증퇴직금

---

52) 村上　淸・五島　淺男, 『新時代の退職金・年金制度』, 社會經濟生産性本部, 1995, pp.51~69.

을 지급하는 것이다.

이 중에서 퇴직일시금제도는 어떻게 바뀌고 있는가에 대한 실태를 일본 노동성의 조사를 통하여 살펴보자[표 10-3]. 1993년 현재 산정기초액이 아직 퇴직시의 임금으로 결정하는 기업이 전체의 79.6%이지만, 임금과는 별도로 정해지는 기업이 21.8%로 나타나고 있다. 더욱이 퇴직일시금 산정기초가 퇴직시의 임금일지라도 기본급 전체인 경우는 62.2%이고 나머지 37.7%는 기본급의 일부로 하고 있다. 또, 임금과는 별도로 정해진 기준으로 퇴직일시금의 산정기초가 결정되는 유형을 보면, 1993년 현재 별도테이블 방식이 30.3%, 정액방식이 41.3%, 점수방식이 26.6%, 기타가 4.6%를 각각 차지하고 있다.

[표 10-3] 퇴직일시금의 산정기초(1993)

(단위 : %)

구분	산정기초액의 종류			퇴직시의 임금		임금과는 별도로 정해진 금액			
	퇴직시의 임금	임금과는 별도로 정해진 금액	기타	기본급 전액	기본급 일부	별도 테이블 방식	정액 방식	점수 방식	기타
비율	79.6	21.8	2.7	62.0	37.7	30.3	41.3	26.6	4.6

주 : 1. 지불준비형태가 사내준비인 기업만의 통계
2. 일본 노동성의 30인 이상 업체를 대상으로 한 「임금노동시간등종합조사」의 결과
자료 : 産業勞働調査所, 『賃金實務』(No. 739), 1994.12.15.

한편, 일본 노동성의 1993년 조사에 의하면, 퇴직금제도를 변경하였거나 향후 변경하려는 기업은 전체 조사대상의 32.1%이며, 퇴직일시금제도를 변경하였거나 변경하려는 기업은 29.3%에 이른다.

이와 같이 퇴직일시금제도를 변경하였거나 변경하려는 계기는

'기업복지의 충실을 위해서'가 54.2%, '정년연장을 위해서'가 26.6%, '연공제의 개정을 계기로'가 21.0%, '공적연금제도의 개정을 계기로'가 19.6%, '인건비 증가를 억제하기 위해서'가 13.7%로 나타났다.

[표 10-4] 퇴직일시금제도의 변경의 계기(1993)

(단위 : %)

구분	계	정년연장을 위해	기업복지의 충실을 위해	인건비 증가를 억제하기 위해	연공제의 개정을 계기로	공적연금제도의 개정을 계기로	기타
비율	100.0	26.6	54.2	13.7	21.0	19.6	6.9

주 : 1. 변경하고 있음과 변경할 방침임을 포함
    2. 일본 노동성의 30인 이상 업체를 대상으로 한 「임금노동시간등종합조사」의 결과
자료 : 産業勞働調査所, 『賃金實務』(No. 739), 1994.12.15.

(2) 기업연금제도의 변화

기업연금은 연금재정의 악화에 따라 2001년부터 확정급부형(確定給付型)에서 확정갹출형(確定據出型)으로 전환시킬 수 있게 하였다.

일본의 기업연금은 각종 규제완화 조치에 의해 점차 관리·운용의 폭이 확대되어 왔다. 그러나, 한편으로는 가입자의 저연령화·고령화가 급속히 진행되고, 최근 저금리, 주가하락 등을 동반한 경기침체로 운용수익이 심각하게 악화됨으로써, 제도존폐의 위기를 맞고 있다고 해도 과언이 아닐 정도다. 후생노동성 1998년 8월 6일 발표한 「96년도 후생연금기금사업 개황」에 의하면, 기금전체의 자산총액이 처음으로 적자가 되고, 흑자기금도 3분의 1로 떨어지는 등 과거 최저치를 갱신하였다.

이와 같이 기업연금의 운용수익이 크게 저하됨에 따라, 기업들은 연금재정의 부족에 대처하기 위해 큰 부담을 짊어지게 되었다. 연금재정의 부족을 해결하기 위해서는 ①운용수익을 올리든가 ②부금부담을 증가시키든가 ③급부를 감소시키는 3가지 방법밖에 없다. 이를 위하여 자산배분 규제의 철폐와 운용위탁기관의 확대, 연금재정 부족의 조기상각(특례부금의 도입), 연금급부수준의 인하 등의 규제 완화 및 기업자체 조치가 잇달았고, 심지어 제도를 폐지(기금은 해산, 적격연금은 계약의 해약)하는 경우도 급증하고 있다.[53]

이에 따라 근원적으로 문제를 해결하기 위해서는 미국의 401 (k) 플랜으로 대표되는 확정갹출형(確定據出型) 연금을 도입하게 되었다. 여기서는 일본의 기업연금제도 개편의 방향과 관련하여 확정갹출형 연금의 도입의 배경과 특징에 대해서만 살펴보고자 한다.[54]

① 도입배경

■■■ 부금의 추가부담 급증

일본의 기업연금과 관련한 규제는 운용과 관리의 양 측면에서 지속적으로 완화되어 왔다. 이로써 기업의 자유재량 확대를 통하여 효율화를 추구할 수 있는 환경을 어느 정도 갖추게 되었다. 그러나, 실태상으로 기업연금에서 탈퇴하는 기업이 증가하고 있다. 그 이유는 무엇일까?

---

53) 이에 대한 자세한 내용은 和泉信俊,「企業年金問題解決のための處方せん」,『勞政時報』(第3365號), 勞務行政研究所, 1998.9.11, p.8~11을 참조.

54) 高原宣昭,「企業年金制度改革の新しい動向」,『勞政時報』(第3365號), 勞務行政研究所, 1998.9.11, p.3~7.

확정급부형 기업연금제도는 미리 급부액이 결정되어 그에 따라 장래에 예정이율대로 운용되는 것을 전제로, 현재의 필요한 부금액이 설정하는 연금이다. 장기적인 저성장이 예상되는 가운데, 자산의 예정이율대로 운용수익을 확보하는 것이 매우 어려운 상황에 처해 있다. 만약 운용수익률이 예정이율을 하회하는 경우 이자손실이 발생하기 때문에, 일정한 급부를 유지하기 위해서는 기업은 그 손실을 부금에 추가적으로 갹출해서 보충해야만 한다. 이외에도 급부계산에 있어서 사망률이나 가입자수 등의 기초수치가 변동함에 따라 부금의 추가부담이 발생한다. 즉, 저연령화 · 고령화의 급속한 진전으로 가입자의 감소와 수급자의 증가를 가져와, 기초수치를 해마다 변동시키는 주원인이 되어 왔다.

이와 같이 그간의 기업연금제도가 확정급부형이기 때문에, 기업은 끊임없이 추가적인 부금부담을 해야하는 리스크를 감수해야 하였다. 이 때문에 부금의 추가부담을 하지 않는 확정갹출형 연금을 도입하자는 논의가 강력히 제기되었다. 확정갹출형 연금은 부금액이 미리 확정되고, 그 적립금의 운용실적에 따라 연금의 급부액이 결정되는 유형이 있다.

② 기업재무의 리스크 회피와 자조노력의 제고

일본의 퇴직급부에 관한 회계기준이 개정되어, 2000년부터 실시되었다. 그간 연금재무는 기업회계와는 별도로 회계처리 되었지만, 새로운 회계기준은 연금채무나 연금비용을 퇴직일시금과 함께 모두 해당기업의 재무제표에 계상토록 하고 있다. 이 새로운 회계기준이 기업회계에 적용될 경우, 연금의 소위 「숨은 채무」가 나타나게 된다. 특히 퇴직일시금은 자산의 뒷받침이 없기 때문에, 퇴직급부에 필요한 자산의 적립부족이 한꺼번에 나타난다. 이러한 채무규모 노출이나 적립부족은 해당기업에게 주가하락 등 부정적 영향을 줄 가능성이 크다. 기업들은 이를 방지하기 위해 퇴직일시금을 연금제도에 이관하거나, 급여·상여금에 포함하여 미리 지급하는 등 퇴직일시금 삭감방안을 채택하게 될 것이다. 전자의 경우 확정급부형연금에서는 기업재무 구조를 일시적으로 압박하게 되나, 확정갹출형연금을 채택하면 그러한 리스크를 상당히 경감시킬 수 있다. 이미 앞에서 살펴 본 바와 같이 후자의 경우 생애임금 배분을 전환시켜, 근로자 각자가 자기책임 하에 노후생활에 대비하는 경향이 높아지게 된다. 이 때 개인은 자기 스스로의 저축운용보다는 기업의 지원을 받으면서 개인재량의 효과도 거둘 수 있는 확정갹출형 연금이 훨씬 편리한 적립수단으로 받아들여지기 쉽다.

미국에서 급성장하고 있는 확정갹출형 연금인 401(k)플랜은 자기의 적립자산은 전직하는 기업에도 이관할 수 있는 성격을 갖고있다. 이 때문에 기업의 지원을 받으면서도 기업에 구속되지 않기 때문에, 개인에게도 매력있는 기업연금의 유형이다.

401(k)플랜

미국의 내국세입법 401(a)조항에 있어서 확정갹출형, 확정급부형에 관계없이 '기업의 갹출분은 일정한도액까지 손금 산입이 가능', '운용수익이 비과세', '기업의 갹출금의 근로자에 대한 과세는 급부시점까지 연기하여'라고 한 세제상의 우대조치가 있고, 이것에 '근로자의 갹출이 세금인하전 베이스(base)로 행해지고, 과세는 급부때까지 연기하여'라고 한 401(k)조항에 적격인 확정갹출형 연금 플랜.

(2) 특징

① 기업의 부금갹출의 안정화

확정갹출형 연금은 여러가지의 형태가 있다. 가장 잘 알려져 있는 미국의 401(k)플렌의 장점과 단점은 [표 10-5]와 같다.

[표 10-5] 미국의 401(k)플렌의 장점과 단점

구 분	장 점	단 점
기 업	- 운용리스크를 부담하지 않음 - 부금의 추가부담이 발생하지 않음 - 연금의 수리계산이 쉽고 비용이 없음	- 개인별 운용기록관리가 번잡하고 비용이 듦
근로자	- 개인이 자유롭게 운용상품을 선택할 수 있음 - 항상 자신의 자산잔고를 파악할 수 있음 - 전직시에도 연금이관이 가능함	- 개인이 운용리스크를 부담함 - 급부액이 확정되지 않아, 노후의 소득보장이 불안정함

기업측의 최대 장점은 부금납부의 안정성이다. 확정갹출형 연금은 가입자인 근로자 각자는 기업이 제시한 운용메뉴에서 자유롭게 선택하고, 그 운용결과에 따른 자산액에 따라 급부가 변경된다. 기업은 근로자가 낸 부금액의 일정비율을 장려금이나 보조금으로 지급하나, 개인의 운용실패에 의해 자산이 감소하더라도 보전의 책임을 질 필요는 없다. 또, 확정급부형 연금과 같이 승급률이나 사망률 등의 변동에 의한 부금증감의 영향을 전혀 받지 않는다.

근로자 입장에서도 노후의 설계를 스스로 해야 하는 상황하에서, 기업이 장려금 또는 보조금의 형태로 일정액을 지원한다면 그만큼 운용수익이 증가하는 효과가 있다. 또, 확정급부형은 전체 근로자의 자산을 풀(pool)로 운용하는데 반하여, 확정갹출형은 개인별로 자산을 관리한다. 이 때문에, 항상 자기의 연금자산이 현재 어느 정도인가를 알게되는 장점이 있다. 더욱이, 확정갹출형 연금은 연금의 수급권이 단기간에서 부여되기 때문에, 이직하더라도 자기의 자산은 개인연금의 개인퇴직구좌제도(미국의 IRA : 70세 미만의 기업연금 비가입자가 연간 2000달러까지 과세연기로 갹출할 수 있는 개인연금제도)나 기업간 이관가능한 제도(roll over : 전직하더라도 전직기업의 플랜 등에 비과세로 이관할 수 있는 제도)를 활용하면서 은퇴할 때까지 계속 갖고 다닐 수 있는 이관성(portability)을 갖고 있어서 좋다.

한편, 확정갹출형 연금의 단점으로는 개인이 여러 가지 부금을 납부하여 부금액이나 운용방법이 자주 변경되어, 개인별 구좌의 기록관리에 많은 시간과 비용이 든다. 또, 개인적으로 운용을 잘 하는 사람이 적어 수익이 낮더라도 안정성이 높은 상품을 선호하는 경향이 높아서, 장래의 급부액이 낮아지기 쉽다. 이 때문에, 기업은 가입자를 위해 운용상품이나 운용방법 등을 교육시킬 필요성이 있다.

3. 개편배경

퇴직금제도는 기업이 육성·개발한 우수한 인재의 장기근속을 장려할 목적으로 한 공로보상적인 급부로서의 노동관행으로 정착하여 왔다. 그러나, 고도 성장기 및 버블경제기의 대폭적인 임금 인상에 의한 기본급의 증가, 엔화 앙등에 따른 고임금액, 정년연령의 연장, 근속의 장기화, 정년대상자의 증대 등의 요인으로 기업의 퇴직금부담이 급증하였다. 또한, 능력주의 임금제도로의 전환, 연봉제도의 도입, 정년퇴직예정자의 증가, 평생직장에서 평생직업으로의 근로자들의 인식전환 등으로 퇴직금제도를 개편하려는 기업들의 관심이 고조되고 있다. 그 대체적인 방향은 [그림 10-1]과 같이 좌측의 모델에서 우측의 방사선형 모델로 개편해 나가는 것이다.

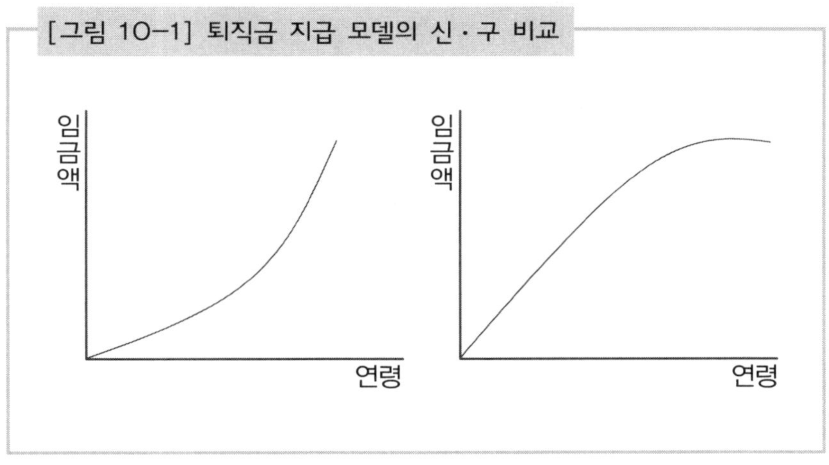

자료 : 滝澤算織, 『ポイント式退職金制度の導入と設計の實務』, 社會經濟生産性本部, 1997, p.95.

이와 같이 기업들이 퇴직금제도(특히 퇴직일시금제도)를 재검토하고 개편하려는 주요배경에 대해 살펴보자.[55]

(1) 노동력의 고령화와 정년연장

기존의 일본기업의 노동력이 중고령화하여, 피라미드형에서 종형이나 역피라미드형으로 바뀌고 있다. 이는 인구구성의 고령화는 물론 후생연금 수급연령의 단계적 인하, 정년연령의 연장이나 고령자

---

55) 이에 대해서는 池川 勝, 『新退職金制度設計·導入の實務』, 日本コンサルトワループ, 1996, pp.2~6, 滝澤算織, 「ポイント式退職金制度の導入と設計の實務」, 社會經濟生産性本部, 1997, pp.6~7을 참조할 것.

고용률의 설정 등의 노동정책이 영향을 주었다.

이와 같은 기업내 노동력의 고령화 및 정년연령의 연장은 장기근속자의 증가와 퇴직금액의 증대를 야기하게 되었다. 이에 따라 기업들은 퇴직금제도를 재검토하게 되었다.

(2) 퇴직금의 고지급수준 및 퇴직금부담의 증대

일본기업들은 대부분 기본급을 산정기초로 하는 방식을 취해 왔다. 이 경우 기본급의 인상은 그대로 퇴직금 증가로 연결된다. 즉, 매년 이루어지는 정기승급과 베이스 업(base-up)은 바로 퇴직금을 크게 증가시킨다[표 10-6]. 고도 성장기 및 버블경제기에 대폭 인상된 임금수준은 저성장기 및 불황기에 떨어지지 않고 오히려 정기승급과 베이스 업에 의해 더 올라가, 기업의 퇴직금 부담을 증가시켜 기업수익에 현저한 부정적 영향을 미쳤다.

[표 10-6] 임금상승액(베이스 업+정기승급)의 퇴직금산정기초급 산입률

(단위 : 엔, %)

구 분	집계회사	임금개정(정기승급포함)		기초급 산입		산입률(B/A)
		금액(A)	율	금액(B)	율	
1994	205	9,357	3.2	6,562	2.2	70.1
1995	203	8,710	2.9	6,153	2.0	70.6
1996	163	8,598	2.8	6,017	2.0	70.0
1997	160	8,804	2.9	6,212	2.0	70.6

주 : 자본금 5억엔 이상 근로자 1,000인 이상인 기업 543개 기업을 대상으로 한 中央勞働委員會의 退職金, 年金および定年制事情調査의 결과
자료 : 産勞總合研究所, 『賃金實務』(No.818), 1998.7.15.

　이에 따라 기업들은 정기승급이나 베이스 업과 연계되지 않도록 퇴직금 산정기초를 기본급에서 다른 기준으로 바꾸고 있다. 실제로 30인 이상의 업체를 대상으로 일본 노동성이 조사한 결과에 의하면, 1989년도에 정기승급과 베이스 업에 따른 임금인상분을 퇴직금 산정기초액에 산입시키지 않은 기업은 전체(지불준비형태가 사내준비인 경우에 한함)의 각각 17.1%, 25.7%를 나타냈다[표 10-7][표 10- 8]. 또 산입한다 하더라도 일부만 산입하는 비율은 각각 32.0%와 36.1%를 차지하고 있다.

[표 10-7] 정기승급액의 퇴직일시금 산정기초액 산입(1989년)

(단위 : %)

구 분	산정기초액에 산입함				산입하지 않음
	계	전부	일부	노사협의	
비 율	82.9 (100.0)	(66.2)	(32.0)	(1.7)	17.1

[표 10-8] 베이스 업에 따른 임금증가분의 퇴직일시금 산정기초액 산입(1989년)

(단위 : %)

구 분	산정기초액에 산입함				산입하지 않음
	계	전부	일부	노사협의	
비 율	74.3 (100.0)	(60.3)	(36.1)	(3.6)	25.7

주 : [표 10-7], [표 10-8]
　1. 지불준비형태가 사내준비인 기업만의 통계임.
　2. 일본 노동성의 평성원년 퇴직금제도 지급실태조사 결과임.'
자료 : 勞働法令協會, 『退職金の制度と支給實態』, 1990.

(3) 연공주의에서 능력주의로의 이행

일본기업의 임금제도는 대체로 연공서열적 성격이 강하였다. 퇴직금도 연공주의적 성격의 기본급과 연계되어 산정되었었다. 이는 근속연수에 따라 직무능력 향상이 이루어져 높은 성과를 낸다는 전제하에 설계되었으나, 일반적으로 일정한 연령이 넘게 되면 오히려 직무능력이 떨어져 회사에 대한 공헌도도 떨어지게 된다.

일본기업들도 국제적인 시장경쟁에서 불리한 상태에 서지 않기 위해, 연공주의적 인사관리로부터 탈피하여 점차 능력주의적 인사관리로 전환해 나가고 있다. 이러한 차원에서 연공주의적 퇴직금제도도 능력주의에 기초한 산정방식으로 변화시킬 필요성이 제기되고 있다.

(4) 일본적 고용관행의 붕괴

일본기업은 오랫동안 「스톡(stock)형 고용시스템」을 채택해 왔다. 스톡형 고용의 최대특징은 정기채용, 연공처우, 종신고용이다. 기존의 퇴직금제도도 스톡형 고용을 전제로 설계되었다.

노동력의 중고령화에 따라 상위직급자들이 늘어나면서 실무층의 비율이 낮아지고 그들의 사기가 떨어지며, 의사결정이 지연되고 커뮤니케이션이 잘 이루어지지 않는 등 조직의 경직성이 발생하였다.

이제 일본기업의 고용관행이 「플로우(flow)형 고용시스템」으로 급속히 전환되고 있다. 상시채용, 경력자채용, 계약사원화, 조기퇴직우대제도 또는 선택정년제도 등의 제도가 그에 해당한다. 이러한 제도들의 공통점은 기업이 「필요할 때, 필요한 질의 인재를, 필요한 인원수만큼, 필요한 기간동안 고용하는」 정책으로 전환하는 것이다.

플로우형 고용시스템은 장기근속자에게 유리한 퇴직금제도를 역전시킨다. 단기간 근속하더라도 기업에 대한 공헌도가 높은 사람은 고액퇴직금을 받을 수 있는 「포물선형 커브」인 퇴직금제도로 변화토록 하고 있다.

(5) 사회보장제도의 정착

퇴직금은 퇴직후의 생활보장이라는 성격을 가지고 있다. 이는 과거 사회보장제도가 미흡할 때, 그 기능을 기업의 퇴직금제도가 보완해 주는 것이었다. 그러나, 오늘날 일본에서는 사회보장제도의 일환으로 공적연금제도가 충실하게 운용되고 있으며, 정년연장이나 고령자 고용률의 설정 등의 노동정책이 추진되고 있다. 이와 같은 사회보장제도의 정착에 따라 퇴직금제도의 목적과 성격이 변화되어야 할 필요성이 제기되었다.

제2절 산정방식 변경형 퇴직금 제도의 설계와 운용

과거 일본의 퇴직일시금은 주로 산정기초액(퇴직시의 기본급)에 근속연수별 지급률을 곱하여 결정되었다. 기업들은 주로 연공급 임금체계를 갖고 있었기 때문에, 매년 임금교섭에 의하여 베이스 업(base-up, 정기승급 제외)을 하게 되면 산정기초액이 증가하였으며, 이와 더불어 근속연수가 늘어남에 따라 지급률도 자동적으로 증가하였다. 이에 따라 퇴직금은 연공이 늘어남에 따라 이중으로 증가하게 되었다.

특히 1960년대 이후의 고도성장기에 임금이 매년 10% 이상 대폭적으로 상승하자, 대기업을 중심으로 산정방식을 변경하여 임금상승에 따른 퇴직금부담의 급증을 완화하려는 방안들이 강구되기 시작하였다. 주로 지급률의 변경보다는 산정기초액의 변경을 통하여 제도개선이 이루어지고 있다. 구체적으로는 임금인상이나 연공에 따른 자동인상을 억제하고, 능력에 따라 차등 지급하는 방향으로 변경되고 있다.

1. 산정기초 변경방식

(1) 변동방식(제2기본급 설정)

과거와는 달리 임금인상의 1/2 혹은 2/3만을 퇴직금의 산정기초액인 기본급으로 편입하고, 나머지 1/2 혹은 1/3은 특별급, 조정급으로 칭하는 「제2기본급」을 설정하여 그것에 이월하는 방식이다. 일본 중앙노동위원회의 조사에 의하면, 퇴직금의 산정기초액에 임금상승분을 도입하는 기업은 1955년까지는 70% 이상이었으나, 1965년에 들어와서는 60%대로 내려갔으며, 최근에는 60%정도이다.

이 방식은 퇴직금 증대를 억제하는 효과가 있으나, 임금체계를 복잡하게 하여 관리상 어려움을 주게 된다.

(2) 고정방식(별도테이블 설정)

이 방식은 퇴직금 산정기초액을 임금인상과 분리하는 것이다. 즉, 특정해(실시연도)의 임금테이블로 퇴직금 산정기초액을 고정시키며, 이 고정테이블은 2~3년마다 그 해의 임금인상이 반영된 새로운 임금테이블로 수정한다.

그러나 이세탄(伊勢丹)과 같이 슬라이드 방식을 채택하는 경우도 있다.56) 즉, 물가상승에 응하여 자동적으로 상기의 고정테이블을 상승시키는 방식이다.

---

56) 이 슬라이드제는 1973년 제도도입 초기에 채택하였다가, 1977년에 폐지하였다.

[사례1] 니콘(ニコン)[57]

니콘은 1979년 9월부터 퇴직금 산정 기초액을 기본급에서 분리시켜 퇴직시의 재적자격과 연계시킴으로써, 능력과 공헌도를 반영시키고 있다.

당사의 퇴직금의 산정기초액은 기본급과 연동되지 않기 때문에, 임금의 상승이 퇴직금에 영향을 주지 않게 되어 있다. 또한, 호수비례 부분으로, 연공적 균형을 가미하는 한편, 퇴직때의 재적자격에 의해 결정되는 자격별 일률액을 산정기초급에 넣어, 포인트제를 쓰지 않고도 능력, 공헌도를 반영시키는 것을 가능하게 하고 있다.

(1) 도입 배경

이 회사의 퇴직금제도 개편은 1979년 9월 임금제도 개정시 이루어졌다. 퇴직금 산정기초액을 기본급에서 분리하고, 퇴직때의 재적자격과 연계시켜서 능력비중을 높였다.

① 임금제도의 개정

구 퇴직금제도는 퇴직금이 「기본급×계수×퇴직사유별 지급률」 산정되었다. 이 임금제도는 담당직무 수준에 의해서 등급이

---

57) 勞務行政研究所, 「見直される基礎給・退職時賃金の分離型制度」, 『勞政時報』(第3356號), 1998.6.26, pp.18∼23.

구분되어, 인사고과에 의해 각 등급의 호수가 올라가는 정기승급을 한다. 등급구분이 직무를 기준으로 하고 있어서 능력주의적인 승격관리가 가능하지만, 당시 당사에서는 연공적인 운용에 빠져 있었다. 그래서, 1979년 9월 능력주의 추진을 목표로 직능자격에 근거한 임금제도로 개정하면서, 퇴직금제도도 필연적으로 연계되도록 개정되었다.

② 임금과 퇴직금의 연동을 해소

구 퇴직금제도는 임금과 퇴직금이 연동하고 있었기 때문에, 임금 상승이 그대로 퇴직금 상승으로 연결되었다. 그 때문에, 퇴직금 총액의 증가를 억제하는 것을 목표로 하는 임금과 퇴직금의 별도 테이블화도 요청되었다.

(2) 퇴직금제도의 내용

① 퇴직금 산정식

■■■ 산정기초급

현재 퇴직금제도의 산정식은 「자격별 일률액＋호수비례부분」(산정기초급)에 퇴직사유별 지급률을 곱하게 된다. 이 산정식의 특징은 전술한 산정기초급을 구성하는 자격별 일률액과 호수비례부분의 호봉단가가 각각 임금제도에 있어서 기본급과 분리되는 것이다.

자격별 일률액은 직무능력자격 체계의 최하위 J1급～최상위

M4급까지의 14단계마다 절대액으로 정해져 있고, 퇴직금에 능력, 공헌도를 반영시키는 산정요소로 되어있다. 퇴직때에 재적하고 있는 자격구분에 의해, 대략 5만엔으로부터 18만엔의 범위내에서 설정되어 있다[표 10-9].

[표 10-9] 자격별 일률액 설정

직능	자격구분	자격명칭	일률액(엔)
전문·관리직능	M4급	참 여	180,000
	M3급	부 장	
	M2급	차 장	
	M1급	과 장	130,000
기간직능	S5급		
	S4급	과장대리	115,000
	S3급	계 장	
	S2급	주 임	
	S1급		
일반직능	J5급		70,000
	J4급		
	J3급		
	J2급		
	J1급		50,000

제도 개정때 이 자격별 일률액의 설정액은 임금제도에 있어서 자격급의 약 50%(S4급)~70%(J1급)정도에 조정되었다. 그 후, 이 금액에 수준개정을 위해 지급총액을 배당하여가는 형으로 수정되었지만, 현재는 개정 당시와 같이 자격급에 대한 비율은 고려되고 있지 않다.

　　한편, 호수비례부분은 호수와 호봉단가가 기초가 된다. 여기서 말하는 호수란 재적자격과 고과결과에 의해서 결정되는 매년의 승급호수 [표 10-10]을 입사 때부터 퇴직 때까지 누적한 합계호수이다. 거기에서, 「1」을 뺀 숫자에 호봉단가를 곱하는 것으로 호수비례부분이 요구되지만, 호봉단가는 임금제도에 있어서의 본인급 부분의 호봉단가와는 연계되지 않고 있다. 또한, 자격별 일률액과 같고, 제도 개정때에 설정된 금액(158엔)에 수준개정을 위해 지급총액을 배당하는 유형으로, 수준을 다시 정해서 1997년 7월 1일 현재 호봉단가는 243엔(동 시기의 본인급의 호봉단가는 280엔)이었다.

[표 10-10] 승급호수표

구분	S	A	B(상)	B	C	D
M2급	40	38	36	34	32	30
M1급, S5급						
S4급						
S3급						
S2급						
S1급						
J5급						
J4급						
J3급						
J2급	22	20	18	16	14	12
J1급	–	–	16	14	12	–

　이러한 자격별 일률액과 호봉단가는 매년 가을에 다시 검토되어, 다음해 4월에 개정된다. 개정시 지난해 소비자물가상승률과 실질 개정률을 더한 개정률을 산출하여, 자격별 일률액과 호봉단가에 각각 배분하는 방법을 채택하고 있다.

　실질 개정률은 노사교섭을 통해서 결정된다. 1989년까지는 매년 재검토가 이루어졌지만, 1990년부터는 ①퇴직금의 안정수준 확보와, ②노사교섭의 성력화를 목적으로 3년마다 다시 검토하는 방식으로 변경되었다. 최근의 실질개정률의 움직임을 보면, 1993~1995년 1%, 1996~1998년 0.5%였다.

　자격별 일률액과 호수비례부분의 비중은 모델퇴직금으로 [표 10-11]와 같이 되어 있다. 이에 의하면, 자격이 올라감에 따라, 호수비례부분의 비중이 높아져서 근속연수에 의해서도 적정한 격차가 이루어지도록 설계되어 있는 것을 알 수 있다.

[표 10-11] 자격별 일률액과 호수비례부분 비중

구　　분		자격별 일률액	호수비례부분
개정직후	· · · S2급 J2급	40 60	60 40
현상	· · · S4급 S2급 J5급 J3급	50 55 60 65	50 45 40 35

▮▮▮ 퇴직사유별 지급률

위에서 본 퇴직금 산정 기초급에 퇴직사유별 지급률을 곱하여 산출되지만, 지급률을 사유별로 정리해 보면, [표 10-12]와 같이 된다.

[표 10-12] 퇴직사유별 지급률

근속연수	전년퇴직, 사망 등	회사귀책사유	본인귀책사유
5	5	4	3
10	13	10	8
20	40	30	30
30	60	45	45

이 중, 회사귀책사유에 의해 퇴직하는 경우에는 통상의 산정식에서 산정되는 퇴직금에 더하여, 근속연수에 따라 퇴직시 본인의 이론계산(기본급＋자격가급＋부양수당＋주택수당)에 의한 월정수입의 4~7개월분을 가산해 지급된다.

▮▮▮ 모델 퇴직금

당사의 모델 설정을 통해 실제의 퇴직금을 구해보자.

- 퇴직사유 : 정년(지급률 : 68.4)
- 근속연수 : 42년(지급률 계산은 만55세 도달일이 속하는 임금계산기간의 말일을 넘는 근속기간은 산입되지 않도록 근속 37년을 사용)
- 학력 : 고등학교 졸업
- 퇴직시 재적자격 : S4급(자격별 일률 11만 5000엔)
- 퇴직시 호수 : 850호
- 호봉단가 : 243엔(97년 7월 1일 현재)

이러한 항목을 퇴직금 산정식에 대입하면, 지급액 = {11만 5,000엔＋(850−1)×243엔}×68.4 = 2,197만　7,399엔이다. 그런데, 100엔 미만의 금액은 올림을 해 「2,197만 7,400엔」이 1997년 7월 1일 현재 「고등학교 졸업·근속 42년·정년」 모델 퇴직금 지급액이 된다. 지급시기는 「퇴직 또는 해고된 날에서 1개월 이내」로 규정되어 있다.

② 구제도로부터의 이행조치

현행 퇴직금제도의 산정기초급의 부분은 구제도의 퇴직금 산정식 중 「기본급×계수」부분에 해당한다. 제도이행시 퇴직금 지급총액을 4% 이상 증액하고, 제도개정에 의해 지급수준이 떨어지는 사람이 없도록 하였다.

퇴직사유별 지급률에 관하여는 본인귀책 퇴직의 경우 지급률을 일부 재검토하였지만, 그 밖의 경우에는 지급률을 재검토하지 않았다.

③ 포인트제 퇴직금 제도를 채택하지 않은 이유

제도 개정시 포인트제 퇴직금제도를 채택하지 않은 주된 이유는 다음과 같이 2가지 이유가 있다.

- 당시 일반적인 포인트제는 퇴직때까지 적립한 직무능력 포인트에 단가나 퇴직사유별 계수를 곱하는 것이어서, 적극적으로 포인트제를 채택할만한 의미를 찾아내기 어려웠다.
- 포인트제 퇴직금에서는 퇴직연금화가 가능하다.

능력·실적요소를 가미한다고 하는 점에서는 당시는 검토단계이었던 현행제도(자격별 일률액을 산정기초항목으로 하는 퇴직금제도)에서도 같은 효과가 기대할 수 있었다. 더욱이, 현행제도가 포인트제 퇴직금보다도 연금화에 대응하기 쉽다고 생각되었다.

(3) 운용상황

① 문제점

1980년대 중간에는 노사에 의한 「퇴직금·연금전문위원회」가 설치되었는데, 다음과 같은 검토과제가 있었다.

- 퇴직금 산정식에 있어서 호수비례부분의 취급을 어떻게 할 것인가 …… 연공기준과 공헌도의 비중을 재검토, 공헌도 요소를 강화할 필요는 없을까?
- 노후의 생활보장이라는 관점에서 연금제도는 충분한가?
- 퇴직금 산정기준의 재검토 방식에 관해서 …… 안정적 수준의 확보라는 관점에서, 매년 하는 노사교섭의 방식이 좋은가?

이 위원회에서는 우선 다음과 같은 기본정신을 확정하였다.

- 고령화가 진행되는 가운데 인건비부담 증가에 대응할 수 있도록 한다
- 노후의 생활비보조 기능을 할 수 있는 수준을 확보한다

- 퇴직하는 해에 의해서 불공평하지 않도록 실질수준을 안정적으로 유지한다
- 노후의 생활보장은 공적연금, 기업연금, 개인연금의 3개 기둥으로 생각한다

이상의 기본정신을 토대로,

- 퇴직연금제도를 10년 확정형으로부터 15년 보장 종신형으로 이행
- 퇴직금의 노후 생활비 보조적 기능과의 균형을 유지하면서, 산정기초급에서 차지하는 자격대응부분을 중시
- 노사협의에 의해 평균적 개정의 정식화(개정률 = 전년도 소비자물가지수 상승률＋실질개정률, 실질개정률을 3년마다 재검토)를 실시하였다.

② 주변제도와의 관련

당사의 퇴직관련제도에 조기퇴직우대제도가 있다. 우대내용은 정년취급, 우대금을 퇴직금에 가산해 지급하는 것이다.

(4) 향후과제

퇴직 후 생활의 하나의 기둥으로서의 위치를 부여하는 한편, 당초 처우제도 전반에 걸친 사고방식인 능력·실적주의의 충실과 균형을 계속 검토해 나갈 계획이다.

[사례2] 라이온(ライオン)[58]

당사는 1980년에 현행의 퇴직금제도를 도입하였다. 퇴직금 산정기초액에 근속연수별·퇴직사유별 지급률을 곱해, 개인의 퇴직금액을 산출하는 구조이다. 기초액에 관해서는 학력별 초임액을 설정하여 그것에 자격별·고과결과별 테이블을 이용해 매년 고과에 따라 증액을 한다. 퇴직금의 산정 베이스는 개인의 임금과는 완전히 별개로 이루어지기 때문에, 베이스 업(base-up) 등의 영향을 받지 않는다.

정년연령을 연장하였을 때 부분적으로 수정하였지만, 기본적으로는 도입 때의 제도가 그대로 쓰이고 있다.

(1) 기본방향

① 배경과 경위

현행 퇴직금제도가 도입된 것은 1980년 1월이다. 그 당시 당사는 라이온 치약과 라이온 유지의 합병에 의해 탄생하였다. 그 후, 1983년 4월에 정년연령 연장을 하면서 부분적으로 수정을 하였지만, 기본적인 틀은 도입 때의 골격을 그대로 유지하고 있다.

---

58) 勞務行政研究所, 「見直される基礎給・退職時賃金の分離型制度」, 『勞政時報』(第3356號), 1998.6.26, pp.24~29.

② 기본방침

당사의 퇴직금제도는 퇴직금액을 개인의 임금과 연계시키지 않는 방식이기 때문에, 베이스 업(base-up) 등에 의해 임금수준이 상승하더라도 그 영향을 받지 않는다. 그 때문에, 18년간에 걸친 운용과정에서도 지급기준액(原資)이 커지는 문제는 없었다.

(2) 제도의 구조

① 대상 등

당사의 퇴직금제도는 퇴직일시금과 후생연금기금(조정연금)으로 이루어진다. 퇴직일시금의 지급대상은 근속 1년 미만인 사원과 촉탁·특별사원을 제외한 전 사원이다. 연금은 가산부분의 가입자격을 근속 3년 이상 또는 21세 이상으로, 가입기간이 20년 이상(38세 이상은 17년)의 사원에게 수급자격을 주고 있다. 「복지연금」이라고 이름이 지어진 당사의 연금제도는 정년까지 근무한 경우의 전형적인 사례로 월액 32만~33만 엔을 종신으로 수급할 수 있다.

이하에서는 퇴직일시금제도의 내용을 중심으로 기술한다.

② 산출기초액

개인의 퇴직일시금은 퇴직금산출기초액에 지급률(퇴직금지급률＋가급률)을 곱하여 계산한다. 퇴직금산정의 기초가 되는 「산출기초액」은 개인의 임금과는 완전히 연계되지 않는다. 「신입사원 퇴직금 초임 기초액」[표 10-13]을 베이스로 절대액으로 정해 진 자격별·고과별 테이블[표 10-14]에 의해 매년 고과에 따른 금액을 증액하는 방식이다.

[표 10-13] 신입사원 퇴직금 초임 기초액

구　　분	퇴직금 초임 기초액(엔)
대학원(박사) 졸업	69,500
대학원(석사) 졸업	53,000
대학졸업	49,500
단기대학졸업	42,500
고교졸업	37,500
중학교 졸업	30,500

[표 10-14] 자격별 기초액 증액표

(단위 : 엔)

구　분	A$^+$	A	B	C
이사	12,500	11,000	9,500	8,000
부이사	12,000	10,500	9,000	7,500
참사1급	11,500	10,000	8,500	7,000
참사2급	11,000	9,500	8,000	6,500
참사3급	10,500	9,000	7,500	6,000
주사1급	10,000	8,500	7,000	5,500
주사2급	9,500	8,000	6,500	5,000
주사3급	9,000	7,500	6,000	4,500
주사4급	7,000	6,000	5,000	4,000
사원1급	6,000	5,000	4,000	3,000
사원2급	5,500	4,500	3,500	2,500
사원3급	4,000	3,500	3,000	2,000

고과순위는 「A⁺」~「C」의 4단계이다. 상대평가에 의해서 A⁺ : A : B = 2 : 6 : 2의 비율로 정해진다. 「C」는 근무불량 등 예외적 경우이다. 승격시에는 [표 10-15]의 가산도 한다. [표 10-16]의 자격별·고과결과별 가산, [표 10-17]의 승격시 가산은 연 1회, 4월 1일에 실시한다. 단, 산출기초액의 최고 한도액을 22만엔으로서, 그 이상의 증액은 하지 않는다.

또, 중도채용자나 특수한 기능을 가진 사원은 입사 때의 임금과 입사 때까지의 경력을 감안하여 별도로 결정한다.

[표 10-15] 승격시 기초액 증액 가산표

(단위 : 엔)

구 분	가산액
부이사~이사	3,000
참사1급~부이사	2,000
참사2급~참사1급	2,000
참사3급~참사2급	2,000
주사1급~참사3급	2,000
주사2급~주사1급	2,000
주사3급~주사2급	2,000
주사4급~주사3급	1,500
사원1급~주사4급	1,500
사원2급~사원1급	1,000
사원3급~사원2급	1,000

③ 지급률

기본이 되는 지급률은 [표 10-16]과 같다. 보통퇴직(회사사유)과 자기사유퇴직의 퇴직사유별로 근속연수마다 지급률이 다르게 설정되어 있다.

[표 10-16] 지급률표

근속연수	회사사유퇴직	자기사유퇴직	근속연수	회사사유퇴직	자기사유퇴직
1	1.0	0.6	19	29.5	25.0
2	2.0	1.2	20	31.0	좌동
3	3.0	1.8	21	33.0	〃
4	4.0	2.5	22	35.0	〃
5	7.0	3.5	23	37.0	〃
6	8.5	5.0	24	39.0	〃
7	10.5	6.5	25	41.0	〃
8	12.5	7.5	26	42.5	〃
9	14.0	8.5	27	44.0	〃
10	16.0	11.0	28	45.5	〃
11	17.5	12.0	29	47.0	〃
12	19.0	13.0	30	48.5	〃
13	20.5	14.0	31	50.0	〃
14	22.0	15.0	32	51.5	〃
15	23.5	18.5	33	53.0	〃
16	25.0	19.5	34	54.0	〃
17	26.5	21.0	35	55.0	〃
18	28.0	23.0			

  산출기초액은 매년 [표 10-16]의 자격별·고과결과별로 정해진 금액이 더해진다. 즉, 개인의 공헌도에 의해 퇴직금 베이스에 차이가 난다. 이에 대하여, 지급률의 계수는 연공을 중시해 근속연수가 길어질수록 유리하게 되는 구조라 할 수 있다.

  이 지급률에 퇴직사유에 따라 각종 가급률이 가산된다. [표 10-17]과 [표 10-18]은 ①정년, ②사망, ③만 55세 이상에서의 퇴직의 어느 것에 해당할 때에, 각각 자격 또는 직위에 따라 가산된다.

[표 10-17] 자격가급률표

구 분	가급액
이사	25.0
부이사	20.0
참사1급	15.0
참사2급	12.0
참사3급	10.0
주사1급이상	9.0

[표 10-18] 직위별 가급률표

구 분	가급액
주석간부	15.0
부주석간부	10.0
주임간부	6.0
부주임간부	3.0

이 외에, 업무상의 사망·부상·질병 등 특별한 경우에 적용되는 「특별지급률」, 회사사유에 의한 해고 시에 가산되는 「회사사유해고 가급률」이 있다.

(3) 향후의 과제

당사의 퇴직금제도는 정기승급이나 베이스 업(base-up)의 영향을 받지 않기 때문에, 제도를 개정하지 않는 한 개인이 받는 금액의 수준도 변하지 않는다. 따라서, 퇴직시 임금을 산정베이스로 하는 제도와 비교하여 문제가 적은 제도이다.

이러한 전제 하에 향후의 과제로 다음과 같은 점을 들 수 있다.

① 인건비의 배분

여력이 있으면 퇴직금 보다 급여를 더 배분하는 것이 좋다는 의견이 있다. 마쓰시타전기산업과 같이 퇴직금 지급총액을 깎아 급여에 지급하는 방식은 당사에서는 현재로는 검토할 계획은 없다. 다만, 인건비 배분의 문제로서, 퇴직하여 그만두는 단계에 지불하는 몫보다도 그 후에 회사에서 계속 일하면서 받는 몫으로 돌리는 방향의 제도개선을 검토하고 있다.

② 공헌도의 반영

최근 퇴직금 포인트제를 도입하는 기업이 증가하고 있는데, 포인트제는 일찍 승격하여 활약한 사원에게 보답한다는 것이 도입

취지 중 하나이다. 그러한 점에서, 당사의 제도는 불충분하다고 볼 수 있다.

당사에서는 기초액에 대하여 매년 자격별·고과별 증액을 함과 동시에, 기초액에 상한을 마련하여 근속연수가 증가해도 일정 수준 이상으로는 증가하지 않게 하였다.

향후에는 개인의 공헌도를 더 반영하는 방향으로 개정하는 것도 검토할 예정이다.

③ 연금

가치보정의 의미도 있어 향후 2년 이내에 현행 연금제도 이외에 유기연금도 도입하자는 계획을 수립한 적이 있다. 퇴직금 지급총액을 이행하여 연금화하는 것은 아니고, 새롭게 연금을 마련할 예정이었다. 그러나, 버블 당시에 이 계획을 입안하였는데, 그 후 연금자산의 운용사정이 급격히 악화되었다. 종래부터 연금의 재원문제를 어떻게 할 것인가가 선결과제여서, 상기의 계획은 소멸하였다.

④ 고용연장

당사의 정년은 60세이고, 그 후의 재고용제도는 없다. 당사는 특정한 사원의 재고용이든 일률적인 65세까지 정년연장이든 고용을 연장할 필요는 느끼고 있다. 따라서, 고용연장에 관한 구체적인 계획은 없지만, 근간 어떠한 대응이 필요할 것으로 예상된다.

2. 업적가미방식

일본기업의 퇴직금은 원래 공로를 보상하는 차원에서 태동하였다. 재직 중의 업적과 공로를 기준으로 하지 않고 단순히 근속연수만을 기준으로 할 경우 생산성 향상에 부정적 영향을 미치게 된다. 따라서 퇴직할 때 재직중의 근무태도나 업무성과를 정확히 평가하여 그 결과를 지급액에 반영시키는 기업들이 늘고 있다.

이와 같은 업적을 가미하는 퇴직금 산정방식은 기본적으로 다음과 같은 산정식을 따르고 있다.[59]

> **퇴직금 = 퇴직기준금 × 근속연수별 지급률 × 업적평가계수**

여기서, 퇴직기준금은 대체로 기본급, 기본급의 일부 또는 기본급＋직책수당의 3가지 기준을 따르고 있다. 이제 업적가미방식의 주요 관심사인 업적평가에 대하여 구체적으로 살펴보자.

(1) 업적평가 가중치

전체 퇴직금 중 어느 정도 업적평가를 고려할 것인가와 관련하여 대체로 지급액 전체를 업적평가 대상으로 삼는 방식과 지급액 일부를 업적평가 대상으로 삼는 방식이 있다. 예를 들어, 퇴직기준금이 기본급일 경우의 업적평가 비율별 산정식은 [표 10-19]와 같다.

---

59) 오기하라 마사루, 『임금제도 혁신매뉴얼(5) : 퇴직금제 매뉴얼』, 21세기북스, 1996, 133~134쪽.

[표 10-19] 업적평가 비율별 산정식

업적평가 부분비율	퇴직금 산정식
지급액의 20%를 업적평가 대상으로 할 경우	퇴직금 = (기본급×지급률×0.8) + (기본급×지급률×업적평가계수×0.2)
지급액의 25%를 업적평가 대상으로 할 경우	퇴직금 = (기본급×지급률×0.75) + (기본급×지급률×업적평가계수×0.25)
지급액의 33%를 업적평가 대상으로 할 경우	퇴직금 = (기본급×지급률×0.67) + (기본급×지급률×업적평가계수×0.33)
지급액의 50%를 업적평가 대상으로 할 경우	퇴직금 = (기본급×지급률×0.5) + (기본급×지급률×업적평가계수×0.5)
지급액의 100%를 업적평가 대상으로 할 경우	퇴직금 = 기본급×지급률×업적평가계수

자료 : 오기하라 마사루, 『임금제도 혁신매뉴얼(5) : 퇴직금제 매뉴얼』, 21세기북스, 1996, 136쪽.

이와 같이 퇴직금 산정시 재직 중 업적을 반영하는 비율을 다양하게 설계할 수 있다. 여기서 업적을 반영하는 비율을 제도 도입시부터 계속 단일 가중치를 적용할 것인가 아니면 그 가중치를 시간의 경과에 따라 단계별로 변경할 것인가 하는 문제가 제기된다.

업적평가 방식을 처음으로 도입할 경우에는 처음부터 퇴직금 전액을 업적평가 대상으로 삼는 것보다 처음에는 20%나 25%를 적용하다가 차츰 40%, 60% 등으로 높여 나가는 단계적 적용방식이 부작용을 최소화시키는 보다 현실적인 방안이 될 것이다.[60]

(2) 업적평가계수

근속연수가 같은 사원들일지라도 회사에 대한 공헌도는 각기 다

---

60) 오기하라 마사루, 『임금제도 혁신매뉴얼(5) : 퇴직금제 매뉴얼』, 21세기북스, 1996, 136쪽.

르다. 이러한 공헌도를 계수화한 것이 바로 '업적평가계수'이다. 이 계수는 업적평가의 결과에 따라 개인별로 부여된다. 업적평가계수를 결정하기 위한 평가등급은 매우 다양하게 나타날 수 있다. 보통 3등급~5등급으로 결정되고 있다. 그 예는 [표 10-20] [표 10-21]에 나타나 있다.

[표 10-20] 3등급 업적평가계수 결정(예)

	평 가	계 수
A	일을 잘했다. 매우 열심히 했다.	1.15
B	보통으로 일했다. 표준적으로 일했다.	1.0
C	부족했다. 그다지 열심히 하지 않았다.	0.85

자료 : 오기하라 마사루, 『임금제도 혁신매뉴얼(5) : 퇴직금제 매뉴얼』, 21세기북스, 1996, 138쪽.

[표 10-21] 5등급 업적평가계수 결정(예)

	평 가	계 수
S	일을 매우 잘했다. 매우 열심히 일했다.	1.2
A	일을 잘했다. 열심히 일했다.	1.1
B	보통으로 일했다. 표준적으로 일했다.	1.0
C	조금 부족했다. 그다지 열심히 하지 않았다.	0.9
D	부족했다. 열심히 하지 않았다.	0.8

자료 : 오기하라 마사루, 『임금제도 혁신매뉴얼(5) : 퇴직금제 매뉴얼』, 21세기북스, 1996, 138쪽.

(3) 업적평가 대상과 방법

업적평가는 재직 중 업적과 관련성이 높은 항목을 대상으로 평가한다. 이에 따라 근무태도와 업무성적을 대상으로 한다. 즉, 인사고과의 주 대상인 태도고과, 능력고과, 성적고과 중 태도고과와 성적고과를 기준으로 한다.

따라서, 업적평가의 주안점은 규율성, 협조성, 적극성, 책임성, 관리 및 통솔, 지도 및 육성, 경영의식, 업무의 양과 질이 된다.

이 때, 일반사원과 관리직은 그 지위와 역할이 다르기 때문에 이를 감안하여 평가항목이 달리 구성되어야 한다. 보통 일반사원은 규율성, 협조성, 적극성, 책임성, 업무의 양과 질을 평가하고, 관리직은 적극성, 책임성, 경영의식, 업무의 양과 질, 관리 및 통솔, 지도 및 육성을 평가한다.

업적을 평가하는 방법에는 대체로 다음과 같이 3가지 종류가 있다.

① 선택(評語)식

이 방식은 미리 일정한 평가어를 정하여, 피평가자(퇴직자)가 그 중 어디에 해당하는지 평가자(퇴직자의 상사)에게 확인시키는 방식이다. 예를 들어 5단계(S = 매우 훌륭하다, A = 훌륭하다, B = 보통이다, C = 조금 부족하다, D = 매우 부족하다) 기준을 제시하고, 평가자가 이중에서 어디에 해당하는지를 선택하게 하는 것이다.

② 점수식

이 방식은 만점을 정해 놓고, 평가자가 그 범위 내에서 몇 점에 해당하는지를 판정하게 하는 방식이다. 예를 들어, 10점 만점이라면 그 범위 안에서 피평가자의 점수를 자유롭게 부여하는 것이다.

③ 문장식

이 방식은 특별한 기준이 없이 평가자가 자유롭게 문장으로 평가하는 방식이다.

이 중에서 업적평가를 통일하고 효율화한다는 관점에서 보면 선택식이나 점수식이 좋다. 선택식의 경우에는 평가단계를 몇 개로 설정하는가가 가장 중요하다. 너무 적게 설정하면 세심한 평가가 어렵고 너무 많이 설정하면 판단하기가 어려워진다.

(4) 업적의 평가자와 대상기간

업적을 평가할 때에는 대상기간을 명확히 정해 놓아야 한다. 재직 중 전 기간을 대상으로 할 수도 있고, 일정기간만 그 대상으로 할 수도 있다. 전자의 경우에는 재직 전 기간 동안의 매 시점마다의 평가를 중시하는 것으로, 매년 정기적으로 실시되는 인사평가 결과에서 퇴직금 지급과 관련한 업적평가 항목만을 따로 기록하여 이를 평균한 수치를 활용하는 방법이다. 후자의 경우에는 퇴직시점에서의 평가를 중시하는 것으로, 퇴직전 일정기간을 정해 놓고 그 기간동안의 태도와 성적을 평가한다. 이 경우 '일정기간'을 어느 정도로 잡을 것인가가 초점이 된다. 너무 길게 잡으면 평가자의 선정이 어렵고 그 기록이 없어 평가가 어려워지는 단점이 있으며, 너무 짧게 잡으면 재직중의 업적을 가미한다는 취지에 어긋나게 된다. 이 경우 대체로 퇴직 전 5년 정도로 결정하는 것이 무난하다.[61] 또한, 평가자는 해당기간의 상사가 각각 하도록 한다. 그런데, 이동 전후의 상사 평가가 달랐을 때에는 인사부가 각 평가자의 평가이유와 근거를 듣고 조정해야 한다.

---

61) 오기하라 마사루, 『임금제도 혁신매뉴얼(5) : 퇴직금제 매뉴얼』, 21세기북스, 1996, 148~149쪽.

[사례1] 미쓰비시(三菱) UFJ 종합연구소[62]

(1) 구제도의 특징

① 구제도의 개요

개정 전의 퇴직금제도는 1992년 4월에 적용되기 시작하였다. 그 특징은 다음과 같은 3가지를 들 수 있다. 첫째, 퇴직금이 「기본금」과 「공로금」의 2가지로 구성되어 있다. 기본금은 퇴직때 자격에 따른 산정기초액에 근속연수별 지급률을 곱해 산출하고, 공로금은 600만엔을 상한으로 전액 고과결과에 따라 개인별로 결정된다. 둘째, 퇴직금 수급자격은 근속연수 3년 이상이다. 근속연수 3년 미만의 사원에게는 퇴직금을 지급하지 않는다. 셋째, 퇴직금은 전부 일시금으로 일괄 지급한다.

② 구제도의 문제점

이와 같이 구 퇴직금제도는 기본적으로 전형적인 연공주의 제도였다. 이 제도의 도입 후 약 5년 간의 운용과정에서 다음과 같은 문제점이 나타났다.

첫째, 보수제도 전체의 정합성이 떨어지게 되었다. 이 회사는

---

62) 勞務行政研究所, 「劃期的な退職金制度の新機軸」, 『勞政時報』(第3356號), 1998.6.26, pp.11~17. 2002년 4월 三和은행과 東海은행이 합병하고, 2006년 1월 UFJ은행과 도쿄마쓰비시 은행이 합병하여, 기존의 三和종합연구소가 UFJ종합연구소와 합병하여 미쓰비시 UFJ 종합연구소가 되었다.

1995년에 임금제도를 성과주의적 제도로 전면 개정하였다. 그러나, 퇴직금제도만 연공주의적 구조로 남아있게 되었다.

둘째, 「자유로우나 자기책임이 강한」 사풍(社風)과 어울리지 않았다. 이 회사에서는 일의 프로세스는 사원들에게 자유롭게 맡기는 대신, 성과에 대해서 개인에게 철저히 책임을 묻는 경영방침 하에, 재량노동제나 사내공모제 및 자유복장제 등을 시행하고 있었다. 퇴직금제도도 이러한 방향으로 개정할 것을 검토하게 되었다.

셋째, 수익관리에 대하는 사고방식이다. 종래, 당사의 사원간에는 「퇴직금은 별도의 주머니로부터 나오는 것」이라는 사고방식이 일반화되어 있었다. 퇴직금의 재원이 무엇을 기초로 마련되고 있는가 하는 의식은 부족했던 것이다. 그러나, 당사에서는 수년간에 수익관리가 정비되어 개인별로 채산성을 따질 수 있도록 되었다. 또, 임금제도는 개인이 올린 수익을 재원으로 보수를 지급하는 성과주의의 사고방식이 받아들여졌다. 이러한 사정으로부터 퇴직금에 있어서도 재원과의 관계를 명확히 하자 하는 것이었다.

(2) 임금 · 평가제도

① 임금제도

설립 후 10년이 경과한 1995년 7월, 「싱크 탱크(think tank)에 어울리는 임금제도」를 구축하자는 취지로 전면적인 재검토를 하였다. 특징은 성과주의를 철저히 도입하자는 것이었다. 개인별로 채산성을 관리해 그 일정비율을 개인의 배분액(연봉)으로 하고, 상여금은 연봉에서 이미 지급하고 있는 기본급을 뺀 금액으로 하는 '수익배분방식'이다.

즉, 개인의 연봉은 '그 사람이 1년간 올린 수익의 일정비율'이고, 월례임금(기본급)은 그 중에 일부를 '임시지불'한다고 간주한다. 그리고, 본인의 연봉으로부터 임시지불한 월례임금의 12개월분을 뺀 잔액을 상여금으로 지급한다. 기본급은 각 자격마다 단일률로 한다. 관리직으로 가장 젊은 부주임연구원의 경우 월 50만엔이고, 연간 600만엔이 된다. 또, 기본급은 자격급과 직무급으로 구성된다.

본인에 대한 배분액이 되는 「수익의 일정비율」을 정하는 방법은 수익의 1/3은 회사의 이익, 1/3은 세금, 남은 1/3은 개인에게 환원되는 구조이다. 따라서, 본인이 1년간에 올린 수익의 1/3과 월례임금의 12개월분과의 차이를 상여금으로 지급한다. 단, 개인의 연간 수익목표의 달성도에 따라 상여금의 지급월수를 결정한다. 달성도와 지급월수의 관계를 가리키는 산식은 사전에 밝히고 있다. 관리직을 예로 들면, 개인목표의 달성률과 지급월수의 관계는 [표 10-22]와 같다. 목표를 100% 달성하면 연간 7개월 지급되지만, 예년 목표의 3배의 수익을 올리면 25개월분의 상여금을 받는 사람도 있지만, 목표를 25% 밖에 달성하지 못해 상여금을 전혀 받지 못하는 사람도 있다.

[표 10-22] 목표달성률과 상여지급월수의 관계

구 분	25%	…	100%	200%	300%
상여지급월수	0	…	7	16	25

상여금에 25개월 정도의 격차가 있기 때문에, 연봉에서 개인 업적에 따라 수입에 큰 차이가 보일 수 있다. 부주임연구원의 경우, 기본급은 일률 50만엔이기 때문에, 상여금이 25개월분 지급되면 연봉은 1,850만엔, 상여금이 영(zero)이면 600만엔이 된다. 성적이 좋은 사람의 연봉은 나쁜 사람의 3배가 되는 것이다.

당사가 이렇게 성과주의를 철저히 적용하는 이유는 성과주의가 능력주의보다도 합리적이라고 생각하였기 때문이다. 즉, 능력주의는 평가를 아무리 잘해도 객관적으로 될 수 없기 때문에, 성과를 객관적으로 판단하는 조건만 갖춘다면, 성과주의가 납득성·공평성의 측면에서 우수하다고 판단한 것이다. 또한, 성과주의에 철저한 임금제도는 개인의 보수가 '시장가격' 그 자체가 된다.

② 평가제도

평가는 자격마다 거의 자동적으로 결정되는 개인목표를 개인에게 제시하여, 1년 후에 그 사람의 실적을 산출하여 달성도를 구한다. 구체적인 산출방식은 다음과 같다.

일은 기본적으로 전부 유료의 프로젝트로 분해할 수 있다. 통상, 각 프로젝트는 여러 사람의 팀 단위로 이루어지고 있다. 프로젝트가 완료된 시점에서 손익을 계산하여, 그 프로젝트에 참가한 멤버의 공헌비율을 논의해 결정한다. 예컨대, 어떤 프로젝트로 1,000만엔의 수익이 있는 경우, 담당자간의 협의에 의해 리더 A는 40%인 400만엔, D는 30%의 300만엔, …과 같이 배분한다. 이렇게 하여 개인이 1년간에 관계된 모든 프로젝트 배분액을 정하고, 그것을 합계한 값을 그 사람의 연간 실적액으로 한다.

각 프로젝트의 멤버 선정에 있어 공모제를 채택하고 있어서, 어떤 프로젝트에 참가할 것인가는 개인이 자유롭게 선택할 수 있다. 단, 각 프로젝트의 멤버는 응모자 중 리더가 선발되기 때문에, 선발되어야만 참가할 수 있다.

(3) 신퇴직금제도의 내용

① 개정시기 및 적용대상

신제도는 약 1년간 검토해 1997년 7월에 도입하였다. 신제도의 대상자는 구제도와 같이 입사 3년 이상의 사원이다.

② 신제도의 특징

▪▪▪ 연봉과의 연계

신제도의 가장 큰 특징은 퇴직금을 각 개인의 연봉에 연계시킨 점이다. 즉, 종래의 퇴직시 자격에 의한 산정베이스에 근속연수에 대응한 지급률을 곱하는 방식을 버리고, 각 개인의 그 해의 연봉의 5% 상당액을 매년 적립하는 방식을 채택하였다. 퇴직금을 연봉에 연계시킨 결과, 퇴직금도 성과주의형 제도로 변경되었다. 또, 과거에는 퇴직사유별(자기사유, 회사사유)로 지급률이 달랐지만, 신제도에서는 「연봉×5%」로 일률적이 되었다.

각 년도의 퇴직금 상당액은 일단 포인트로 바꿔 적립된다. 기본급은 「자격포인트」, 상여금은 「업적포인트」에 나누어 관리하고 있다. 포인트 단가는 「자격포인트」, 「업적포인트」 모두 1 포인트 = 1,000엔이다.

② 퇴직금 수급시기의 선택

두 번째 특징은 퇴직금의 수급시기를 개인이 선택할 수 있도록 한 것이다. 대상자는 과거와 같이 퇴직때 받을 수도 있고, 매년 그 해 발생분을 받을 수 있다. 당사에서는 후자를 「전액연봉방식」이라 부르고 있다. 이 방식을 선택하더라도 월정급여는 변동시키지 않고, 연 2회의 상여금 지급시 연봉의 5% 상당액을 각각 1/2씩 가산하여 지급한다. 또, 「전액연봉방식」의 경우 통상의 급여소득세율이 적용되기 때문에, 퇴직소득 과세의 혜택은 받지 못한다. 그러나, 당사에서는 퇴직때에 받는 경우와 비교하여 세제상 불이익을 입는 사람에 대해서 보전은 하지 않는다.

수급방법의 선택은 퇴직금의 수급자격이 주어지는 입사 후 3년 경과시점에서 이루어지며, 그 후 관리직으로 승진하여 연봉제의 대상이 될 때 다시 선택할 수 있다.

③ 금리의 반영

매년 말에 그 해의 1년 정기예금의 평균금리의 50%를 누적포인트에 곱하는 것으로 하였다. 퇴직금 재원 이자의 거의 절반을 법인소득세로 내기 때문에, 회사의 실질실수입분이 되는 나머지의 50%를 사원에게 환원한다.

(4) 검토과정과 이행조치

① 검토과정

퇴직금을 연봉의 5%로 한 것은 기존의 제도를 기초로 시뮬레이션을 하여 얻어진 값과 비교한 결과이다. 구 퇴직금제도에 의해서 20년 뒤의 퇴직금 비용과 급여의 비율을 시산한 바, 5% 가량이 된다는 결과가 나왔다. 그래서, 제도개정에 의해서 사원이 불리하게 되지 않도록 그것을 상회하는 5%로 결정한 것이다.

검토를 시작한 초기단계에서는 우선, 개인별 연간 총배분액을 결정하여, 그 중에서 월례임금·상여금과 퇴직금을 본인에게 자유롭게 정하는 방식을 도입할 계획이었다. 그러나, 이와 같이 하면 전액이 연봉으로 간주되어 급여소득으로 과세되기 때문에, 대신에 퇴직금을 포함 연봉의 105%를 본인의 연간 배분액으로 하였다.

② 이행조치

구 퇴직금제도가 적용되는 마지막 날인 1997년 6월30일 현재,

구제도에 의한 개인의 퇴직금 상당액을 계산하여 그것을 신제도의 포인트에 환산하였다. 구제도의「기본금」에 있어서는 공식대로 계산할 수 있다.「공로금」은 전액 인사고과로 금액을 결정하는 것이기 때문에, 매년 개인별손익상황을 계산하여 각 개인의 누적흑자의 일정비율을 환원하였다.「기본금」은 자기사유 퇴직의 지급률을 적용하였다. 기존의 제도는 근속 26년 미만의 자기사유 퇴직자에 대하여서는 정년퇴직 등 회사사유에 의한 경우의 50%에 감액하는 조치를 하고 있었다. 그러나, 당사에는 근속연수가 26년 이상이 되는 것을 기대할 수 있는 사원이 대단히 적다. 그래서, 근속이 26년을 넘은 사람에게는 퇴직 때에 차액을 정산·보전한다고 하는 보정조치를 마련한 뒤, 자기사유 퇴직으로 환산하는 것으로 결정하였다.

(5) 평가와 과제

① 사원의 반응과 선택

지금까지 임금제도는 대단히 성과주의적인 것임에도 불구하고, 퇴직금제도는 연공적인 것이었기 때문에, 반대하는 사원은 거의 없었다.

제도 도입 때에「전액연봉방식」을 고른 사원은 대상자 206명 중 9명이다. 전체의 5%도 되지 않았다. 예상 밖에 적은 비율이었다.

전액연봉방식을 선택하고 싶었으나 선택하지 않은 많은 사원들이 있다. 그들은 세율의 차이가 커서 큰 불이익을 보게 되기 때문이었다.

② 향후과제

향후의 검토과제는 연봉액의 결정에 더 유연성을 갖게 하는 것과 관리부문을 포함시킨 개방형 평가시스템의 구축을 들 수 있다.

3. 포인트기준 방식

이 방식은 퇴직금이 (산정기초액×근속연수별 지급률)이 아니라 (포인트×단가)로 결정되는 것이다. 이 방식은 퇴직금이 임금후불이 아니라 공로보상이라는 성격으로 규정하고, 기업에 대한 공로의 척도로서 전적으로 또는 부분적으로 직능자격을 반영시켜 결정하는 것이 타당하다고 보는 것이다.

기업의 인사관이 연공서열중심으로부터 능력성과주의로 전환되며, 개개인의 능력성과에 따른 처우가 중시되고, 기업내에 의욕있는 유능한 근로자의 자기실현을 지원해주어야 하는 기업의 책임이 막중해졌다. 이에 따라 1975년부터 확산되기 시작하였다.

포인트식 퇴직금제의 최대의 장점으로는, 종업원의 직무능력지수가 누적되어 있으므로 정년시에 직무능력이 다소 떨어지더라도 과거의 공헌도가 훌륭할 경우 그 해당분이 퇴직금에 충분히 반영된다. 또한 퇴직때의 급여가 퇴직금에 곧바로 연결되지 않기 때문에, 기업내에서 정년이 연장됨으로써 급여가 인하되더라도 별 문제가 발생하지 않는다. 즉, 연공적 임금체계가 붕괴하더라도 재직기간 중의 누적평가에 의해 합리적인 퇴직금을 지급받게 된다.

(1) 유형

포인트식 퇴직금제도는 근속기간중에 포인트를 누적시키는 「누적형」과 퇴직시점에서 조건을 설정하는 「퇴직시 조건설정형」의 두가지 형태가 있다.[63] 또, 포인트 요소와 단가의 결합형태에 따라 분류할 수 있다. 포인트 요소에 따른 종류에는 근속, 직능, 연령 등의 포인트 중 하나의 요소만을 채택하는 단일요소 포인트제와 두가지 이상의 요소를 복합적으로 채택하는 복합요소 포인트제로 구분할 수 있고, 단가에 따른 종류에는 1포인트당 동일금액으로 정하는 것과 같은 일률단가제도와 근속연수에 따라 여러단계로 1포인트당 금액에 차등을 두는 것과 같은 조건부단가제도가 있다. 이러한 4가지를 조합하는 방식에 따라 여러 가지 방식이 생긴다.

(2) 누적형 포인트제

① 유형

누적형 포인트제중 포인트의 요소에 따라 가장 일반적으로 사용되는 것은 ①근속연수·자격등급 ②자격등급 ③자격등급·직책의 3가지 유형이다.[64]

■■■ 근속연수·자격등급 점수방식

근속연수·자격등급 점수방식은 근속연수 점수와 자격등급 점수를 합산한 총점에다 단가를 곱하여 퇴직금을 결정하는 방식이다.

$$\text{퇴직금} = (\text{근속연수 점수} + \text{자격등급 점수}) \times \text{단가}$$

■■■ 근속연수·직책 점수방식

근속연수·직책 점수방식은 자격등급 점수와 직책점수를 합산한

---

63) 瀧澤算織, 『ポイント式退職金制度の導入と設計の實務』, 社會經濟生産性本部, 1997.

64) 오기하라 마사루, 『임금제도 혁신매뉴얼(5) : 퇴직금제 매뉴얼』, 21세기북스, 1996.

총점에다 단가를 곱하여 퇴직금을 결정하는 방식이다.

$$퇴직금 = (근속연수\ 점수 + 직책\ 점수) \times 단가$$

▦ 자격등급 점수방식

자격등급 점수방식은 자격등급 점수에다 단가를 곱하여 퇴직금을 결정하는 방식이다.

$$퇴직금 = 자격등급\ 점수 \times 단가$$

② 포인트 결정기준

▦ 근속연수 점수결정

근속연수 점수는 직책이나 자격등급 등과 관계없이 단순히 근속연수에 따라 전 사원에게 일률적으로 적용한다. 이에는 단일률 적용방식과 차등률 적용방식이 있다. 단일률 적용방식은 근속연수 1년당 특정한 수(예를 들면, 1 또는 2)를 더해가는 방식이다.

이와는 달리 차등률 적용방식은 근속연수에 따라 적용하는 수가 다른 경우이다. 이에는 누진율 방식과 근속연수 단위기간별 차등률 방식이 있다. 전자는 근속연수가 늘어남에 따라 적용하는 숫자가 커지는 경우이고, 후자는 근로자의 생산성-임금 프로파일(profile)을 고려하여 근속연수가 늘어남에 따라 초기에는 늘어나다가 다시 감소시키는 경우이다[표 10-23].

[표 10-23] 근속연수 점수(예)

근속연수	점수	차이	근속연수	점수	차이	근속연수	점수	차이
			만16년	160점	10점	만31년	275점	0점
			만17년	170점	10점	만32년	275점	0점
만3년	10점		만18년	180점	10점	만33년	275점	0점
만4년	20점	10점	만19년	190점	10점	만34년	275점	0점
만5년	30점	10점	만20년	200점	10점	만35년	275점	0점
만6년	40점	10점	만21년	210점	10점	만36년~	275점	0점
만7년	50점	10점	만22년	220점	10점			
만8년	65점	15점	만23년	230점	10점			
만9년	80점	15점	만24년	240점	10점			
만10년	95점	15점	만25년	250점	10점			
만11년	110점	15점	만26년	255점	5점			
만12년	125점	15점	만27년	260점	5점			
만13년	140점	15점	만28년	265점	5점			
만14년	155점	15점	만29년	270점	5점			
만15년	170점	15점	만30년	275점	5점			

자료 : 오기하라 마사루, 『퇴직금제 매뉴얼』, 21세기북스, 1996, 110쪽.

■■■ 자격등급 점수결정

자격등급 점수는 직능자격제도의 자격등급을 기준으로 결정된다. 즉, 각 자격등급의 체류 1년당 점수[표 10-24]에다 각 개인의 체류 연한을 곱하여 각 자격등급의 총점이 결정된다.

[표 10-24] 자격등급 점수(예)

자격등급	체류1년당 점수
사원1급	8점
사원2급	12점
사원3급	16점
사원4급	20점
사원5급	25점
사원6급	30점
사원7급	35점
사원8급	42점
사원9급	50점

자료 : 오기하라 마사루, 『퇴직금제 매뉴얼』, 21세기북스, 1996.

　예를 들어, 사원 3급으로 입사하여 사원8급으로 퇴직한 사람의 경우의 자격등급 점수는 다음과 같이 결정된다. 각 자격등급에 머문 기간이 각각 3년이라고 가정하자.

(사원3급)	16점×3년 =	48점
(사원4급)	20점×3년 =	60점
(사원5급)	25점×3년 =	75점
(사원6급)	30점×3년 =	90점
(사원7급)	35점×3년 =	105점
(사원8급)	42점×3년 =	126점
합　　계		504점

　이때 각 자격등급별 점수를 어떻게 결정할 것인가가 매우 중요하다. 자격등급당 점수가 너무 크면 하위의 자격등급 사원들의 사기를 떨어트리게 되고, 너무 작으면 능력에 따른 처우라는 제도의 도입목적이 흔들리게 된다.

▓▓ 직책 점수결정

　상위의 직책일수록 권한이 커지지만 동시에 책임도 무거워진다. 책임이 커질수록 회사에 대한 공헌이 크다고 볼 수 있기 때문에, 이를 배려하여 직책점수를 반영하는 것이다. 그러면 직책점수는 어떻게 결정하는 것이 합리적일까? 자격등급제도를 채택하고 있는 경우 자격등급과 직책을 연동시키는 것이 일반적이다. 따라서 직책점수는 직책에 대응하는 자격등급 점수의 일정비율로 하게 된다. 그런데 직책간의 점수차가 너무 크면 실적을 높이려는 유인이 되지만 하위 관리직책자들에게 사기와 의욕을 떨어트리게 된다. 이 경우 일정비

율이란 10~20%가 적절할 것이다. 예를 들어, 자격등급에 따른 직책
점수의 결정 예를 보자.

[표 10-25] 직책점수(예)

자격등급	자격등급 점수	직책	직책점수
사원5급	25점	계장	2.5-5점
사원6급	30점	과장보좌	3-6점
사원7급	35점	과장	3.5-7점
사원8급	42점	부차장	4.2-8.4점
사원9급	50점	부장	5-10점

③ 단가 결정

포인트식 퇴직금제의 경우 총점에 단가를 곱해 퇴직금을 산출하
기 때문에, 단가가 매우 중요하다. 단가를 결정하는 방법도 근속연
수, 자격등급, 직책별로 각기 다르게 책정하는 방법과 모두 동일하
게 책정하는 방법이 있다. 편리성 면에서 후자의 방법이 더 나을 것
이다.

단가를 너무 높게 잡으면 회사의 부담이 늘어나게 되고 반대로 너
무 낮게 잡으면 사원들의 사기를 떨어트리게 된다.

(3) 퇴직시 조건설정형

일본기업들은 주로 누적형 포인트제를 채택하고 있다. 그런데 이
제도는 모든 사원들의 전체 재직기간 중 포인트 계산을 위해서 기록
을 보존해야 하는 어려움이 있다. 여기에는 많은 비용도 지불해야
한다. 특히 중도채용자나 조기퇴직자가 많아지는 플로우형 고용형
태하에서 그 비용은 더욱 커지게 된다. 이에 따라 차츰 퇴직시의 조

건으로 포인트를 설정하는 포인트식 퇴직금제도가 나오게 되었다.

이에는 ①단일요소×일률단가 방식, ②복합요소×일률단가 방식, ③복합요소×요소별 단가 방식이 있다.[65] 포인트 요소와 단가에 대해서는 이미 위에서 설명한 바 있어서, 여기서는 생략하기로 한다.

---

65) 瀧澤算織, 『ポイント式退職金制度の導入と設計の實務』, 社會經濟生産性本部, 1997

제3절 지급방식 변경형 퇴직금 제도의 설계와 운용

과거에 극히 일부의 벤처기업들이 퇴직금이나 복리후생비를 임금과 함께 지불하는 제도를 도입한 사례가 있지만, 대기업에서 도입한 경우는 없었다. 최근에 마쓰시타전기산업이 「전액급여지불형사원제도」를 도입하면서 많은 관심을 불러일으키고 있다. 특히 연봉제를 도입하는 기업들이 증가하면서, 이와 관련하여 그 관심도가 높아지고 있다. 이 제도는 전액급여지불방식(全額給與支拂方式)퇴직금제도 또는 퇴직금선불제도라고도 불린다. 이 제도는 퇴직금을 퇴직시에 일시불로 지급하는 것이 아니라, 그것을 현재가치화하여 급여에 포함하여 지급하는 것을 말한다. 이 제도는 주로 ①장래의 퇴직금보다 현재의 처우를 더 선호하는 근로자들의 의식변화를 반영하고, ② 임금을 높게 하여 우수한 인재를 확보하며, ③고용 유동화에 대비하여 고용유연성이 높은 시스템을 갖추기 위해 도입하고 있다.

이 전액급여지불방식은 [표 10-26]과 같이 여러 가지 유형으로 구별할 수 있다. 여기서는 그 중 대상자, 지급방법 및 지급액 등 주요항목에 대해 간략히 살펴보고, 마쓰시다전기의 사례를 소개하고자 한다.

[표 10-26] 퇴직금의 임금화 유형

① 퇴직금제도 전폐
   일시금은 폐지, 기업연금은 존속
② 전체근로자 대상
   특정근로자 대상(제도도입이후 입사자, 특정직무나 직종)
③ 전체 근로자에 일률적용
   2제도 병존, 선택제
④ 월례임금(月例賃金)에 산입
   특별상여로 지급
⑤ 금액으로 표시
   월례임금이나 연봉의 일정비율
⑥ 정액, 정률방식
   업적반영방식

자료 : 谷田部 光一, 「退職金制度改革の方向と課題」, 『賃金實務』(No.800), 産勞總合硏究所, 1997.10.1, p.9.

1. 대상자

적용대상자는 제도를 도입할 때의 전체근로자에게 적용하는 경우도 있을 수 있고, 특정한 대상자에게만 적용할 수도 있다. 후자의 경우에는 제도도입이후의 입사자에게만 적용하거나, 특정직무나 직종에만 적용할 수도 있다. 마쓰시타전기의 경우는 제도를 도입한 직후인 1998년 4월 이후의 입사자만을 대상으로 적용하고 있다.

2. 지급방법

퇴직금을 전액급여로 지급한다고 할 때에도, 매월 지급하는 방법, 상여금으로 지급하는 방법, 완전히 별도로 연1회 지급하는 방

법이 있을 수 있다. 상여금으로 지급하는 경우에도 기존의 상여금 지급시기에 지불하는 방법과 다른 시기에 지급하는 방법이 있고, 상여금 지급시기에 지급할 때에도 몇 회에 걸쳐 지급할 것인가에 따라 매우 다양하게 지급할 수 있다.

마쓰시타전기는 퇴직금에 복리후생비 상당분을 포함시켜 연 2회의 상여금 지급시 지급하고 있다.

3. 지급액

지급액을 결정하는 방법은 크게 일정한 고정금액으로 하는 정액방식과 기준임금(월례임금이나 연봉 등)의 일정비율로 하는 정률방식이 있다. 이외에도 업적을 반영하는 경우도 있을 수 있다.

4. 인사처우

전액급여지급제도를 전 사원에게 동일하게 적용하지 않고 기존의 지급방식과 병행하면서 선택할 수 있게 하는 경우, 전액급여지급방식을 선택한 경우에 언제 퇴직할지 모른다는 인식을 주어 승진, 인사고과, 보직 등에서 불이익을 받을지 모른다는 불안감을 갖게 된다. 이를 불식시키는 것이 이 제도의 성패를 좌우하게 된다.

[사례1] 마쓰시타전기(松下電器産業)의 전액급여지불형 사원제도[66]

마쓰시타전기는 1998년 4월 이후의 입사자를 대상으로 퇴직금과 복리후생비 상당분을 연 2회의 상여금 지급시 지급하는 「전액급여지불형 사원제도」를 도입하였다. 이 제도는 퇴직금과 복리후생비 상당분을 포함하는 「A사원(퇴직금·복지현금급부코스)」, 퇴직금만을 포함시키는 「B사원(퇴직금급부코스)」으로 분리된다. A사원은 본래 급여에 년간 최대 88만엔, B사원은 66만엔이 추가로 지급된다.

(1) 도입배경

세계화의 급속한 진전으로 노동집약적 부문의 해외이전, 산업기술의 고도화와 전문화는 일본내 제조업에 있어서 기능의 전문화, 최선단화를 가져왔다. 이것은 일본 내의 기간직종에 있어서 보다 창조성·전문성의 발휘가 요구되어, 주체성과 개성 있는 사원의 확보와 육성이 요청되고 있다. 한편, 일본내의 노동시장은 인재의 유동화가 빨리 진행되고 있으며, 이제는 한 기업이 복리후생제도를 통하여 인재를 이탈하지 않도록 유인하는 관리방식이 통용되기 어렵게 되어 가고 있다.

마쓰시다전기도 노사가 각각 의식조사를 한 결과를 보면, 전직

---

66) 勞務行政研究所, 『ハイブリッド賃金革命』, 1997, pp.342~347.

의사를 가지고 있는 사원의 비율이 매년 높아지고 있다. 이에 따라「자립형 사원의 육성」을 인사관리의 목표로 내걸어 왔다. 이러한 취지에서 1995년에「변신대학」을 창설한 바 있다. 이러한 제도들은 사업구조의 변화나 신규사업 진출에 대응할 수 있는 인재를 육성하는데 기여하고 있다.

(2) 도입경위

1996년 4월, 노사대표 7명씩으로 구성된「고용시스템 검토위원회」를 발족시켜,「다양한 고용체계의 구축」을 목표로 노사공동으로 인사·처우제도를 재검토하게 되었다. 구체적으로 이 위원회에서는 다양한 고용형태와 60세이후 고용의 본연의 자세를 검토하는 것이었다.

「전액급여지불형사원제도」는 다양한 고용형태를 논의하는 과정에서, 회사가 현재임금을 선호하는 우수한 인재를 확보하는데 유리하도록 한다는 차원에서 노동조합에 제안하였다. 복리후생, 퇴직금을 급여와 함께 받을 것인가를 사원 개개인이 선택할 수 있도록 하자는 것이다.

(3) 제도의 개요

「전액급여지불형사원제도」는 사원 각자가 퇴직금·복리후생제도의 적용을 선택하도록 일임하는 제도이다. 고용의 유동화나 근로자 의식의 다양화에 대응하기 위하여 도입된 것이며 장기근속을 전제로 하지 않는다. 이 제도에는 고용기간, 전문성에 따라 5가지 유형이 있으며, 「A사원(퇴직금·복지현금급부 코스)」과 「B사원(퇴직금급부 코스)」이 대표적인 유형이다.

① A사원 및 B사원

퇴직금·복지현금급부 코스(A사원)는 사내예금이나 주택적립 등 복리후생제도의 상당분 및 퇴직금을 급여에 덧붙여 지급하는 코스이며, 퇴직금급부 코스(B사원)는 퇴직금만을 급여에 덧붙여 지급하는 코스이다. 양자간에 가장 큰 차이는 급여지급시 복리후생 관계급부의 상당분을 포함시키는가 여부에 있다.

■■■ 도입시기와 적용대상자

1998년 4월 1일이후 입사한 신입사원 및 중도입사자.

■■■ 고용형태

고용형태는 A사원, B사원 모두 「기간의 정함이 없는 계약」에 근거하는 사원이고, 장기간 근속하는가의 여부는 본인의 의사이다.

■■■ 대상직종

A사원은 대상직종을 기술, 디자인, 정보시스템, 법무 등으로 제한하여 비교적 전문능력(석사수준)을 갖춘 인재로 제한하고 있으나, B사원은 대상직종을 제한하지 않고 있다.

▦ 현금급부의 내용과 수준

A사원, B사원에게는 퇴직금이 퇴직시에 지급되는 것이 아니고, 퇴직금상당액이 연 2회 상여금 지급시 함께 지급된다. 또한, 원칙적으로 A사원에게는 장기근속을 전제로 한 복리후생을 적용하지 않기 때문에, 복지후생의 상당분이 포함된다. 그러나, B사원에게는 기업연금은 적용되지 않고, 복리후생도 포함되지 않는다.

그 금액은 금후의 승급의 동향, 임금·퇴직금 및 복지제도의 개정, 시중금리 동향 등을 근거로 하여 계속 적정하게 개정시켜 나갈 예정이다.

▦ 수준설정의 사고방식

이상의 퇴직금 및 복리후생비 설정은 몇 개의 시뮬레이션을 하였다. 우선, 퇴직금은 1년당의 퇴직금과 급부액을 비교검토하고, 현금급부액과 그 자금운용이익(시중금리 2.5% 정도)과의 총액이 모델정년퇴직금과 거의 같게 되는 수준에서 조세부담분을 고려하여 설정되었다. 퇴직금산정식은 「퇴직때 기본급×퇴직사유별 계수×퇴직사유별·근속연수별지급률＋연령별·근속별가산」이고, 일시금과 연금(조정연금·가산형)선택이 가능하다. 기초가 되는 본급은 기준내임금(기본급＋직무가급＋부양가급)의 93.5%를 차지하고 있다.

다음에, A사원의 경우 비적용되는 복리후생 상당액을 포함하는데, 연간 1인당 평균 복지비용을 기본으로 하여 생활주기에 대응한 모델을 설정하였다. 비적용 복리후생제도의 내용은 사내예금, 주택적립금, 종업원지주, 주택융자 및 각종융자, 일반주택, 예탁, 고령자복지(OB회), 유족육영급부(遺族育英給付), 기업연금 등이다.

▮▮▮ 기타 처우조건

승급, 상여, 승격 등 그 밖의 처우조건에 관하여는 기본적으로 일반사원과 동일한 기준이다.

▮▮▮ 선택시기와 코스전환

입사 후 2년간은 퇴직금이 발생하지 않는다. 그래서, A사원은 입사때에 코스를 선택하여 입사 후 2년간에 1번 코스를 전환(일반사원 또는 B사원)을 할 수 있다. B사원은 입사 후 2년 동안에 코스를 선택하여 그 후 1번 코스를 전환(일반사원으로)할 수 있다.

② 기타 유형

전액급여지불형 사원제도에는 A사원, B사원외에 「Panasonic Associate」「professional사원」「계약사원」이 있다.

▮▮▮ Panasonic Associate

이는 1991년부터 1년 계약 전문직에 채용하는 외국인을 대상으로 실시하고 있는 제도이다. 세계화의 진전으로 장기고용을 전제로 한 외국인을 본격적으로 고용하기 위해서 마련하였다. 그 처우는 A사원과 동일하다. 다만, 고기 등의 식품, 기타 본국의 생활양식을 보전할 목적으로 「외국인 수당」(월 5만엔)이 지급되는 점이 다르다.

■■■ professional사원

이는 1995년부터 고도의 전문능력을 갖춘 인재를 1년마다 계약에 의해 처우하기 위해서 도입한 제도이다. 관리직 연수를 기초로 개별적으로 결정되는 연봉제를 적용하고, 퇴직금은 없다. 현재 중앙연구소의 연구직에게 적용되고 있다.

■■■ 계약사원

계약사원에 관해서는 1998년 현재 도입을 검토하고 있었다.

(4) 운용현황

A사원 및 B사원은 1998년 4월 입사자부터 도입하게 된다. 1999년도의 채용예정은 정기채용이 770명(문과계 120명, 이과계 650명), 상시채용(通年採用)이 100명이다. 이 중 전액급여 지불형 사원 채용비율은 아직 정해지지 않았다.

노동조합도 기본적으로 이 제도를 적극 수용하고 있다. 장기고용을 선호하지 않고 향후 창업 등 자립하려는 젊은 층에서 크게 선호할 가능성이 높다고 평가된다. 향후에는 일반사원에도 적용하여 선택의 기회를 늘리는 것이 필요할 것이다.

(5) 향후과제

향후과제로는 우선 재직사원에도 적용을 확대할 것인가를 결정해야 한다. 현재 검토하고 있다. A사원의 경우 복리후생분의 정산이 어렵기 때문에, 코스의 변경조건 등도 노동조합과 협의해야 할 과제이다.

이 제도가 충실히 운영되기 위해서는 이를 선택한 사람에게 인사상 불이익이 없어야 하고, 조직 구성원간에도 나쁜 인식이 없어야 한다. 아울러, 이들에 대한 평가방법을 포함한 관리직 교육을 충실히 해나가야 한다.

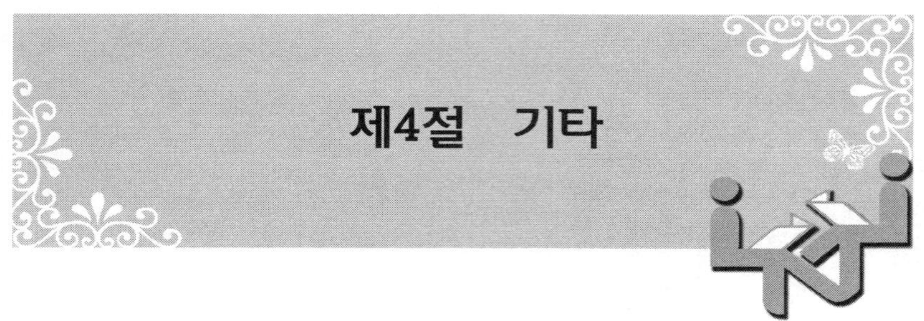

제4절   기타

이외에 정년연장에 따른 조정과 조기퇴직제도 도입에 따른 할증 퇴직금이 있다.[67] 여기서는 정년연장에 따른 조정을 중심으로 간략히 소개하고자 한다.

1. 정년연장에 따른 조정

급속한 인구고령화가 진전되는 가운데 60세 이상의 정연연장은 기업이 피할 수 없는 과제가 되었다. 기업들 중에는 이러한 정연연장에 대응하기 위하여 구정년 이후의 근속연수를 퇴직금에 반영하지 않는 「지급률 최고한계 설정방식」이나, 아예 구정년에 퇴직금을 지급해 버리는 방식을 채택하는 곳도 있다.

실제로 일본 노동성이 30인 이상 기업을 대상으로 조사한 바에 따르면, 정년연령기간을 전혀 통산하지 않거나 일부만 통산하는 기업들이 증가하고 있으며[표 10-27], 산정기초액과 지급률도 종래와

---

67) 村上淸・五島淺男, 新時代 退職金・年金制度, 社會經濟生産性本部, 1995, pp.51~69.

같이 상승하는 비율이 점차 낮아지고 정년시의 금액과 율로 고정되거나 줄어드는 비율이 높아지고 있다[표 10-28][표10-29].

[표 10-27] 근속연수

구 분	정년연장기간 전부를 통산	정년연장기간 일부를 통산	정년연장기간을 전혀 통산하지 않음	별도의 가급제도 존재	계
1975	67.8	2.8	24.0	5.4	100.0
1985	67.8	3.6	21.5	7.1	100.0
1989	61.9	5.8	26.0	6.3	100.0

[표 10-28] 산정기초액

구 분	종래와 같이 기본급이 상승	종래의 기본급 상승분을 억제	종래 정년시의 기본급과 동일	종래의 기본급이 내려감	계
1975	51.9	8.8	32.5	6.8	100.0
1985	43.8	9.6	44.1	2.5	100.0
1989	40.1	6.2	50.3	3.4	100.0

[표 10-29] 지급률

구 분	종래와 같이 지급률이 상승	종래의 지급률 상승분을 억제	종래 정년시의 지급률과 동일	종래의 지급률이 내려감	계
1975	52.2	5.5	33.4	9.0	100.0
1985	44.5	8.2	43.8	3.5	100.0
1989	41.9	6.2	47.6	4.3	100.0

주 : [표 10-27], [표 10-28], [표 10-29]
  1. 정년제가 있는 기업중 최근 4년간 정년연장을 한 기업만의 통계임.
  2. 일본 노동성의 퇴직금제도 지급실태조사 결과임.
자료 : 勞働法令協會, 『退職金の制度と支給實態』, 1990.

일본에서는 그동안 퇴직금 지급률의 인하가 기득권 침해라는 이유로 어려웠으나, 최근에는 정년연장을 실현시키기 위해 노동조합도 어쩔 수 없이 양보하고 있는 실정이다. 이제 대표적인 2개 기업의 사례를 구체적으로 살펴보자.

아지노모또(味の素)는 1976년 정년을 55세에서 60세로 5년간 연장하면서, 임금은 50세를 절정으로 50세 이후에는 정기승급이 없도록 변경하였다. 또, 퇴직금 지급률은 50세까지의 근속연수에 대응한 지급률에 7.05를 가산한 것으로 고정시킴으로써, 50세 이후의 근속연수는 평가하지 않았다.

마츠야(松屋)백화점도 1979년에 정년을 55세에서 60세로 연장하고 정년후 65세까지의 고용을 보장하였다. 이와 아울러 퇴직금의 지급률을 20% 인하시키고, 산정기초급도 1978년의 기본급에 고정시켰으며, 지급률의 상승도 근속 35년을 한계점으로 정하였다.

2. 조기퇴직우대제 도입에 따른 할증퇴직금

오일쇼크 이후의 저성장기 하에서 선택정년제 또는 자유정년제라는 이름으로 조기퇴직자에게 대폭적인 할증퇴직금을 지급하는 경향이 대기업들 간에 많이 나타나게 되었다. 조기퇴직자에게는 별도의 할증퇴직금을 가산하여 주게 된다. 이 제도의 목적, 대상자, 할증금 산정기준 및 할증률 등에 대해서는 이미 많은 자료가 나와 있기 때문에 자세히 언급하지 않기로 한다.

일본기업의 임금피크 설계사례[68]

---

68) 일본 노무행정연구소 실태조사, 송창규 외, 『임금피크제의 도입방안과 정책과제에 관한 연구』, 한국근로기준협회, 2003.9, 51~80쪽에서 재인용.

1. 식품 · 수산업

회사명		일본수산					
인력구성 및 고령자 현황							
근로자수		40세 미만	40~44세	45~49세	50~54세	55~59세	60세 이상
	남자 1,494	708	206	278	226	70	6
	여자 418	367	18	24	8	1	–
	계 1,912	1,075	224	302	234	71	6
정년도달시점		60세 도달일					
재고용, 근무연장		재고용 유, 기한은 정해지지 않음					
고령자 처우 및 고용대책							

구 분		정년도달 이전			정년 이후
임금 처우	임금체계	56세 도달 기본임금의 70%, 58세시 57세시의 70%			정년시의 임금을 기준으로 개별설정
	가족수당	56세 도달시 기본급에 포함			
	주택수당	원래 지급하지 않음			지급하지 않음
	임금커브굴절	56세/58세 각 70%로 감액			개별적으로 대응
	정기승급	감액한 것을 적용			직무와 사람에 따라 적용
	베이스 업	56세 이후는 실행하지 않음			직무와 사람에 따라 달리 적용
	직책수당	변화없음(수당은 56세에 본인급에 통합)			변화없음(수당 불지급)
	상여금	일반과 동일			직무와 사람에 따라 달리 적용
재고용 · 근무 연장	적용기준				회사가 인정한 자
	갱신				1년마다 갱신/촉탁, 계약사원
	직무내용				사람에 따라 다름
	근로시간				상황에 따라 다름
	연차휴가				근속연수를 기준으로 부여
	퇴직금				위로금 지급

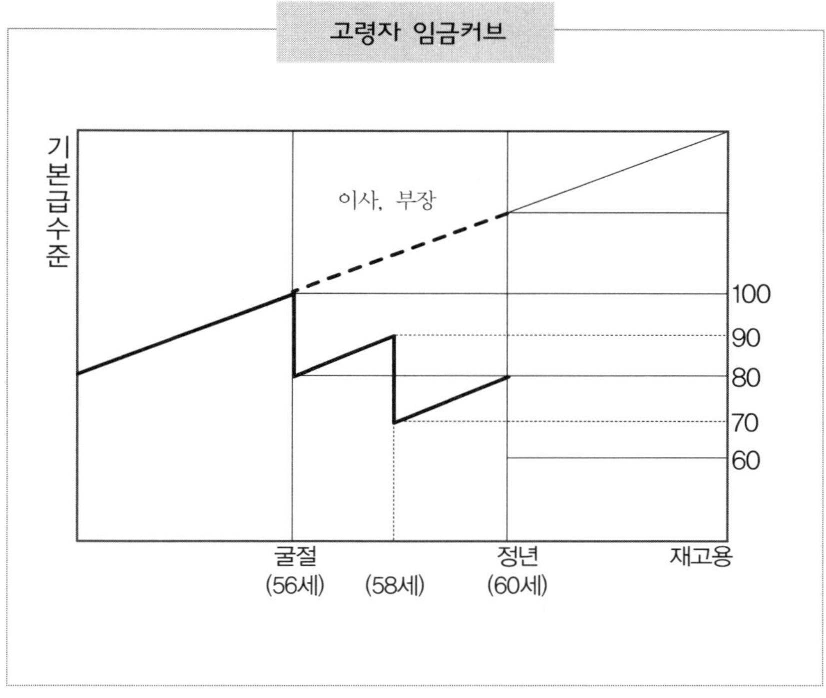
고령자 임금커브
기본급수준
이사, 부장
100
90
80
70
60
굴절
(56세)
(58세)
정년
(60세)
재고용

회사명	삿포르 맥주					
인력구성 및 고령자 현황						
근로자수		40세 미만	40~44세	45~49세	50~54세	55~59세	60세 이상
남자	3,285	1,242	358	431	804	443	7
여자	636	463	57	47	49	20	–
계	3,921	1,705	415	478	853	463	7
정년도달시점	60세					
재고용, 근무연장	61세~62세 2년 재고용					

고령자 처우 및 고용대책			
구분		정년도달 이전	정년 이후
임금 처우	임금체계	변화되지 않음	변화됨
	가족수당	관리직부터 지급하지 않음	지급하지 않음
	주택수당	관리직부터 지급하지 않음	지급하지 않음
	임금커브굴절	50세부터 둔화시킴	재고용시 감액, 이후 수평
	정기승급	일반과 동일	직무와 사람에 따라 다름
	베이스 업	일반과 동일	직무와 사람에 따라 다름
	직책수당	변화없음(수당 지급안함)	사람에 따라 다름(수당불지급)
	상여금	일반과 동일	직무와 사람에 따라 다름
재고용 · 근무 연장	적용기준		회사가 인정한 자
	갱신		미정/촉탁, 계약사원
	직무내용		변화없음
	근로시간		변화없음
	연차휴가		근속연수를 기준으로 부여
	퇴직금		개인에 따라 다르게 지급

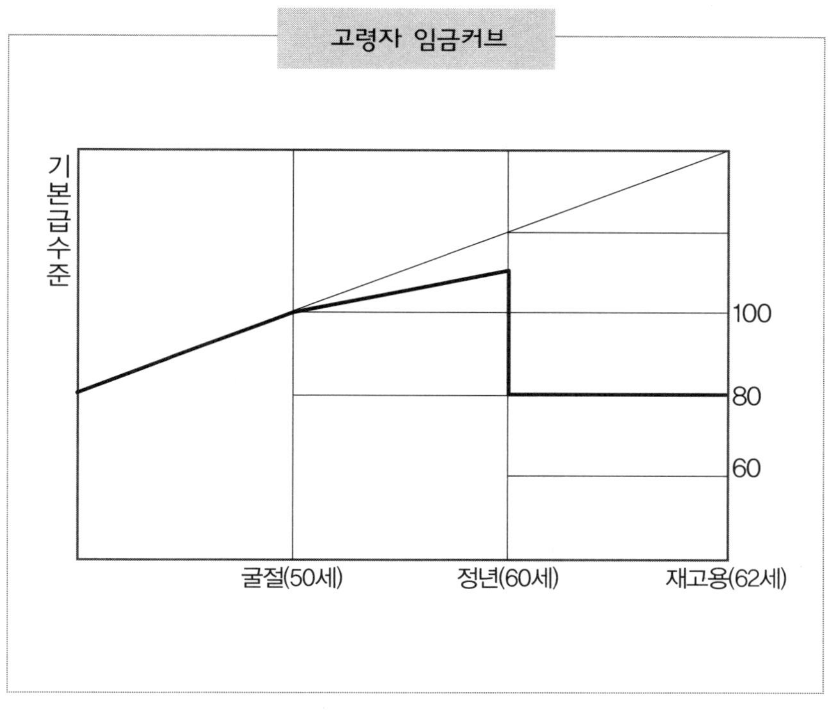

고령자 임금커브
기본급수준
100
80
60
굴절(50세)
정년(60세)
재고용(62세)

2. 섬유

회사명		日淸紡					
인력구성 및 고령자 현황							
근로자수		40세 미만	40~44세	45~49세	50~54세	55~59세	60세 이상
	남자 3,944	2,563	451	348	334	204	44
	여자 2,151	2,144	3	2	1	1	–
	계 6,095	4,707	454	350	335	205	44
정년도달시점		60세 도달일, 월말					
재고용, 근무연장		61~65세, 5년간 재고용 유					
고령자 처우 및 고용대책							
구 분		정년도달 이전			정년 이후		

	구 분	정년도달 이전	정년 이후
임금 처우	임금체계	변화(직능급 상한 설정)	임금 다운
	가족수당	지급	정년시 금액의 60~65% 지급
	주택수당	지급	정년시 금액의 60~65% 지급
	임금커브굴절	56세~60세 임금의 90% 지급	재고용시 오전근무 60%, 교대근무 65%, 이후 감소
	정기승급	56세에서 스톱	없음
	베이스 업	일반과 동일	없음
	직책수당	사람과 직무에 따라 다름	변함
	상여금	일반의 60~80%	일반의 60~65%
재고용 · 근무 연장	적용기준		회사가 인정한 자
	갱신		1년마다
	직무내용		사람에 따라 다름
	근로시간		변하지 않음
	연차휴가		근속연수를 계속해서 부여
	퇴직금		3~4년 : 3만엔, 4~5년 : 5만엔, 5년 : 10만엔

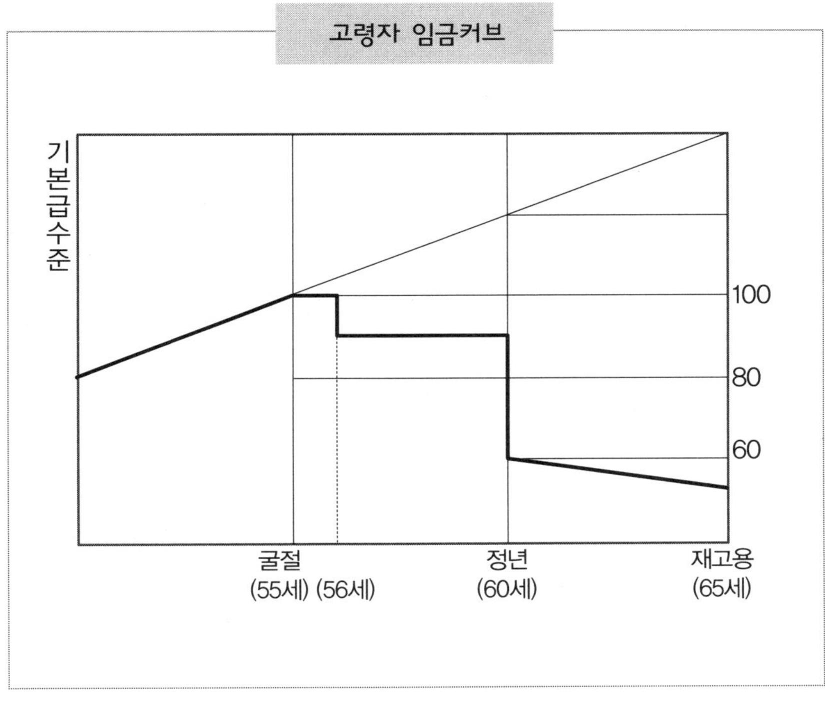

고령자 임금커브
기본급수준
100
80
60
굴절
(55세) (56세)
정년
(60세)
재고용
(65세)

회사명		동방레이온					
인력구성 및 고령자 현황							
근로자수		40세 미만	40~44세	45~49세	50~54세	55~59세	60세 이상
	남자 1,233	679	119	142	122	160	11
	여자 526	472	21	18	9	6	-
	계 1,759	1,151	140	160	131	166	11
정년도달시점		60세 도달일					
재고용, 근무연장		61~62세, 2년간 재고용					

고령자 처우 및 고용대책

	구분	정년도달 이전	정년 이후
임금 처우	임금체계	변화	변화
	가족수당	지급	지급
	주택수당	지급	지급
	임금커브굴절	56세에서 83.9%수준까지 감액하고 이후 정년까지 점증하는 커브	재고용시 80% 수준으로 다운, 65세까지 다시 증가
	정기승급	직무와 사람에 따라 다름	직무와 사람에 따라 다름
	베이스 업	일반의 80% 지급	일반의 80% 지급
	직책수당	직무와 사람에 따라 다름	직무와 사람에 따라 다름
	상여금	자격별 사정액을 감액해 지급	자격별 사정액을 감액해 지급
재고용 · 근무 연장	적용기준		회사가 인정한 자
	갱신		1년마다/촉탁
	직무내용		변하지 않음
	근로시간		변하지 않음
	연차휴가		근속연수를 기준으로 부여
	퇴직금		지급하지 않음

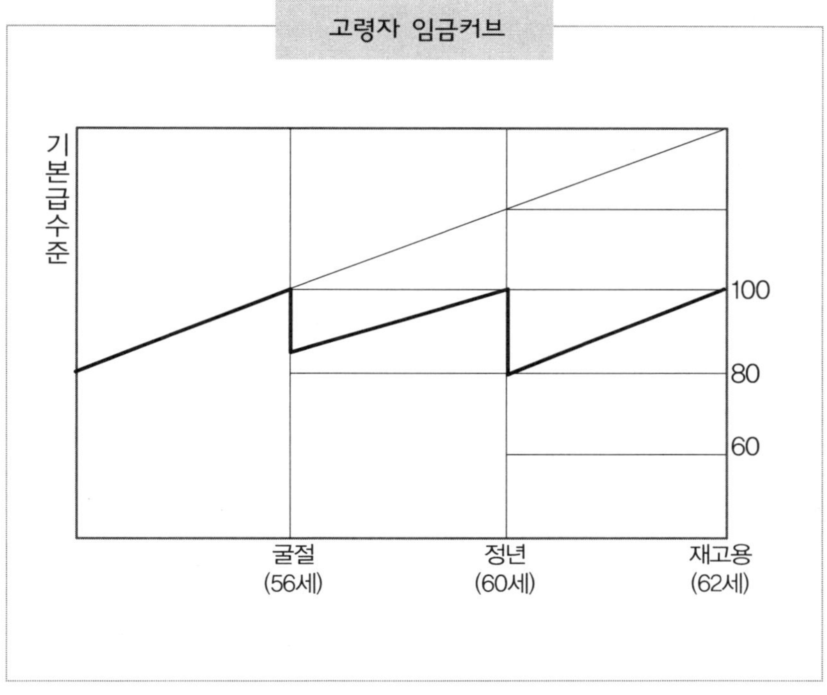
고령자 임금커브
기본급수준
100
80
60
굴절
(56세)
정년
(60세)
재고용
(62세)

3. 화학

회사명	일본합성고무					
인력구성 및 고령자 현황						
근로자수		40세 미만	40~44세	45~49세	50~54세	55~59세	60세 이상
	남자	2,549	920	532	480	310	285	22
	여자	537	510	6	8	7	5	1
	계	3,086	1,430	538	488	317	290	23
정년도달시점	60세~61세 생일전 반년 기말					
재고용, 근무연장	없음					
고령자 처우 및 고용대책						
구분		정년도달 이전			정년 이후	
임금 처우	임금체계	변하지 않음				
	가족수당	관리직부터 지급하지 않음				
	주택수당	지급				
	임금커브굴절	55세부터 서서히 다운				
	정기승급	55세부터 마이너스				
	베이스 업	일반보다 감액한 것을 적용				
	직책수당	변화 없음				
	상여금	일반의 동일				
재고용 · 근무 연장	적용기준					
	갱신					
	직무내용					
	근로시간					
	연차휴가					
	퇴직금					

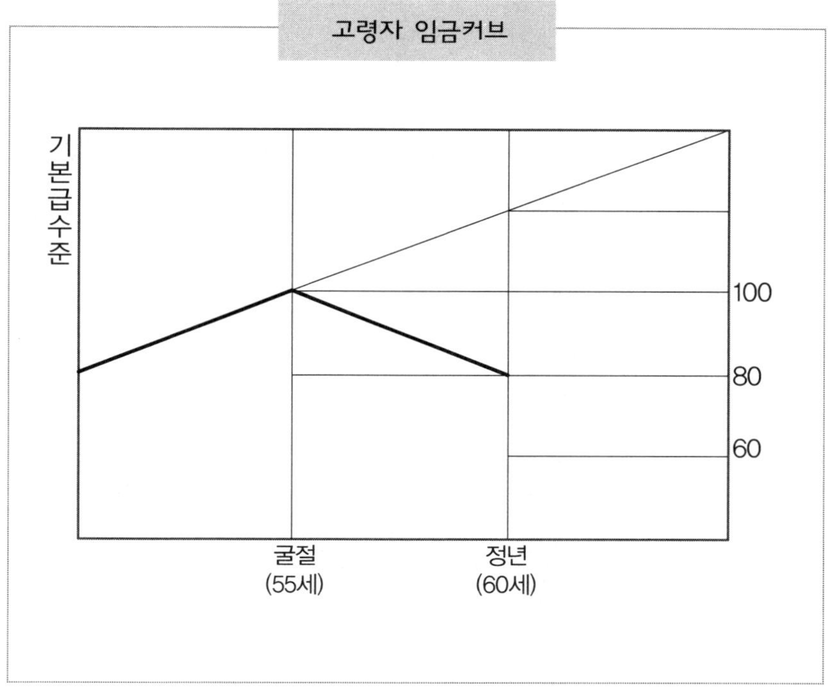

고령자 임금커브
기본급수준
100
80
60
굴절
(55세)
정년
(60세)

회사명		후지사와약품공업					
인력구성 및 고령자 현황							
근로자수		40세 미만	40~44세	45~49세	50~54세	55~59세	60세 이상
	남자 4,272	1,820	733	850	601	254	14
	여자 1,286	1,056	118	64	32	16	–
	계 5,558	2,876	851	914	633	270	14
정년도달시점		60세 1/4분기말 시점					
재고용, 근무연장		없음					
고령자 처우 및 고용대책							
구분		정년도달 이전			정년 이후		
임금처우	임금체계	56세도달시 본인급/직능급/자격급을 통일					
	가족수당	지급					
	주택수당	지급					
	임금커브굴절	55세 80%로 다운					
	정기승급	55세부터 정기승급 없음					
	베이스 업	일반직과 동일					
	직책수당	변화 없음					
	상여금	일반직과 동일					
재고용·근무연장	적용기준						
	갱신						
	직무내용						
	근로시간						
	연차휴가						
	퇴직금						

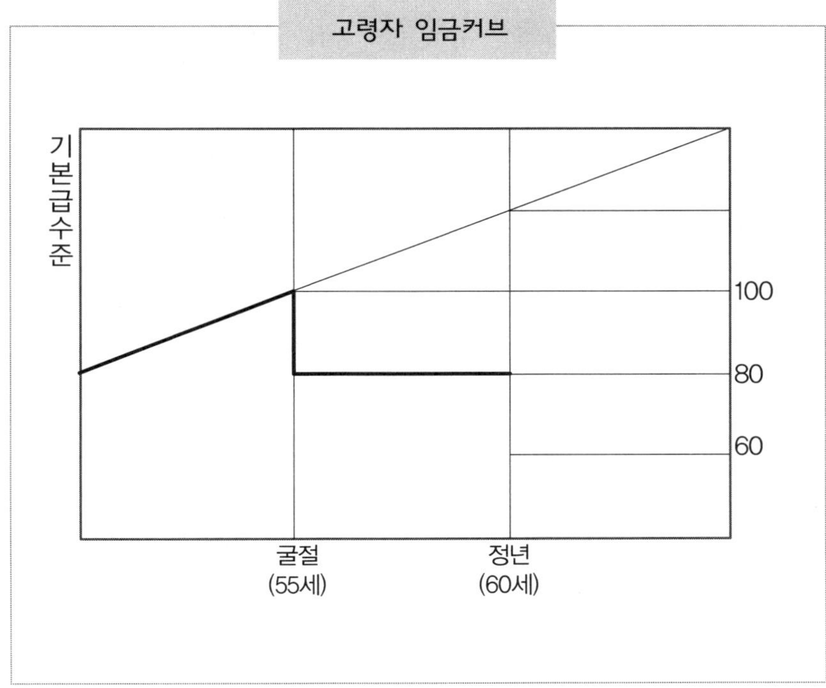

고령자 임금커브
기본급수준
100
80
60
굴절
(55세)
정년
(60세)

회사명		오오츠카화학					
인력구성 및 고령자 현황							
근로자수		40세 미만	40~44세	45~49세	50~54세	55~59세	60세 이상
	남자	1,542	515	381	384	177	85	–
	여자	172	116	24	11	12	9	–
	계	1,714	631	405	395	189	94	–
정년도달시점		60세 월말					
재고용, 근무연장		없음					
고령자 처우 및 고용대책							
구분		정년도달 이전			정년 이후		
임금 처우	임금체계	변화					
	가족수당	원래 지급하지 않음					
	주택수당	지급					
	임금커브굴절	50세부터 증가 둔화					
	정기승급	일반직과 동일					
	베이스 업	일반직과 동일					
	직책수당	변화 없음					
	상여금	일반직과 동일					
재고용 · 근무 연장	적용기준						
	갱신						
	직무내용						
	근로시간						
	연차휴가						
	퇴직금						

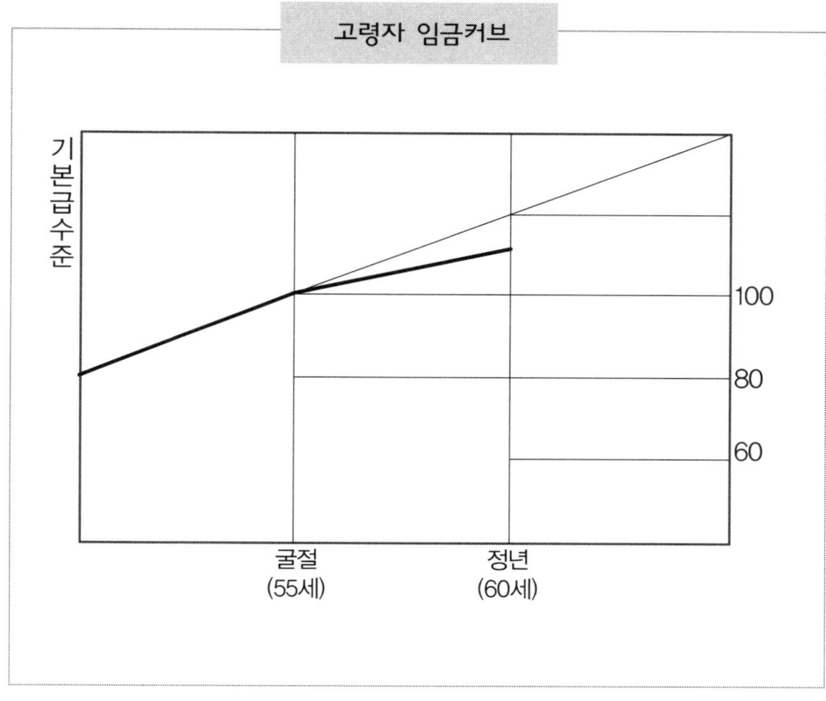

고령자 임금커브
기본급수준
굴절
(55세)
정년
(60세)
100
80
60

4. 석유

회사명	동아석유					
인력구성 및 고령자 현황						
근로자수		40세 미만	40~44세	45~49세	50~54세	55~59세	60세 이상
남자	480	192	88	83	73	44	–
여자	33	30	2	1	–	–	–
계	513	222	90	84	73	44	–
정년도달시점	60세되는 달의 월말					
재고용, 근무연장	없음					
고령자 처우 및 고용대책						
구분	정년도달 이전	정년 이후
임금처우	임금체계	변하지 않음	
	가족수당	지급	
	주택수당	지급	
	임금커브굴절	55세부터 증가 둔화	
	정기승급	55세 이후 50%	
	베이스 업	50세 이후 50%	
	직책수당	변화	
	상여금	일반직과 동일	
재고용·근무연장	적용기준				
	갱신				
	직무내용				
	근로시간				
	연차휴가				
	퇴직금				

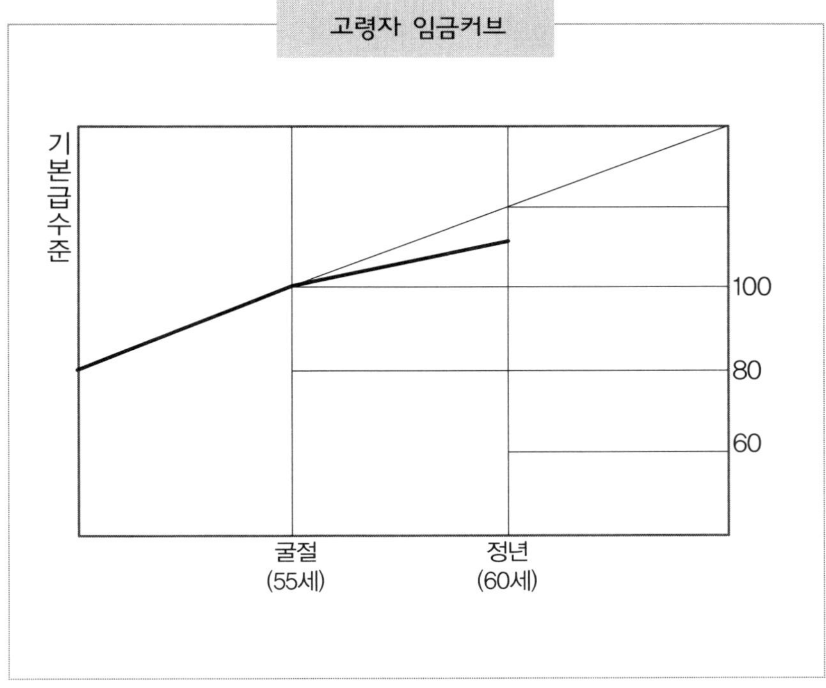

고령자 임금커브
기본급수준
100
80
60
굴절
(55세)
정년
(60세)

5. 유리공업

회사명	니혼가이시					
인력구성 및 고령자 현황						
근로자수	40세 미만	40~44세	45~49세	50~54세	55~59세	60세 이상
남자						
여자						
계 4,844						
정년도달시점	60세 임금지급 마감일					
재고용, 근무연장	재고용 유					
고령자 처우 및 고용대책						

	구분	정년도달 이전	정년 이후
임금 처우	임금체계	변함	변함
	가족수당	지급	지급하지 않음
	주택수당	지급	지급하지 않음
	임금커브굴절	55세에서 임금을 92%로 다운, 이후 정년 60세까지 상승	재고용시 60%로 다운, 이후 63세까지 변화없음
	정기승급	55세부터 60% 수준으로 다운	없음
	베이스 업	55세부터 60% 수준으로 다운	없음
	직책수당	56세부터 변화	변화
	상여금	일반과 같음	사람에 따라 다름
재고용 · 근무 연장	적용기준		회사가 인정한 자
	갱신		1년마다
	직무내용		변하지 않음
	근로시간		격일근무 1일 4시간제
	연차휴가		별도기준을 설정해 부여
	퇴직금		지급하지 않음

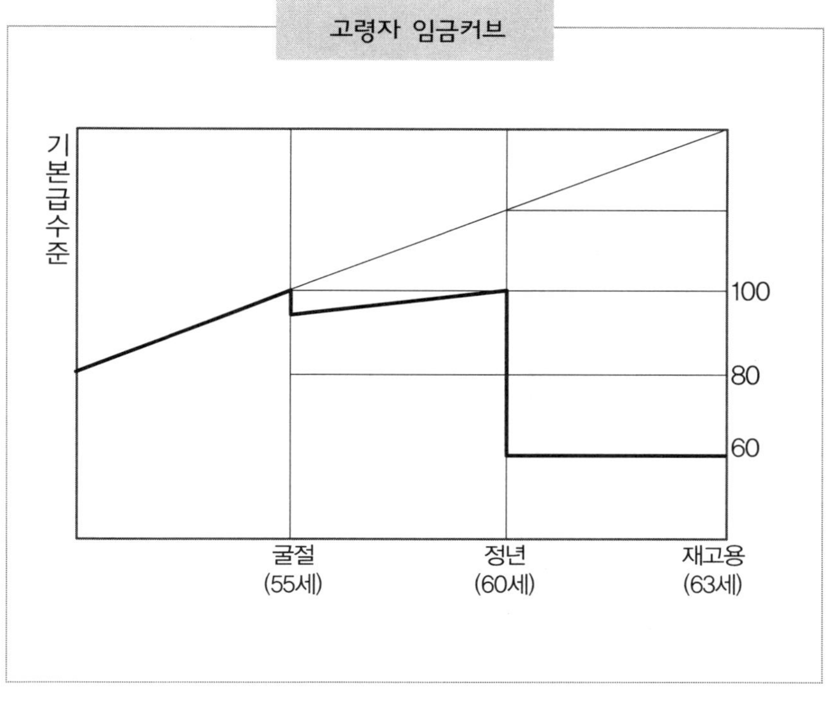

고령자 임금커브
기본급수준
100
80
60
굴절
(55세)
정년
(60세)
재고용
(63세)

6. 철강

회사명	가와사키제철					
인력구성 및 고령자 현황						
근로자수	40세 미만	40~44세	45~49세	50~54세	55~59세	60세 이상
남자 23,077	5,047	3,889	4,777	5,525	3,770	69
여자 1,609	1,256	129	97	69	58	–
계 24,686	6,303	4,018	4,874	5,594	3,828	69
정년도달시점	60세 도달 1/4분기말					
재고용, 근무연장	없음					
고령자 처우 및 고용대책						

	구분	정년도달 이전	정년 이후
임금 처우	임금체계	변하지 않음	
	가족수당	원래 지급하지 않음	
	주택수당	원래 지급하지 않음	
	임금커브굴절	50세부터 증가 둔화	
	정기승급	50세 이후 감액	
	베이스 업	일반과 동일	
	직책수당		
	상여금		
재고용 · 근무 연장	적용기준		
	갱신		
	직무내용		
	근로시간		
	연차휴가		
	퇴직금		

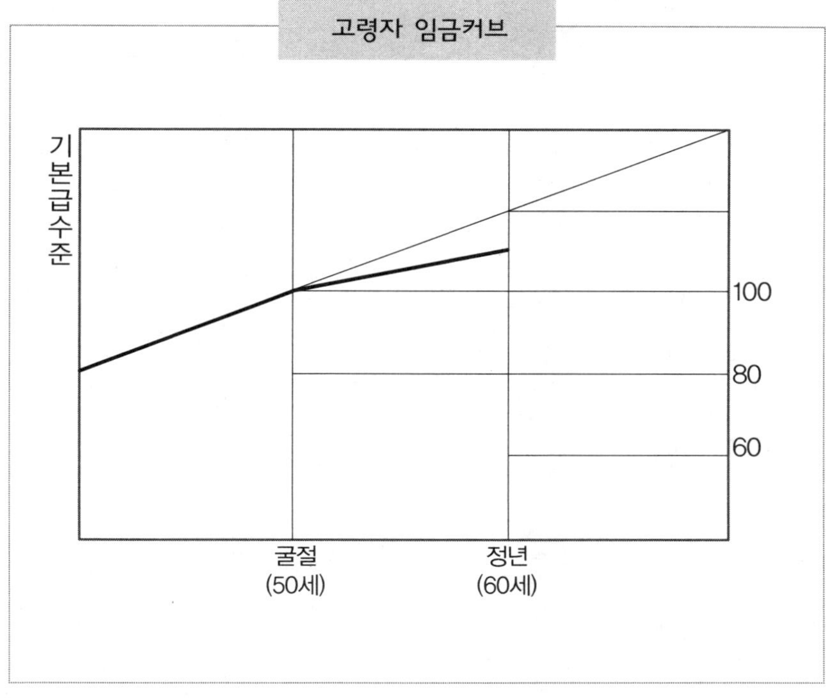

고령자 임금커브
기본급수준
굴절
(50세)
정년
(60세)
100
80
60

회사명	나카야마제강소					
인력구성 및 고령자 현황						
근로자수		40세 미만	40~44세	45~49세	50~54세	55~59세	60세 이상
	남자						
	여자						
	계 1,929						
정년도달시점	60세 도달 후 반년 기말일					
재고용, 근무연장	61~65세, 5년 재고용					
고령자 처우 및 고용대책						

	구분	정년도달 이전			정년 이후
임금처우	임금체계	변하지 않음			별도의 임금체계
	가족수당	지급			지급하지 않음
	주택수당	지급			지급하지 않음
	임금커브굴절	50세부터 증가 둔화			재고용시 감액후 변화없음
	정기승급	50세 이후 승급 억제			없음
	베이스 업	일반과 동일			없음
	직책수당	사람과 일에 따라 다름			변화
	상여금	일반과 같음			사람과 직무에 따라 다름
재고용 · 근무연장	적용기준				회사가 인정한 자
	갱신				1년 마다/촉탁, 임시직
	직무내용				변화 없음
	근로시간				변화 없음
	연차휴가				20일 부여
	퇴직금				지급하지 않음

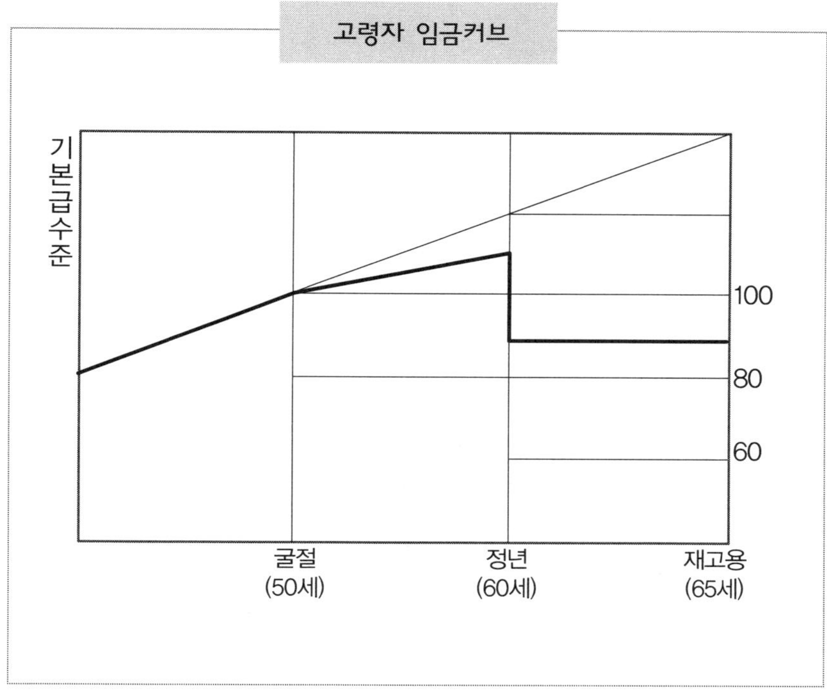
고령자 임금커브
기본급수준
굴절
(50세)
정년
(60세)
재고용
(65세)
100
80
60

7. 비철금속

회사명	일본경금속					
인력구성 및 고령자 현황						
근로자수		40세 미만	40~44세	45~49세	50~54세	55~59세	60세 이상
남자	5,052	1,641	765	1,207	988	451	–
여자	645	580	21	19	14	11	–
계	5,697	2,221	786	1,226	1,002	462	–
정년도달시점	60세 도달 시점					
재고용, 근무연장	없음					
고령자 처우 및 고용대책						
구분		정년도달 이전		정년 이후		
임금처우	임금체계	변하지 않음				
	가족수당	지급				
	주택수당	지급				
	임금커브굴절	50세 둔화, 55~58세 다시 둔화, 58세 이후 스톱				
	정기승급	본인급 50세 이후 스톱, 직능급 55세 75%, 58세 50%, 58세이후 스톱				
	베이스 업	정기승급과 같이 취급				
	직책수당	사람과 직무에 따라 다름				
	상여금	58세 이후 지급하지 않음				
재고용·근무연장	적용기준					
	갱신					
	직무내용					
	근로시간					
	연차휴가					
	퇴직금					

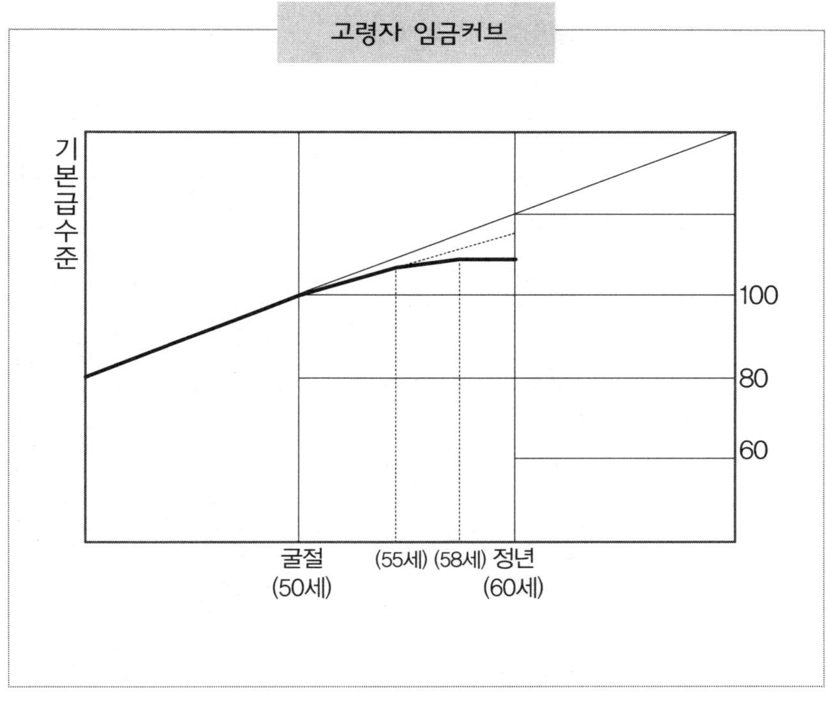
고령자 임금커브
기본급수준
100
80
60
굴절
(50세)
(55세) (58세) 정년
(60세)

회사명	三菱伸銅					
인력구성 및 고령자 현황						
근로자수	40세 미만	40~44세	45~49세	50~54세	55~59세	60세 이상
남자						
여자						
계 649						
정년도달시점	60세 도달 후 반년 경과 말일					
재고용, 근무연장	없음					
고령자 처우 및 고용대책						

구분	정년도달 이전	정년 이후
임금처우	임금체계	변하지 않음	
	가족수당	지급	
	주택수당	지급	
	임금커브굴절	57세 이후 정년까지 동일	
	정기승급	57세 이후 없음	
	베이스 업	일반과 동일	
	직책수당	변동	
	상여금	일반과 동일	
재고용·근무연장	적용기준		
	갱신		
	직무내용		
	근로시간		
	연차휴가		
	퇴직금		

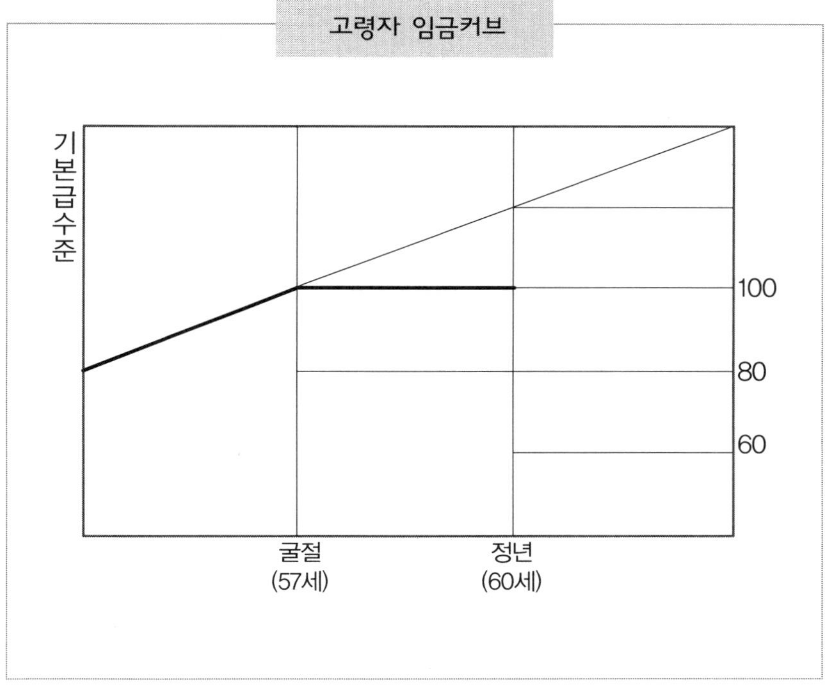
고령자 임금커브
기본급수준
100
80
60
굴절
(57세)
정년
(60세)

8. 기계

회사명	도시바탱크로리						
인력구성 및 고령자 현황							
근로자수			40세 미만	40~44세	45~49세	50~54세	55~59세	60세 이상
	남자	1,212	683	130	192	168	39	–
	여자	122	99	8	7	5	3	–
	계	1,334	782	138	199	173	42	–
정년도달시점	60세 도달 월말						
재고용, 근무연장	없음						
고령자 처우 및 고용대책							
구분		정년도달 이전		정년 이후			
임금 처우	임금체계	변하지 않음					
	가족수당	관리직부터 지급하지 않음					
	주택수당	관리직부터 지급하지 않음					
	임금커브굴절	56세 시점부터 60세까지 동일					
	정기승급	56세 이후 없음					
	베이스 업	감액한 것을 적용					
	직책수당	변동					
	상여금	일반과 동일					
재고용 · 근무 연장	적용기준						
	갱신						
	직무내용						
	근로시간						
	연차휴가						
	퇴직금						

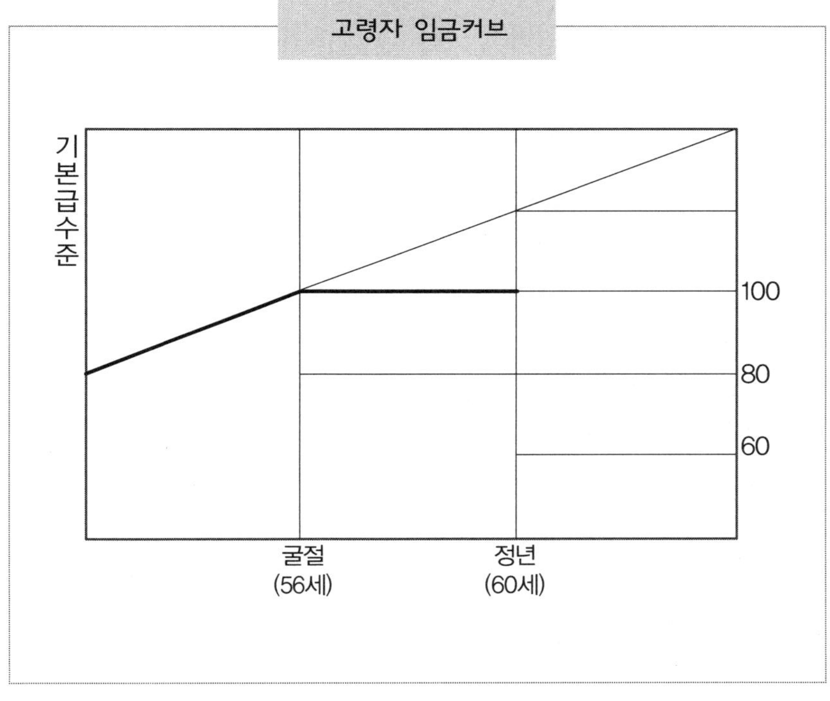

고령자 임금커브
기본급수준
굴절
(56세)
정년
(60세)
100
80
60

회사명	쿠보타					
인력구성 및 고령자 현황						
근로자수		40세 미만	40~44세	45~49세	50~54세	55~59세	60세 이상
	남자 14,813	5,272	1,907	2,308	2,755	2,551	20
	여자 1,603	1,447	47	49	22	38	–
	계 16,416	6,719	1,954	2,357	2,777	2,589	20
정년도달시점	60세 도달 시점					
재고용, 근무연장	61~63세, 3년 재고용					

고령자 처우 및 고용대책				
구분		정년도달 이전		정년 이후
임금 처우	임금체계	변하지 않음		월급제를 시급제로 변동
	가족수당	지급		지급하지 않음
	주택수당	지급		지급하지 않음
	임금커브굴절	58세에서 80%로 다운, 60세까지 상승		60세부터 시급으로 낮추고, 63세까지 일정하게 유지
	정기승급	58세부터 80%로 다운		없음
	베이스 업	58세부터 80%로 다운		없음
	직책수당	58세에서 해임		제도 없음
	상여금	58세부터 80%로 감액		경조비 정도 지급
재고용 · 근무 연장	적용기준			조합원으로 건강한 자
	갱신			1년 마다
	직무내용			변화 없음(계약촉탁사원)
	근로시간			풀타임, 파트타임
	연차휴가			
	퇴직금			위로금 지급

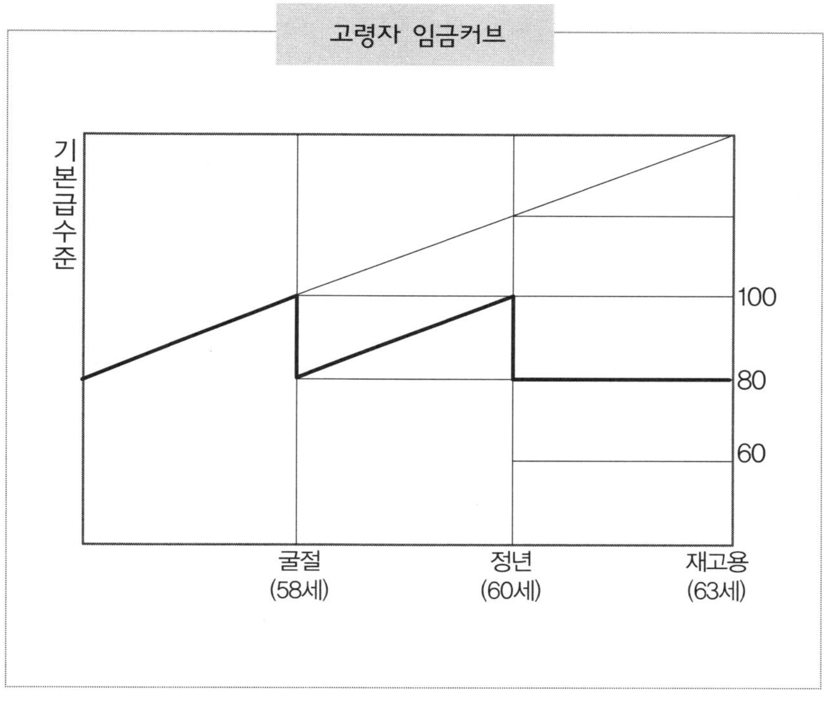

고령자 임금커브
기본급수준
100
80
60
굴절
(58세)
정년
(60세)
재고용
(63세)

9. 전기기기

회사명		마츠시타전기					
인력구성 및 고령자 현황							
근로자수		40세 미만	40~44세	45~49세	50~54세	55~59세	60세 이상
	남자						
	여자						
	계	47,304					
정년도달시점		60세 도달 후 20일 시점					
재고용, 근무연장		61~65세, 5년 재고용					
고령자 처우 및 고용대책							

구분		정년도달 이전	정년 이후
임금 처우	임금체계	변하지 않음	변동
	가족수당	지급	지급하지 않음
	주택수당	원래부터 없음	원래부터 없음
	임금커브굴절	55세 시점부터 둔화	재고용시 근무형태 변화로 감액, 그 후 동일
	정기승급	없음	없음
	베이스 업	일반과 동일	없음
	직책수당	변동없음	
	상여금	일반과 동일	
재고용 · 근무 연장	적용기준		희망자 전원
	갱신		1년 마다
	직무내용		변동
	근로시간		반일/격일/주4일 선택
	연차휴가		별도기준 설정해 부여
	퇴직금		지급하지 않음

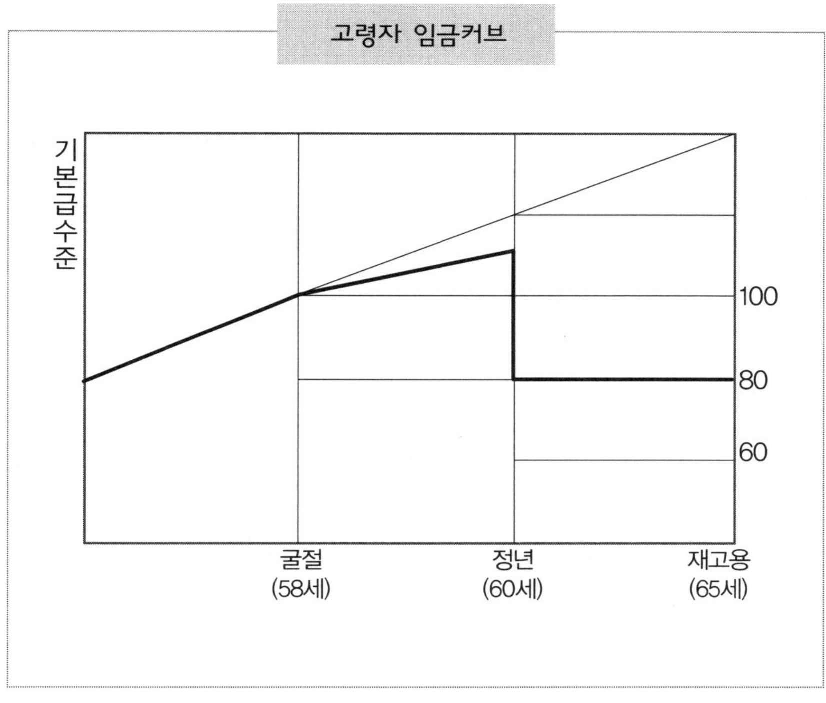

고령자 임금커브
기본급수준
100
80
60
굴절
(58세)
정년
(60세)
재고용
(65세)

회사명	미쓰이 하이테크					
인력구성 및 고령자 현황						
근로자수	40세 미만	40~44세	45~49세	50~54세	55~59세	60세 이상
남자 1,274	1,070	68	54	49	21	12
여자 151	151	–	–	–	–	–
계 1,425	1,221	68	54	49	21	12
정년도달시점	60세 도달일					
재고용, 근무연장	61~63세, 3년 재고용					
고령자 처우 및 고용대책						

	구분	정년도달 이전	정년 이후
임금 처우	임금체계	변하지 않음	연봉제로 변동
	가족수당	지급	연봉에 포함
	주택수당	원래부터 지급하지 않음	원래부터 지급하지 않음
	임금커브굴절	50세부터 정년까지 일정(관리직), 정년까지 상승(일반직)	재고용시 60~80% 수준으로 감액하고, 이후 일정하게 유지
	정기승급	일반과 동일	없음
	베이스 업	관리직 50세 스톱, 일반직 유	없음
	직책수당	변동없음	변동없음
	상여금	일반과 동일	연수조정을 통해 지급
재고용 · 근무 연장	적용기준		회사가 인정한 자
	갱신		1년 마다
	직무내용		변동없음
	근로시간		변동없음
	연차휴가		근속연수를 기준으로 부여
	퇴직금		지급하지 않음

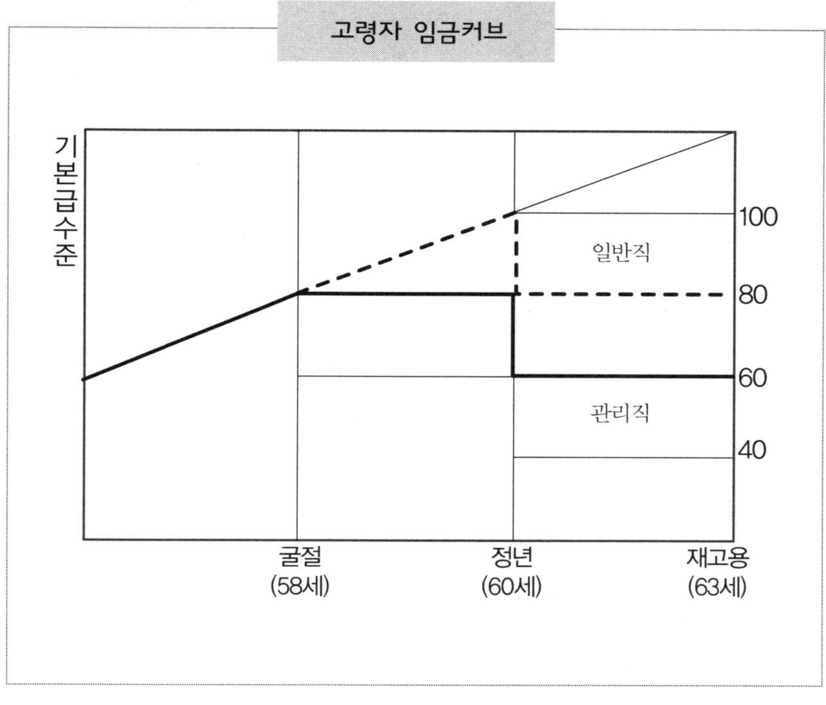
고령자 임금커브
기본급수준
일반직
관리직
100
80
60
40
굴절
(58세)
정년
(60세)
재고용
(63세)

10. 수송장비제조

회사명		미쓰비시중공업					
인력구성 및 고령자 현황							
근로자수		40세 미만	40~44세	45~49세	50~54세	55~59세	60세 이상
	남자						
	여자						
	계	43,411					
정년도달시점		60세 경과후 반년 기말일					
재고용, 근무연장		없음					
고령자 처우 및 고용대책							
구분		정년도달 이전			정년 이후		
임금처우	임금체계	변하지 않음					
	가족수당	지급					
	주택수당	원래부터 지급하지 않음					
	임금커브굴절	55.5~57세 : 일정, 57세 이후 20% 감액 후 일정유지					
	정기승급	55.5세 이후 정기승급 없음					
	베이스 업	57세 이후 지급비율을 곱해서 감액					
	직책수당	57세 이후 특별전임직위, 특별기능직위로 변경					
	상여금	57세 이후 임금액 지급비율을 곱함					
재고용 · 근무연장	적용기준						
	갱신						
	직무내용						
	근로시간						
	연차휴가						
	퇴직금						

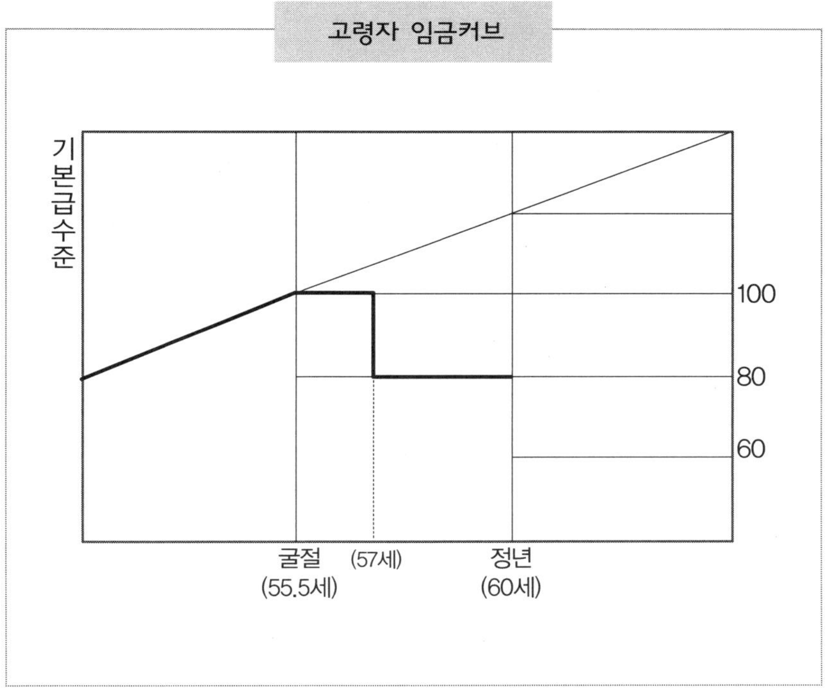

고령자 임금커브
기본급수준
100
80
60
굴절
(55.5세)
(57세)
정년
(60세)

회사명	本田技研工業					
인력구성 및 고령자 현황						
근로자수		40세 미만	40~44세	45~49세	50~54세	55~59세	60세 이상
	남자						
	여자						
	계	30,901					
정년도달시점	60세 도달일					
재고용, 근무연장	61~65세, 5년 재고용					
고령자 처우 및 고용대책						

	구분	정년도달 이전	정년 이후
임금 처우	임금체계	변동	연간수입으로 설계
	가족수당		지급하지 않음
	주택수당		지급하지 않음
	임금커브굴절	55세 이후 일정	별도의 임금체계(평균 80%)
	정기승급	55세 시점에서 스톱	없음
	베이스 업	일반과 동일	일반과 동일
	직책수당	직책은 해임	
	상여금	일반과 동일	감액한 것을 적용
재고용 · 근무 연장	적용기준			건강상 취업가능한 사람
	갱신			1년 마다
	직무내용			변동없음
	근로시간			코스별로 다름
	연차휴가			
	퇴직금			일정액의 위로금 지급

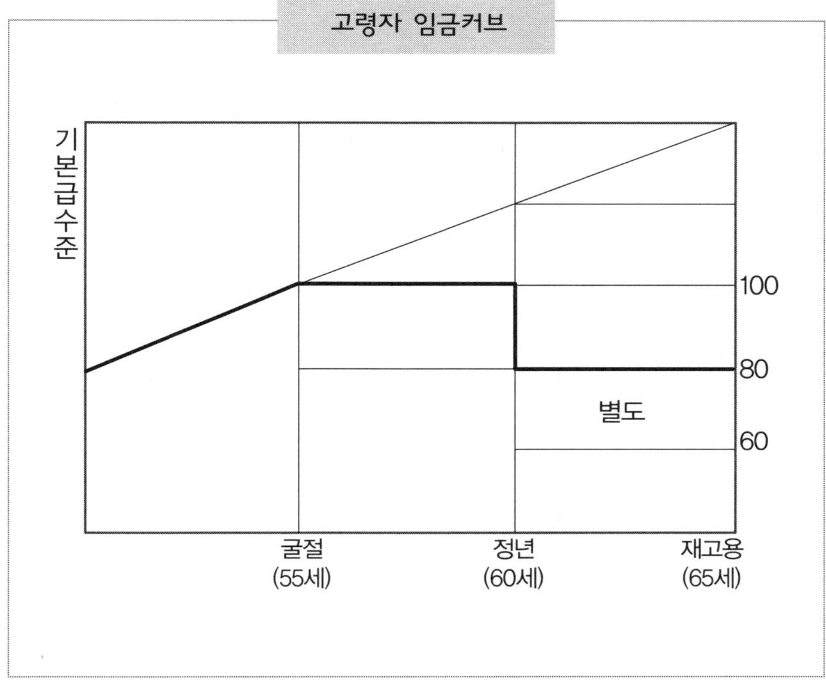

고령자 임금커브
기본급수준
100
80
60
별도
굴절
(55세)
정년
(60세)
재고용
(65세)

11. 건설

회사명	殖産住宅相互					
인력구성 및 고령자 현황						
근로자수		40세 미만	40~44세	45~49세	50~54세	55~59세	60세 이상
남자	1,651	679	209	371	260	107	25
여자	297	278	10	4	4	1	–
계	1,948	957	219	375	264	108	25
정년도달시점	60세 도달 월말					
재고용, 근무연장	재고용 유(기간은 정해져 있지 않음)					
고령자 처우 및 고용대책						
구분		정년도달 이전			정년 이후	
임금 처우	임금체계	변동			변동	
	가족수당	지급			지급하지 않음	
	주택수당	원래부터 지급하지 않음			원래 지급하지 않음	
	임금커브굴절	55세 90%수준으로 다운, 57세까지 매년 10% 다운, 이후 70% 수준				
	정기승급	55세 이후 마이너스 정기승급			없음	
	베이스 업	일반과 동일			없음	
	직책수당	55세 직책정년, 이후 전문직			변동	
	상여금	일반과 동일			지급하지 않음	
재고용 · 근무연장	적용기준				회사가 인정한 자	
	갱신				1년 마다	
	직무내용				변동하지 않음	
	근로시간				변동하지 않음	
	연차휴가				근속연수를 기준으로 부여	
	퇴직금				지급하지 않음	

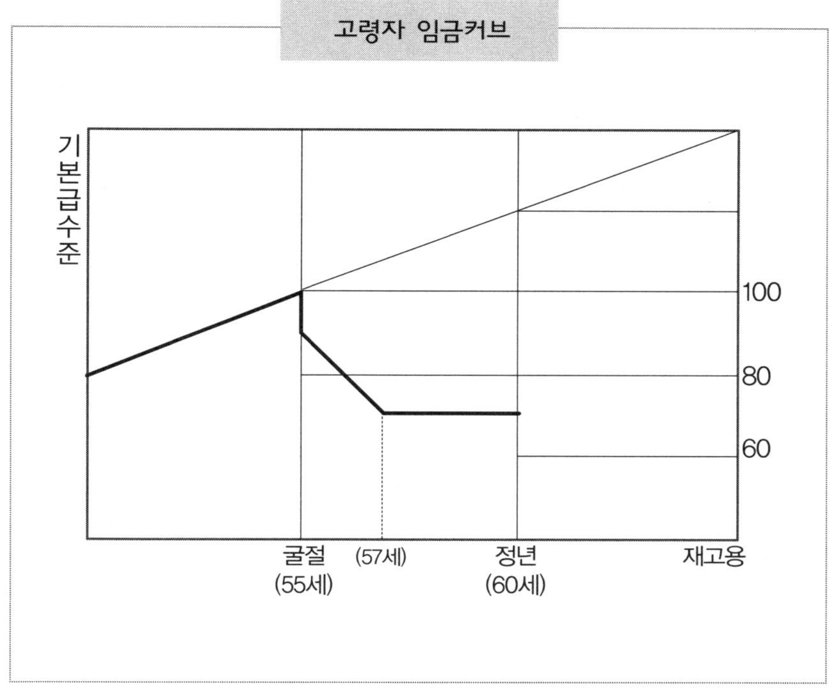

고령자 임금커브
기본급수준
100
80
60
굴절
(55세)
(57세)
정년
(60세)
재고용

회사명	日揮						
인력구성 및 고령자 현황							
근로자수		40세 미만	40~44세	45~49세	50~54세	55~59세	60세 이상
	남자 2,280	838	263	501	427	214	37
	여자 369	310	27	26	5	1	–
	계 2,649	1,148	290	527	432	215	37
정년도달시점	60세 도달 월말						
재고용, 근무연장	61~65세, 5년간 재고용						

고령자 처우 및 고용대책			
구분		정년도달 이전	정년 이후
임금처우	임금체계	변동	변동
	가족수당	지급	본급에 포함
	주택수당	지급	본급에 포함
	임금커브굴절	50세부터 둔화, 55세 이후 60세까지 연 5%씩 감액	재고용시 기존의 75%수준, 이후는 일정
	정기승급	50세 시점에서 65%수준으로, 55세 이후 마이너스 승급	없음
	베이스 업	일반과 동일	없음
	직책수당	55세에 변동	변동
	상여금	일반과 동일	일률적으로 4개월 지급
재고용·근무연장	적용기준		회사가 인정한 자
	갱신		1년 마다
	직무내용		변동
	근로시간		변동하지 않음
	연차휴가		근속연수를 기준으로 부여
	퇴직금		지급하지 않음

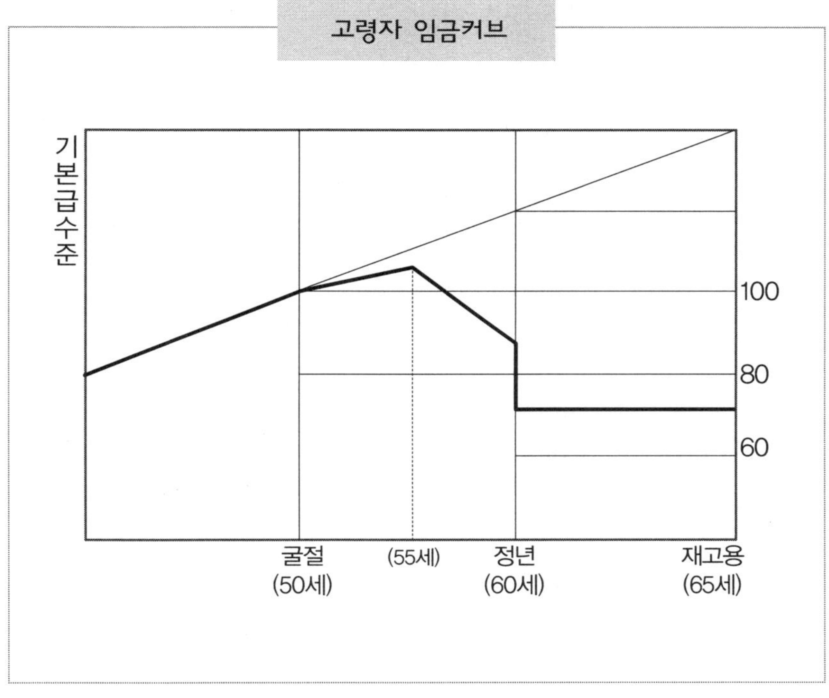

고령자 임금커브
기본급수준
100
80
60
굴절
(50세)
(55세)
정년
(60세)
재고용
(65세)

12. 유통

회사명	도큐백화점					
인력구성 및 고령자 현황						
근로자수	40세 미만	40~44세	45~49세	50~54세	55~59세	60세 이상
남자						
여자						
계	4,388					

정년도달시점	60세 도달 월말
재고용, 근무연장	60~63세, 3년간 재고용

고령자 처우 및 고용대책			
구분		정년도달 이전	정년 이후
임금 처우	임금체계	변동없음	정액제
	가족수당	지급	지급하지 않음
	주택수당	수도권만 지급	지급하지 않음
	임금커브굴절	50세부터 둔화	재고용시 90%로 감액, 이후 일정액
	정기승급	일반과 동일	없음
	베이스 업	일반과 동일	없음
	직책수당	변동	변동
	상여금	일반과 동일	사람과 직무에 따라 다름
재고용 · 근무 연장	적용기준		희망자 전원
	갱신		1년 마다
	직무내용		변동하지 않음
	근로시간		주 4일 근무
	연차휴가		별도기준으로 설정하여 부여
	퇴직금		지급하지 않음

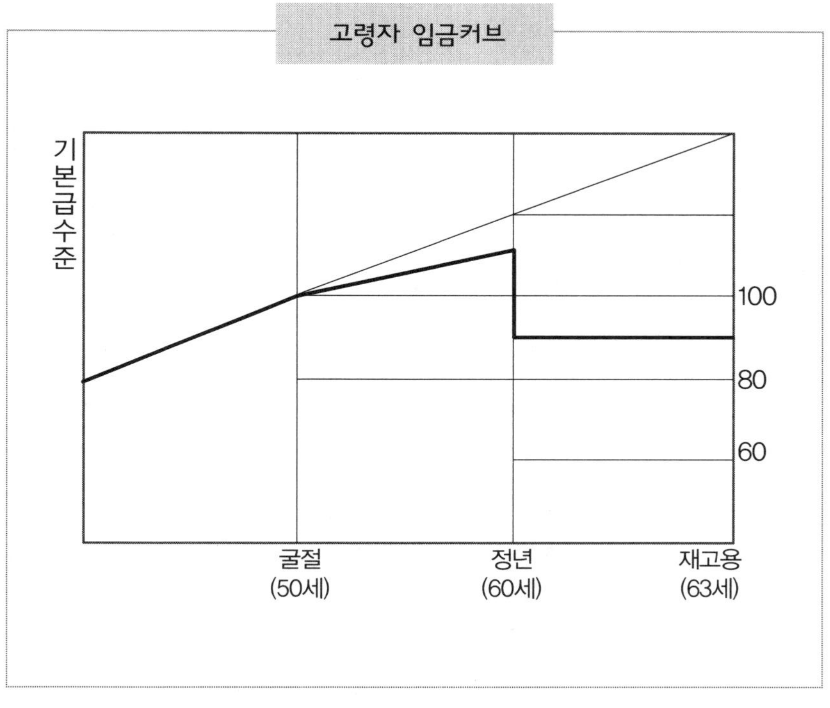
고령자 임금커브
기본급수준
100
80
60
굴절
(50세)
정년
(60세)
재고용
(63세)

회사명	高島屋					
인력구성 및 고령자 현황						
근로자수		40세 미만	40~44세	45~49세	50~54세	55~59세	60세 이상
	남자 4,997	1,692	1,244	905	692	464	–
	여자 3,924	3,523	178	85	63	75	–
	계 8,921	5,215	1,422	990	755	539	–
정년도달시점	60세 도달 월말					
재고용, 근무연장	61~65세, 5년간 재고용					
고령자 처우 및 고용대책						

구분		정년도달 이전	정년 이후
임금 처우	임금체계	변동하지 않음	변동
	가족수당	지급	지급하지 않음
	주택수당	원래 지급하지 않음	원래 지급하지 않음
	임금커브굴절	55세부터 60세까지 일정(단, 평가에 따라 상승, 하락하는 경우가 있음)	재고용시 일률적으로 감액후 60세까지 동일
	정기승급	55세부터 평가, 사람에 따라 다름	없음
	베이스 업	일반과 동일	없음
	직책수당	직무/사람에 따라 다름	변동
	상여금	일반과 동일	감액한 것을 적용
재고용 · 근무 연장	적용기준		일정기준에 적합한 자
	갱신		1년 마다
	직무내용		변동하지 않음/촉탁, 임시직
	근로시간		변동하지 않음
	연차휴가		별도기준을 설정해 부여
	퇴직금		지급하지 않음

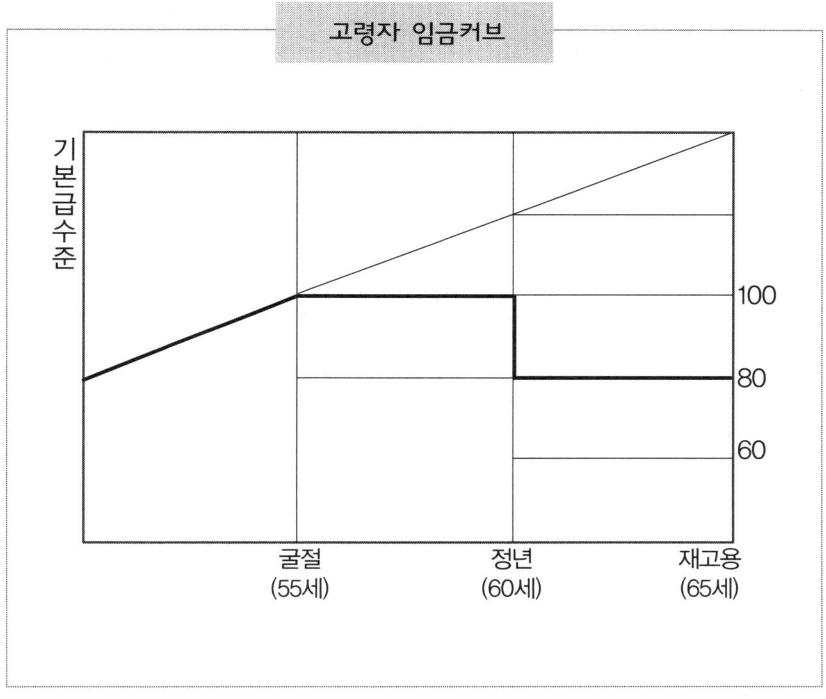

고령자 임금커브
기본급수준
100
80
60
굴절
(55세)
정년
(60세)
재고용
(65세)

13. 금융업

회사명	殖産銀行					
인력구성 및 고령자 현황						
근로자수		40세 미만	40~44세	45~49세	50~54세	55~59세	60세 이상
남자	728	310	140	104	79	95	–
여자	306	298	5	1	1	1	–
계	1,034	608	145	105	80	95	–
정년도달시점	60세 도달일					
재고용, 근무연장	없음					
고령자 처우 및 고용대책						
구분		정년도달 이전		정년 이후		
임금 처우	임금체계	변동				
	가족수당	지급				
	주택수당	지급				
	임금커브굴절	55세부터 정년까지 일정				
	정기승급	55세 이후 없음				
	베이스 업	일반과 동일				
	직책수당	직무/사람에 따라 다름				
	상여금	일반과 같음				
재고용 · 근무 연장	적용기준					
	갱신					
	직무내용					
	근로시간					
	연차휴가					
	퇴직금					

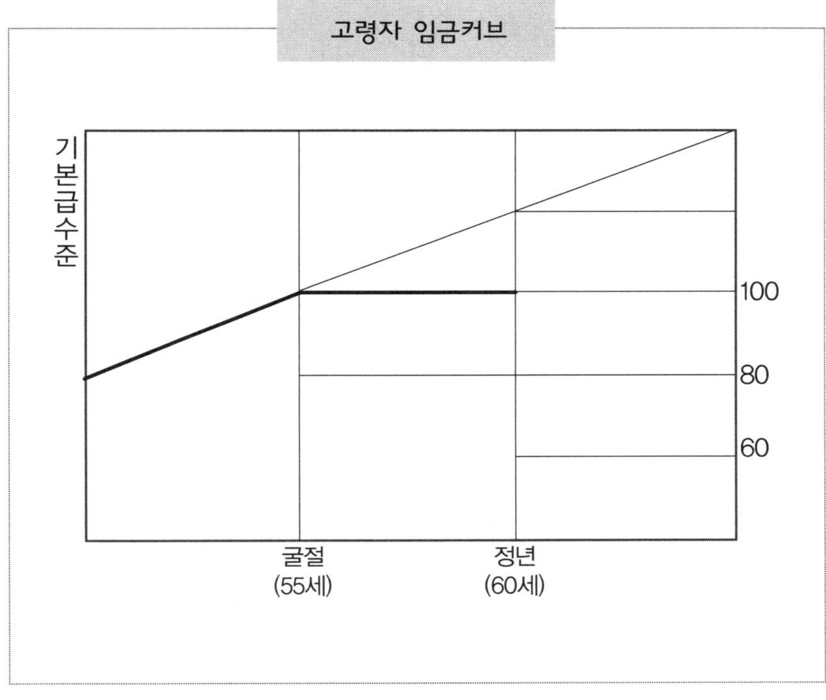
고령자 임금커브
기본급수준
100
80
60
굴절
(55세)
정년
(60세)

회사명		야마가타은행					
인력구성 및 고령자 현황							
근로자수		40세 미만	40~44세	45~49세	50~54세	55~59세	60세 이상
	남자 1,166	532	160	177	163	134	–
	여자 563	535	11	9	2	6	–
	계 1,729	1,067	171	186	165	140	–
정년도달시점		60세 도달 월말					
재고용, 근무연장		없음					
고령자 처우 및 고용대책							
구분		정년도달 이전			정년 이후		
임금처우	임금체계	변동					
	가족수당	지급					
	주택수당	지급					
	임금커브굴절	50세를 피크로 연령가산액 저하, 58세 이후 정년까지 일정					
	정기승급	58세 이후 정기승급 없음					
	베이스 업	58세 이후 베이스 업 없음					
	직책수당	58세에 선임행원으로 변경					
	상여금	58세 이후 다른 방식으로 지급					
재고용 · 근무연장	적용기준						
	갱신						
	직무내용						
	근로시간						
	연차휴가						
	퇴직금						

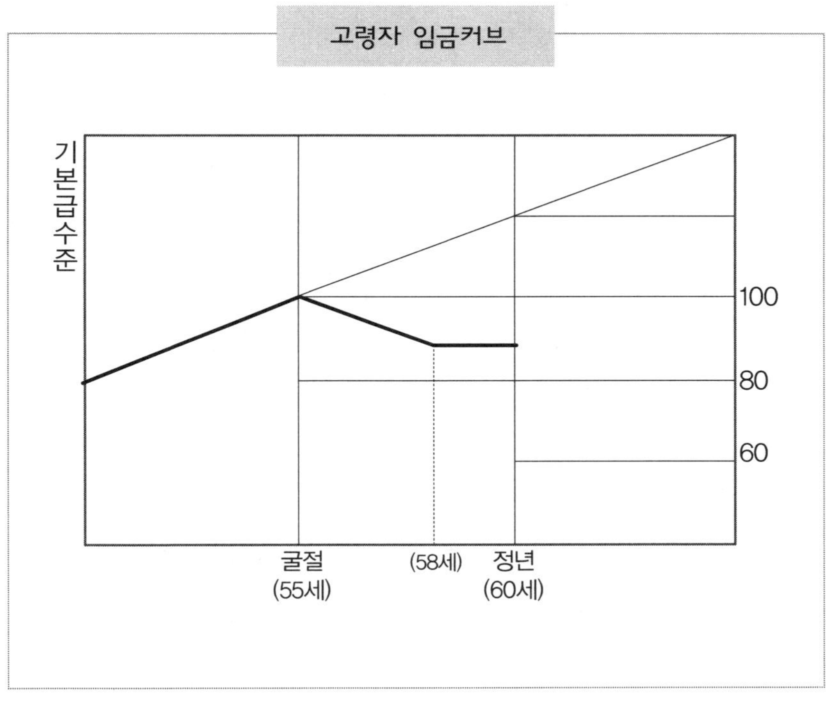

고령자 임금커브
기본급수준
100
80
60
굴절
(55세)
(58세)
정년
(60세)

회사명	밀리온 카드 서비스					
인력구성 및 고령자 현황						
근로자수	40세 미만	40~44세	45~49세	50~54세	55~59세	60세 이상
남자						
여자						
계 846						
정년도달시점	60세 도달 월말					
재고용, 근무연장	60~63세, 3년간 재고용					

고령자 처우 및 고용대책			
구분		정년도달 이전	정년 이후
임금 처우	임금체계	변동	변동
	가족수당	지급	지급
	주택수당	지급	지급하지 않음
	임금커브굴절	55세부터 80%수준으로 감액, 이후 정년까지 다시 회복	재고용시 80% 수준으로 감액하고 63세까지 일정
	정기승급	일반과 동일	없음
	베이스 업	일반과 동일	일반과 동일
	직책수당		변하지 않음
	상여금		감액된 것을 적용
재고용 · 근무 연장	적용기준		희망자 전원
	갱신		1년 마다
	직무내용		변동하지 않음/촉탁
	근로시간		변동없음
	연차휴가		
	퇴직금		위로금 지급

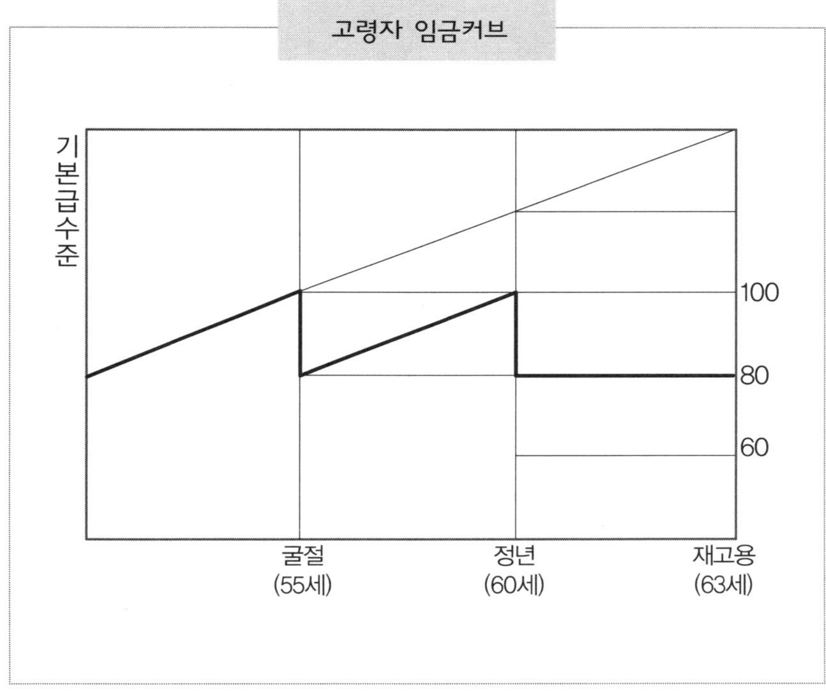

고령자 임금커브
기본급수준
100
80
60
굴절
(55세)
정년
(60세)
재고용
(63세)

14. 육상운송

회사명	일본석유수송					
인력구성 및 고령자 현황						
근로자수		40세 미만	40~44세	45~49세	50~54세	55~59세	60세 이상
	남자						
	여자						
	계 321						
정년도달시점	60세 도달일					
재고용, 근무연장	재고용 유(기간은 정하지 않음)					
고령자 처우 및 고용대책						
구분		정년도달 이전			정년 이후	
임금 처우	임금체계	변동없음			기본급만	
	가족수당	지급			지급하지 않음	
	주택수당	지급			지급하지 않음	
	임금커브굴절	55세부터 정년까지 일정			재고용시 감액후 상승	
	정기승급	55세 이후 정기승급 없음			없음	
	베이스 업	없음			없음	
	직책수당	변동없음			변동	
	상여금	일반과 동일			감액된 것을 적용	
재고용 · 근무 연장	적용기준				회사가 인정한 자	
	갱신				1년 마다	
	직무내용				사람에 따라 다름/촉탁, 임시	
	근로시간				변동없음	
	연차휴가				근속연수를 기준으로 부여	
	퇴직금				기본급 1/3*근속연수	

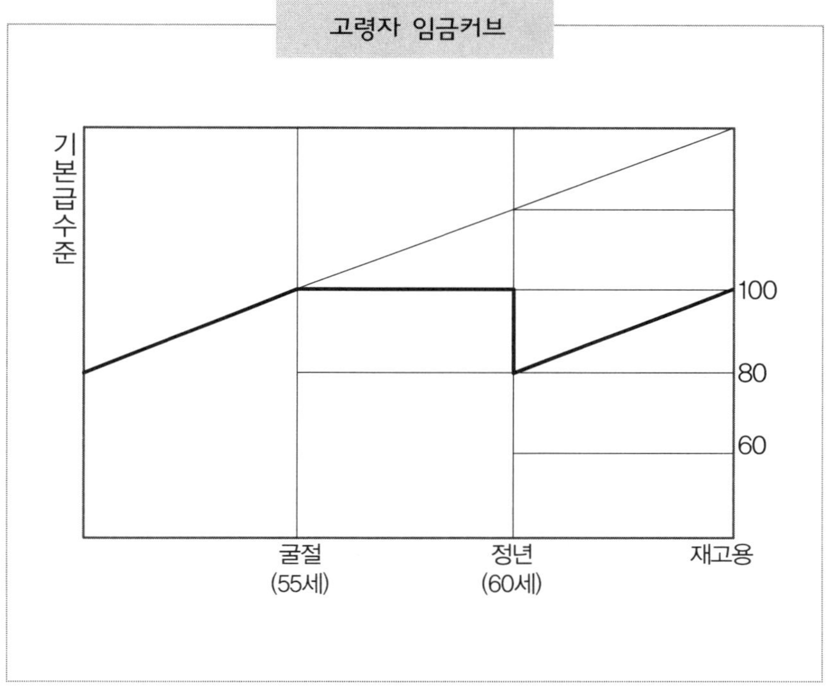

고령자 임금커브
기본급수준
굴절
(55세)
정년
(60세)
재고용
100
80
60

회사명	宇德運輸					
인력구성 및 고령자 현황						
근로자수		40세 미만	40~44세	45~49세	50~54세	55~59세	60세 이상
	남자 820	286	158	199	101	73	3
	여자 72	62	5	2	–	3	–
	계 892	348	163	201	101	76	3
정년도달시점	60세 도달일					
재고용, 근무연장	없음					
고령자 처우 및 고용대책						

구분		정년도달 이전	정년 이후
임금 처우	임금체계	변동	
	가족수당	감액	
	주택수당	감액	
	임금커브굴절	57세 시점에서 70% 수준으로 다운되고 정년까지 일정(관리직), 종전대로 유지(일반직)	
	정기승급	57세 이후 정기승급 없음	
	베이스 업	57세 이후 베이스 업 없음	
	직책수당	57세 이후 등급적용 제외	
	상여금	57세 이후부터 56세의 최종 상여액의 70%를 지급	
재고용 · 근무 연장	적용기준		
	갱신		
	직무내용		
	근로시간		
	연차휴가		
	퇴직금		

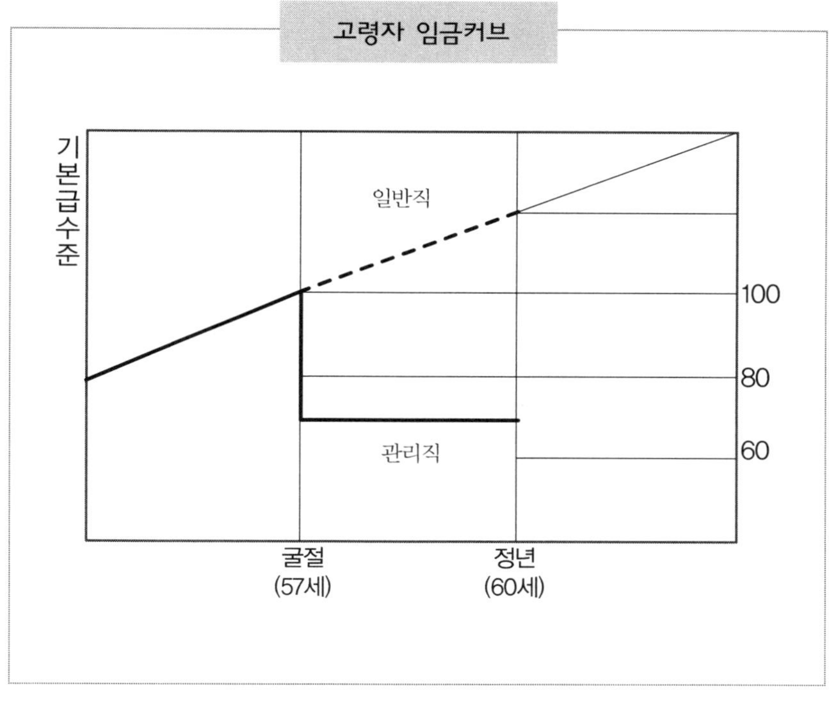
고령자 임금커브
기본급수준
일반직
관리직
100
80
60
굴절
(57세)
정년
(60세)

15. 방송

회사명	TBS					
인력구성 및 고령자 현황						
근로자수		40세 미만	40~44세	45~49세	50~54세	55~59세	60세 이상
남자	1,362	639	83	145	264	210	21
여자	211	122	13	17	50	9	–
계	1,573	761	96	162	314	219	21
정년도달시점	60세 도달 월말					
재고용, 근무연장	필요에 따라 재고용(61~62세, 3년 재고용)					
고령자 처우 및 고용대책						
구분		정년도달 이전		정년 이후		
임금처우	임금체계	변동하지 않음				
	가족수당	지급				
	주택수당	지급				
	임금커브굴절	55세 시점임금 정년까지 그대로 유지				
	정기승급	55세 이후 정기승급 없음				
	베이스 업	일반과 동일				
	직책수당	58세 시점에서 직책 일탈				
	상여금	일반과 같음				
재고용·근무연장	적용기준				회사가 인정한 자	
	갱신				1년마다	
	직무내용				사람에 따라 다름/촉탁직	
	근로시간				변동없음	
	연차휴가				별도기준 설정해 부여	
	퇴직금				지급하지 않음	

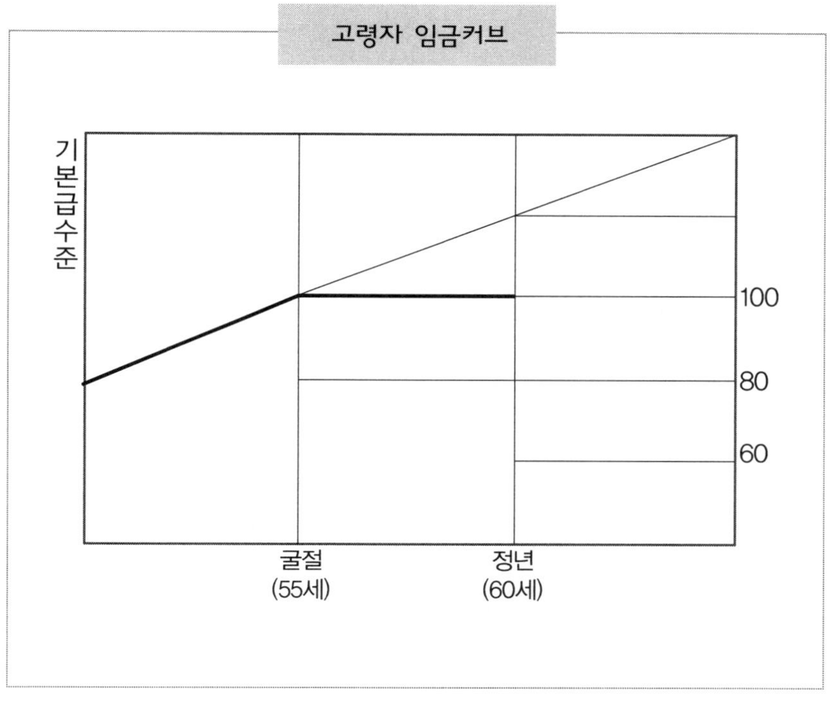

고령자 임금커브
기본급수준
굴절
(55세)
정년
(60세)
100
80
60

[참고문헌]

고진수 외, 『명예퇴직제』, 중앙경제사, 1996.
고진수 외, 『신인사트렌드 35』, 한국경영자총협회, 1995.
국세청, 『소득세법해설』, 2000.
김현진, 『일본의 저출산·고령화와 한국기업에 주는 영향』, 삼성경제연구소,
　　　　2003.10.
김수곤·양병무, 『한국기업의 임금관리 개선방안』, 한국경제연구원, 1995.
김식현, 『인사관리론』, 무역경영사, 1999.
김재원, 『노동경제학』, 박영사, 1997.
김정한, 「임금피크제 도입방안」, 『임금피크제 세미나 발표자료』, 노동부,
　　　　2003.12.
김환일, 『임금관리와 임금법제』, 중앙경제, 2004.
김환일　외, 『연공서열형 임금체계의 재검토』, 한국경총 노동경제연구원,
　　　　2005.
노동부, 『사례로 알아보는 임금피크제 매뉴얼』, 2003.
대한상공회의소, 『고령화가 산업에 미치는 영향과 대응전략』, 2004.7.
박종희, 「임금피크제의 허와 실」, 『산업관계연구(제14권 제2호)』, 한국노사
　　　　관계학회, 2004.12. 23~46쪽.
박준성, 『임금관리 이론과 실제』, 명경사, 2004.
송창규 외, 『임금피크제의 도입방안과 정책과제에 관한 연구』, 한국근로기준
　　　　협회, 2003.9.
양병무, 『연봉제의 이론과 사례』, 한국경총 노동경제연구원, 1998.
양병무 외, 『한국기업의 임금관리』, 한국경총 노동경제연구원, 1997.
오기하라 마사루, 『퇴직금제 매뉴얼』, 21세기북스, 1996.
이수희 외, 『고령화의 경제적 파급효과와 대응과제』, 한국경제연구원,
　　　　2004.
한국노동연구원 편, 『21세기형 인적자원관리』, 명경사, 1999.
한국경영자총협회, 『생산성과 임금』, 1991.
한국경영자총협회, 『기업의 지불능력과 적정임금』, 1990.
한국경영자총협회, 『자본기여도를 고려한 임금조정방법』, 1996.
한국생산성본부, 『임금피크제 도입 지원방안』, 노동부, 2005.10.26.
한국은행, 『기업경영분석해설』, 1995.8.

Abraham, K. G. and J. L. Medoff, Are Those Paid More Really More
　　　　Productive? The Case of Experience, Journal of Human
　　　　Resources, vol. 16, no. 2, 1981.
Aoki, M., Information, Incentives, and Bargaining in the Japanese
　　　　Economy, Cambridge University Press, 1988.
Bull Clive, Andrew Schotter and Keith Weigelt, Tournaments and
　　　　Piece Rates : An Experimental Study, Journal of Political

Economy 95, February, 1987.

David Lewin, Olivia S. Mitchell and Peter D. Sherer, Research Frontiers in Industrial Relations and Human Resources, Industrial Relations Research Association, 1992.

George G. Judge, W. E. Griffiths, R. Carter Hill, Helmut Lutkepohl and Tsoung-chao Lee, The Theory and Practice of Econometrics, John Wiley & Sons, 1985.

Gibbon, Robert and Kevin J. Murphy, Relative Performance Evaluation for Chief Executive Officers, Industrial and Labor Relations Review (Special Issue), February, 1990.

Kanemoto, Y. and W. B. MacLeod, Optimal Labor Contracts with Non-contractible Human Capital, Journal of the Japanese and International Economies, vol. 3, no. 4., 1989.

Kennedy, Peter, A Guide to Econometrics(2 edition), The MIT Press, 1989.

Kohli, M. Rein, M., Gullemard, A. M., Gunsteren, H. V., Time For Retirement, Cambridge University Press, 1991.

Lazear Edward P. and Sherwin Rosen, Rank-Order Tournaments as Optimum Labor Contracts, Journal of Political Economy 89, October 1981.

Lazear Edward P. and Sherwin Rosen, Why Is There Mandatory Retirement?, Journal of Political Economy, vol. 87, no. 6, 1979.

Lazear Edward P. and Sherwin Rose, Agency, Earnings Profiles, Productivity and Hours Restrictions, American Economic Review, vol. 71, no. 4, 1981.

Lazear Edward P. and Sherwin Rose, Personnel Economics For Managers, John Wiley & Sons, Inc., 1998.

Macleod, W. B. and J. M. Malcomson, Reputation and Hierarchy in Dynamic Models of Employment, Journal of Political Economy, vol. 96, no. 4, 1988.

Milgrom, p. and J. Roberts, Economics, Organization and Management, Prentice Hall, 1992.

OECD, The Transition from Work to Retirement, 1995.

Rebitzer James, Renee M. Landers and Lowell J. Taylor, Rat Race Redux, American Economic Review 76, September, 1996.

Prendergast, C., Career Development and Specific Human Capital Collection, Journal of the Japanese and International Economies, vol. 6, no. 3., 1992.

Prendergast, C., The Role of Promotion in Inducing Specific Human Capital Acquisition, Quarterly Journal of Economics, vol. 108, no. 2(May), 1993.

William H. Greene, Econometric Analysis, Prentice Hall International Inc., 1993.

高齡者雇用開發協會, 『企業の高齡化諸施策の實態に關する調査研究報告書』, 2002.
これからの賃金制度のあり方に關する研究會, 『複線型人事制度と賃金制度』, 1991.3.
雇用振興協會 編, 『60歲以上の雇用延長に伴う處遇上の課題』, 2001.
廣田 薰, 『65歲までの雇用延長制度導入と實務』, 日本法令, 2004.
楠田 丘, 『成果主義賃金』, 經營書院, 1997.
勞務行政研究所, 『企業內高齡者の處遇實態』, 1995.
藤村博之 監修, 『事例にみる雇用延長と處遇制度』, 日本法令, 2001.
三谷直紀, 『企業內賃金構造と勞動市場』, 勁草書房, 1997.
三谷直紀, 「賃金制度と賃金構造」, 『人事勞務管理の變容と賃金構造に關する基礎 的研究』, 勞働問題リサーチーセンター, 1991.
伊藤秀史・照山博司, 「ホワイトカラーの努力インセンティブ」, 橋木俊佥・連合 總合生産開發研究所, 『昇進の經濟學 － なにが「出世」を決めるのか』, 東洋經濟新聞社, 1995.
日本勞働研究機構, 『個別勞働關係紛爭事例集』, 2002.
日本勞働研究機構, 『諸外國における高齡者の雇用・就業の實態に關する研究 報告書』, 2001.
日本勞働研究機構, 『勞働力の高齡化と日本政府・企業の對應』, 2003. 9.
大竹文雄, 「査定と勤續年數が昇進に與える影響 － エレベーター保守サービス會社のケース－」, 『經濟研究』, vol. 46, no. 3, 1995.
小池和男, 『仕事の經濟學』, 東洋經濟新聞社, 1991.
笹島芳雄, 『ホワイトカラーの生き殘り作戰 － 自立型人材を目指せ』, 生産性出版, 1994.
笹島芳雄, 『65歲への雇用延長と人事・賃金制度』, 勞働法令協會, 2001.
富田安信, 「昇進のしくみ － 査定と勤續年數の影響」, 橋木俊佥編, 『査定・昇進・賃金決定』, 有斐閣, 1992.
山口 宗秋, 『高年者を上手に活かす企業, 活かせない企業』, 産能大學 出版部, 2002.
産勞總合研究所 編, 『定年65歲時代の中高齡者雇用活用マニュアル』, 經營書院, 2004.
産勞總合研究所 編, 『65歲定年制と賃金制度の改善』, 1980.
錢田周一, 『早期退職制の損得を考える本』, 中經出版, 1997.
中馬彦之・樋口美雄, 「經濟環境の變化と長期雇用システム」, 猪木武徳・樋口美雄編, 『日本の雇用システムと勞働市場』, 日本經濟新聞社, 1995.
キャプラン研究會編, 『中高年再就職事例研究』, 東洋經濟新報社, 1995.
厚生勞働省 編, 『高齡者雇用を考える』, 2003.
荻原 勝, 『複線型 雇用管理』, 日經連, 1987.

荻原 勝, 『社員が選べる新人事制度』, 日經連, 1997.
村上 淸・五島 淺男, 『新時代の退職金・年金制度』, 社會經濟生産性本部, 1995.
新井鋼太郎・五島淺男, 『退職金・年金制度の設計と運用』, 經營書院, 1995.
日經連廣報部編, 『退職金・年金制度事例集』, 1995.
日經連廣報部編・職務分析センター, 「退職金制度」, 『職務研究』(第183號), 1995.5.
池川 勝, 『新退職金制度設計・導入の實務』, 日本コンサルトワループ, 1996.
産勞總合研究所, 「退職金の新潮流」, 『賃金實務』(No.800), 1997.10.1.
産勞總合研究所, 「貢獻度反映型のポイント制退職金の新設計」, 『賃金實務』(No.772), 1996.6.15.
産勞總合研究所, 「最新　退職金 ． 年金水準」, 『賃金實務』(No.796), 1997.7.15.
産勞總合研究所, 「平成9年退職金.年金　定年制事情調査」, 『賃金實務』(No.818), 1998.7.15.
産勞總合研究所, 「シリーズ年金改革」, 『企業福祉』(No.474), 1998.7.1.
産勞總合研究所, 「シリーズ年金改革」, 『企業福祉』(No.477), 1998.9.1.
勞務行政研究所, 「雇用流動化に對應した新退職金制度」, 『勞政時報』(第3313號), 1997.7.25.
勞務行政研究所, 「業績色強める－最近のポイント制退職金制度」, 『勞政時報』(第3282號), 1996.11.29.
勞務行政研究所, 『ハイブリッド賃金革命』, 1997.
勞務行政研究所, 「行き詰まる企業年金制度」, 『勞政時報』(第3365號), 1998.9.11.
滝澤算織, 「事例にみるポイント式退職金制度設計の實務」, 『勞政時報』(第3278－3289號).
滝澤算織, 『ポイント式退職金制度導入と設計の實務』 生産性勞働情報センター, 1997.
兵田仁孝, 勞働條件變更に伴う問題解決の理論と實務, 日本法令, 1996.

Japan Business Federation, Corporate Planning Growth and Total Personnel Expenditure, 1999.

저자소개

♣ 고진수

한양대학교 경제학과 졸업
연세대학교 경영대학원 경제학과 졸업(경제학 석사)
한양대학교 대학원 경제학과 박사과정 수료
한국경영자총협회 경제조사팀장
최저임금위원회 연구위원
한국아웃플레이스먼트 이사
한국근로기준협회 이사
대통령상 수상(국민제안 유공)
규제개혁위원회 위원장상 수상(규제개혁과제 유공)
국무조정실장상 수상(규제개혁과제 유공)

▮▮▮ 주요저서 및 연구
「채용파괴시대 개성취업시대」(한국경제신문사)
「명예퇴직제」(중앙경제사)
「신인사트렌드 35」(한국경영자총협회)
「신근로시간관리제도」(중앙경제사)
「당신이 하던 일로 성공할 수 있다」(새로운 제안)
「주5일 근무제로 가는 길」(물푸레)
「주5일 근무제 매뉴얼」(물푸레)
「임금피크제의 이론과 실제」(한국근로기준협회)
「주5일 근무제 지침 종합해설」(한국근로기준협회)
「교대제 변경 매뉴얼」(중앙경제)

「근로시간 단축에 따른 노무관리 및 경영혁신 기법」(노동부)
「교대제 변경의 경제적 효과와 정책과제」(산업자원부)
「주40시간 근무제 도입실태」(노동부)
「근로시간 유연화 방안에 관한 연구」(노동부)
「교대제 변경 사례 및 실행 매뉴얼」(한국노동연구원)
「근로시간 단축 정착방안 연구」(산업연구원)
「육상항공근로자 근로조건 개선방안 연구」(노동부)

인　지
생　략

임금피크제 매뉴얼

제1판 인쇄	●	2006년 4월 10일
제1판 발행	●	2006년 4월 15일
저　　　자	●	고진수
발 행 인	●	강석원
발 행 처	●	**한국재정경제연구소**
등 록 번 호	●	제2-584호(1988.6.1)
주　　　소	●	서울특별시 강남구 대치동 889-5
전　　　화	●	(02) 562-4355
팩　　　스	●	(02) 552-2210
e - m a i l	●	info@kofe.or.kr
홈 페 이 지	●	www.kofe.or.kr

값　　　18,000원
ISBN　　89-85808-82-6 (13320)

※ 실용서 및 동영상 강의　www.kofe.or.kr